本书为

浙江省自然科学基金资助项目"大数据融合认知驱动的浙江省大湾区虚拟集群合作伙伴智能推荐研究"（LQ20G010005 ）

全国统计科学项目 "新冠疫情防控对中国碳排放影响测度及达峰路径研究"（2021LY059 ）成果

低碳环境友好技术
国际转移的困境与博弈

｜ 基于发展中国家的微观观察 ｜

THE DILEMMA AND GAME OF INTERNATIONAL
TRANSFER OF LOW-CARBON AND ENVIRONMENTALLY
FRIENDLY TECHNOLOGIES

MICRO-OBSERVATIONS BASED ON DEVELOPING COUNTRIES

肖汉杰◎著

ZHEJIANG UNIVERSITY PRESS
浙江大学出版社
·杭州·

图书在版编目(CIP)数据

低碳环境友好技术国际转移的困境与博弈:基于发展中国家的微观观察/肖汉杰著. —杭州:浙江大学出版社,2022.11

ISBN 978-7-308-23136-7

Ⅰ.①低… Ⅱ.①肖… Ⅲ.①节能减排－环境保护－技术转移－研究－世界 Ⅳ.①F403.3②X511

中国版本图书馆 CIP 数据核字(2022)第 189784 号

低碳环境友好技术国际转移的困境与博弈
——基于发展中国家的微观观察

肖汉杰 著

责任编辑	蔡圆圆	
责任校对	许艺涛	
封面设计	雷建军	
出版发行	浙江大学出版社	
	(杭州市天目山路 148 号 邮政编码 310007)	
	(网址:http://www.zjupress.com)	
排　版	杭州星云光电图文制作有限公司	
印　刷	浙江新华数码印务有限公司	
开　本	710mm×1000mm 1/16	
印　张	14.25	
字　数	233 千	
版 印 次	2022 年 11 月第 1 版 2022 年 11 月第 1 次印刷	
书　号	ISBN 978-7-308-23136-7	
定　价	68.00 元	

序

　　人类文明可持续发展受到全球气候变化的严峻挑战,应对并适应全球气候变化需要人类的共同努力。低碳环境友好技术(Low-carbon Environmentally-friendly Technology,LCEFT)转移扩散是应对和适应气候变化的重要途径。发展中国家企业在应对气候变化中扮演着不可或缺的角色,但应对气候变化的能力普遍不足,亟须通过 LCEFT 国际转移提升气候变化应对能力。

　　在联合国气候变化多边治理框架下,资金机制、清洁发展机制(Clean Development Mechanism,CDM)等机制都被逐步推行,但推行的效果远没有达到预期。发展中国家企业作为气候变化应对主体,通过技术引进发展中国家无法接触到的前沿技术,在国际竞争中始终处于追赶地位,容易被锁定在全球价值链中低端,然而发达国家始终处于先进地位,发展中国家企业必须继续深入参与全球气候治理,力争在多边治理框架下以最小的代价实现 LCEFT 的商业转移;自主创新才是发展中国家应对气候变化的长久之策和根本之策,由于发展中国家创新资源有限、创新要素市场发展不健全等原因,在知识经济的当下协同创新成为企业实现 LCEFT 创新的主流模式,但由于协同创新主体创新理念不同、合作目的不同、预期收益不同,主体之间为防止对方投机和"搭便车"总会互设障碍,最终面临"囚徒困境";在发展中国家,LCEFT 创新扩散比技术创新更为重要,然而由于知识产权保护制度不健全、诚信机制实施不彻底和市场竞争机制失灵等多种原因,发展中国家企业对于现有 LCEFT 扩散和采纳意愿都较低,技术创新扩散成效低,大量 LCEFT 的规模化应用还面临重重困境。综合来看,发展中国家企业在应对气候变化的技术实现路径上面临三大难题:①LCEFT 引进问题;②LCEFT 创新难题;③LCEFT 创新扩散困境。

　　作者针对发展中国家企业面临的三大难题,围绕着利益相关主体之间的合作关系和竞争关系,以数学模型模拟理性决策者之间的冲突与合作,"广泛而深入地改变了经济学家的思维方式"的博弈论为基础理论,借助数值模拟技术研究了利益相关主体在 LCEFT 引进、协同创新和创新扩散过程中的策略选择以及博弈系统的演化规律,较为系统地从微观层面提出了提升发展中国家企业应对气候变化能力的对策和建议,对于发展中国家完善气候谈判理论体系、健全谈判资料档案、推进人类气候对应合作具有重要的现实价值和理论意义。

前　言

　　当前全球气候变暖、生态环境恶化以及能源短缺问题日益突出,世界各国都在承担这一共同但有区别的责任。LCEFT 作为应对气候变化的关键技术,是发展中国家履行减排承诺的先决条件。LCEFT 转移是发达国家帮助发展中国家快速提升气候变化应对能力的重要途径。

　　本书从发展中国家来观察,认为应对气候变化不仅仅需要 LCEFT 的引进,还需要配合做好 LCEFT 创新及其扩散,因为单纯引进 LCEFT 无法实现其自身发展的战略目标。企业是气候变化的实施主体,但需要政府部门、中介机构、金融机构和科研机构等相关利益主体的深入合作,各主体在利益上既有合作关系也存在竞争关系,从本质上看,都可以看作博弈问题。本书针对技术引进、协同创新和创新扩散问题中各利益相关主体的行为动机特征,引入讨价还价博弈模型和演化博弈模型开展以下研究。

　　(1)发展中国家企业 LCEFT 引进讨价还价博弈研究。针对发展中国家企业 LCEFT 引进中面临的讨价还价问题,根据博弈双方在谈判过程中对于应对气候变化的共同价值有共识,但是面临的减排压力不一致的事实,引入减排压力、时间贴现等参数构建非对称心理压力完全信息和不完全信息讨价还价博弈模型,研究信息条件和心理压力对于企业讨价和还价策略的影响,探索在技术引进谈判中发展中国家企业的基本讨价还价策略。

　　(2)发展中国家企业 LCEFT 协同创新演化博弈研究。根据企业广泛存在的合作关系,首先引入创新成本、产学研协同额外成本、额外收益等参数,构建企业合作关系下的产学研协同创新博弈模型,分析各参数对于产学研协同创新系统演化的影响;在此基础上,首先提出碳权质押的绿色金融创新机制,并探讨了金融机构、政府以及企业参与的动机,然后构建了政产学研金多群体演化博弈模型,分析金融机构参与下产学研协同创新系统的演化特征。最后,根据仿真结果提出对策建议。

　　(3)发展中国家企业 LCEFT 创新扩散演化博弈研究。①针对扩散企业和采纳企业的矛盾与利益冲突,引入 LCEFT 协同效益参数、技术互补性、技术溢出风险等参数,构建中介机构参与和不参与两种情景的LCEFT创新扩散演化博弈模型,探索政府部门规范中介市场的管理制度、办法以及激励企业扩散LCEFT创新的机制;②针对潜在采纳企业的采用决策问题,采用演化博弈模型研究市场机制下和混合碳减排机制下企业采用LCEFT创新的博弈问题,重点分析了碳价、碳配额、初始碳权以及碳税对于企业采用LCEFT创新的影响作用,从而探索更加公平的激励和惩罚机制,引导潜在采纳企业采用LCEFT创新。

完成上述研究内容,得到的主要研究结论有以下几点。

(1)发展中国家企业应该减少投机或者"搭便车"的心理,积极面对现有国际政策,加快LCEFT转移谈判进程,积极引进LCEFT。发展中国家企业在与发达国家企业进行引进价格谈判中,基本的还价策略是"对半砍价"。

(2)减少发展中国家企业LCEFT创新风险和收益的不确定性,有利于企业利润的积累,为今后的LCEFT再创新提升企业核心竞争力奠定更坚实的资金基础。

(3)对于政府部门来讲,构建产学研平台、科技企业孵化器并制定有效的激励机制,降低双方合作创新成本对于LCEFT创新非常重要,政府R&D补贴资金是促进产学研合作,降低产学研合作成本的重要途径。

(4)政产学研金联盟在合作中互补优势资源,能够形成"1+1>2"的功能放大作用,产生"协同剩余"效应,为合作各方提供更好的收益;合作企业对LCEFT协同剩余的预期越高,在协同过程中的积极性将越高。

(5)金融机构的参与的确能够促进企业进行协同创新,金融机构积极主动实施绿色信贷政策支持LCEFT创新,支持企业通过碳权质押等方式获取绿色信贷支持,为企业打造良好的信贷生态环境,有利于促进协同创新联盟的组成。

(6)搭建协同创新中心和平台,支持中介市场发展以及创新补贴等政策都将积极地促进LCEFT协同创新,但是并非理想的均衡策略,还需要发挥政府部门的关键引导作用以及金融机构的杠杆作用。

(7)技术互补比例参数对LCEFT创新扩散有正向扩散作用;技术间互补性越强,企业之间进行创新扩散的动力越大。

(8)政府部门的激励制度难以促进企业间进行技术扩散,LCEFT创新扩散需要整个行业共同制定严格的约束机制,形成信誉联盟,共同打击低碳环境友好技术扩散中"搭便车"和机会主义行为。

(9)政府的激励政策有利于企业进行扩散策略的选择,但是激励的力度不能过小,否则不仅无法起到激励作用,反而使企业选择不扩散策略。政府部门的激励机制制度需要改进,单一的激励机制难以实现促进企业扩散LCEFT 的目的。联合激励使得奖励的额度增大,更能引起企业的重视,引导企业进行 LCEFT 创新扩散,中介机构也越容易介入 LCEFT 创新。

(10)政府部门不仅需要采取激励措施引导企业进行扩散,还需要制定惩罚措施和奖励机制规范中介市场,引导中介机构提供优质的 LCEFT 创新扩散服务,从而达到各方共赢的最佳局面。

(11)中介机构凭借其在专业和信息方面的优势,能够对 LCEFT 的价值和作用进行有效评估,不仅能够降低采纳企业的采纳风险,同时也能够降低扩散企业的扩散风险,从而实现"1+1>2"的协同效益。

(12)碳税制度和激励制度能够形成良好的协同和互补效应,共同形成的混合减排体系有助于实现社会公平性。碳税的征收是在碳交易市场控制总量的前提下开展,企业的排放超过了排放的碳基就要为此承担高额的碳税。这样既能实现碳排放总量控制的目标,又能发挥其在引导企业转型升级方面的效用,有利于实现可持续发展的目标。

目　录

第一章　绪　论 ···（1）

第一节　低碳环境友好技术国际转移的背景 ·······················（1）

第二节　低碳环境友好国际转移研究进展及评述 ·················（8）

第三节　低碳环境友好国际转移的研究问题及意义 ············（21）

第四节　低碳环境友好技术国际转移研究内容及思路 ·········（26）

第二章　低碳环境友好技术国际转移研究的基础概念与理论 ·······（32）

第一节　低碳环境友好技术的界定 ································（32）

第二节　技术引进、技术创新及技术创新扩散的概念 ··········（35）

第三节　技术引进、技术创新和创新扩散的参与主体 ··········（39）

第四节　相关基础理论分析 ··（42）

第五节　本章小结 ···（49）

第三章　低碳环境友好技术引进讨价还价博弈研究 ···············（50）

第一节　低碳环境友好技术引进决策困境 ·······················（50）

第二节　低碳环境友好技术引进的讨价还价博弈模型假设 ·····（53）

第三节　技术引进个案分析与对策探讨 ··························（64）

第四节　本章小结 ···（67）

第四章　低碳环境友好技术协同创新多群体演化博弈研究 ·········（68）

第一节　低碳环境友好技术协同创新决策困境 ··················（68）

第二节　产学研协同创新的演化博弈研究 ·······················（74）

第三节　政产学研金多群体演化博弈研究 ·······················（85）

第四节　个案分析与对策探讨 ······································（107）

第五节　本章小结 ··（111）

第五章　低碳环境友好技术创新扩散中企业扩散演化博弈研究 ·····（112）

第一节　低碳环境友好技术创新扩散中企业扩散决策困境 ·····（112）

第二节 低碳环境友好技术创新扩散的两两演化博弈 ……………（116）

第三节 低碳环境友好技术创新扩散的多群体演化博弈 ………（126）

第四节 低碳环境友好技术创新扩散个案分析与对策探讨 ……（143）

第五节 本章小结 ………………………………………………（146）

第六章 低碳环境友好技术创新扩散中企业采用演化博弈研究 ……（147）

第一节 低碳环境友好技术创新采纳决策困境 ………………（147）

第二节 市场机制下的企业采纳决策演化博弈 ………………（149）

第三节 混合碳减排规制下的企业采纳决策演化博弈 ………（163）

第四节 个案分析与对策探讨 …………………………………（173）

第五节 本章小结 ………………………………………………（176）

第七章 促进低碳环境友好技术国际转移的对策与建议 ………（177）

第一节 促进低碳环境友好技术引进的对策与建议 …………（177）

第二节 优化低碳环境友好技术协同创新的对策与建议 ……（180）

第三节 增强低碳环境友好技术创新扩散的对策与建议 ……（184）

第八章 低碳环境友好技术国际转移研究总结与展望 …………（187）

第一节 研究结论 ………………………………………………（187）

第二节 研究展望 ………………………………………………（189）

参考文献 ……………………………………………………………（190）

附 录 ………………………………………………………………（206）

后 记 ………………………………………………………………（219）

第一章 绪 论

第一节 低碳环境友好技术国际转移的背景

一、气候变化威胁需要全人类携手共同应对

根据世界气象组织（World Meteorological Organization,WMO）的定义,"气候"是指一个地区在一段较长时期里的平均气象状况及变化特征。气候变化就是指在气候统计的参考年期（不少于 30 年）内超过平均气象状况及变化特征的气候变异。[①] 在地球漫长的演化过程中,气候形成了一个完整、相互关联、具有自身调节机制的系统,自然界的动植物也都建立了与气候系统自然变化相适应的应对机制,例如夏天动物脱毛、冬天动物冬眠等。气候系统在没有外力的影响下在参考年期内变化十分缓慢,而当前人类社会的发展已经严重影响到气候系统的自调节功能,气候系统变化反馈也同步开始危及人类社会的生产与发展。[②]

气候变化会使得气候异常,不仅仅体现在极端天气的增加,还将改变整个地球的生态系统异样,使得自然界原有的适应和应对机制失效。当前,人类生存的家园面临着被破坏和毁灭的风险,地球的稳定性和恢复力正在日益迫近临界点,携手共同治理的紧迫性更加突出,人类需要"自救"。政府间气候变化专门委员会（Intergovernmental Panel on Climate Change,IPCC）发布的历次报告都以科学研究方式预测和分析全球气候变化及其带来的影响。2014 年于丹麦哥本哈根发布的第 5 次评估报告指出,20 世纪 50 年代以来,全球变暖 50％以上是由人类活动引起。人类活动产生的温室气体排放具有长期性、全球性,使得全球气候变化充满重大不确定性。[③] IPCC 的科学

---

① Energy, World, Group. Climate change threatens irreversible and dangerous impacts, but options exsit to limit its effects[J]. Energy World,2014(432):3-3.

② Tangney P. Understanding climate change as risk: a review of IPCC guidance for decision-making[J]. Journal of Risk Research,2019(2):1-16.

③ Ipcc C W T. Climate change 2007: mitigation of climate change[J]. Computational Geometry,2007(2):95-123.

院研究表明,气候变化每年夺去近 40 万人的生命[1],全球变暖的经济影响已经造成每年超过 1.2 万亿美元的损失,相当于全球 GDP 的 1.6%。[2] 地球环境越来越难以承受人类工业发展带来的大气、土壤等污染问题,地球环境更加脆弱,干旱、洪涝、台风等恶劣天气严重影响着人类的生产与发展,应对和减缓全球气候变化刻不容缓。[3] 如果全球继续变暖,人类可能错失与生态环境友好相处的时机,并且无法逆转(如表 1-1 所示)[4]。为了应对气候变化,人类于 1994 年签订了《联合国气候变化框架公约》(以下简称《公约》);1996 年要求缔约方开始对气候变化风险和环境脆弱性进行评估;2001 年在《公约》框架下开始气候变化具体行动计划,设立了三个基金作为行动计划的支持资金;2005 年设立了内罗毕工作计划;2007 年制订了巴厘行动计划……2015 年签订《巴黎协定》(以下简称《协定》),2018 年就如何落实《协定》,签订并公布了《卡托维茨细则》(以下简称《细则》)。这一系列公约的签订和行动计划的推行,表明人类正在携手共同应对气候变化。

表 1-1　《斯特恩报告》关于气候变化的灾难和影响预测

变暖情景	灾难和影响预测
上升 1℃	全球 5000 万人将面临洪水灾害,10% 的动物灭绝
上升 2℃	非洲地区 6000 万人死于疟疾,海平面上升 7 米,地球自然反馈系统遭受不可逆影响
上升 3℃	全球很多国家将面临毁灭性干旱的威胁,全球粮食安全隐患剧增
上升 4℃	澳大利亚和非洲地区的农业将会崩溃,世界粮食安全深度危机爆发
上升 5℃	伦敦、纽约和东京等大城市都会被淹没,人类适宜栖息地急剧减少,全球大规模难民流动无法避免

　　根据表 1-1 可知,气候变化产生的影响范围将会更广,带来的灾难和损失将会更大,甚至会超过世界大战带来的损失,使得人类文明可持续发展受到严峻挑战,人类将面临灭绝的风险,气候变化问题已经成为人类共同面临

① 董亮,张海滨. 2030 年可持续发展议程对全球及中国环境治理的影响[J].中国人口·资源与环境,2016(1):8-15.

② 何建坤.中国的能源发展与应对气候变化[J].中国人口·资源与环境,2011(10):40-48.

③ Intergovernmental Panel on Climate Change. Climate change 2014—impacts, adaptation and vulnerability: regional aspects[M]. Cambridge: Cambridge University Press,2014:48-50.

④ Venturini K, Verbano C. A systematic review of the space technology transfer literature: research synthesis and emerging gaps[J]. Space Policy,2014(2):98-114.

的威胁。[①] 气候变化所带来的不可逆的恶劣影响将扩散甚至波及全世界任何地方。人类只有一个地球,气候变化所产生的后果不分时间和空间,将全球所有国家都紧密联系在一起,单单依靠任何一个国家或者组织、联盟都难以实现气候变化问题治理目标。因此,为了人类共同的家园,无论是发达国家还是发展中国家都有义务采取措施积极应对。[②] 总之,世界任何一国都不可能以一己之力解决气候变化及其带来的影响,需要全球所有国家长期合作和共同努力才能实现气候变化减缓的目标。从世界各国合作治理的历程来看,从哥本哈根到巴黎会议再到卡托维茨会议(如图 1-1 所示)(虽然 2018 年

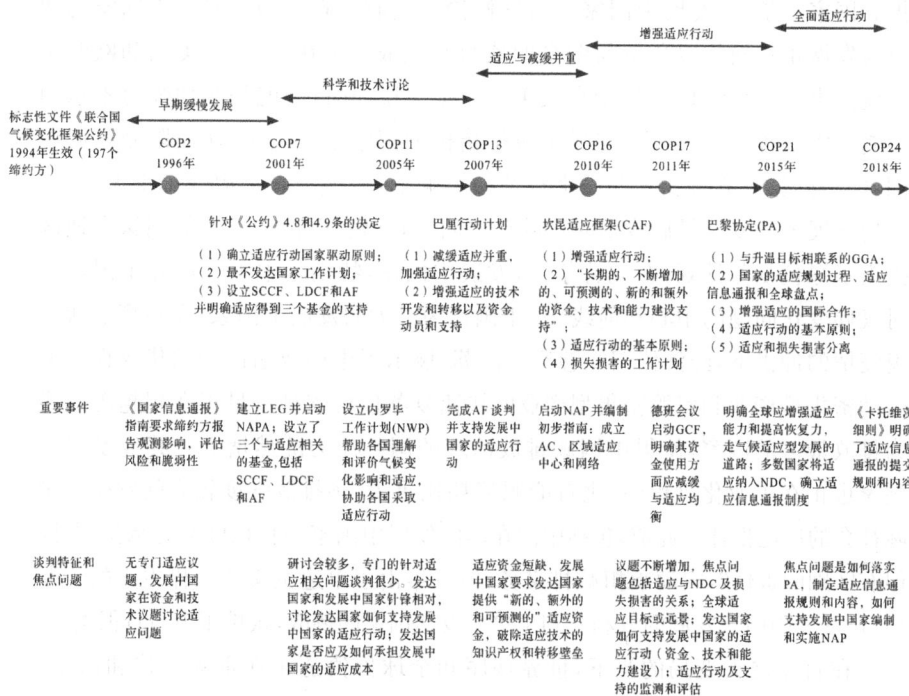

注:NAPA, National Adaptation Programmes of Action, 国家适应行动规划; LEG, Least Developed Countries Expert Group, 最不发达国家专家工作组; SCCF, Special Climate Change Fund, 气候变化特别基金; LDCF, Least Developed Countries Fund, 最不发达国家基金; AF, Adaptation Fund, 适应基金; NWP, Nairobi Work Programme on Impacts, Vulnerability and Adaptation to Climate Change, 内罗毕工作计划; CAF, Cancun Adaptation Framework, 坎昆适应框架; NAP, National Adaptation Plan, 国家适应计划; AC, Adaptation Committee, 适应委员会; PA, Paris Agreement, 巴黎协定; GCF, Green Climate Fund, 绿色气候基金; GGA, Global Goal on Adaptation, 全球适应目标; NDC, National Determined Contribution, 国家自主贡献。

图 1-1　《公约》适应谈判的里程碑及阶段划分

注:陈敏鹏.《联合国气候变化框架公约》适应谈判历程回顾与展望[J].气候变化研究进展,2020(1):105-116.

---

① Hepburn C, Stern N. A new global deal on climate change[J]. Oxford Review of Economic Policy,2008(2):259-279.

② Hoffmann A A, Sgrò C M. Climate change and evolutionary adaptation[J]. Nature,2011 (7335):479-485.

卡托维茨会议完成了协定实施细则的磋商），全球气候治理的规则得到具体化和统一化，但重要国家的退出使得气候变化统一治理进程充满变数。目前世界各国尚未形成高效的气候治理模式，很多问题和细则都有待于下次会议的进一步磋商。

二、发展中国家有应对气候变化的内在动力

面对气候变化的威胁，发展中国家作为世界的重要组成部分，一方面，其有责任参与全球气候变化治理；另一方面，为了确保自身发展的公平权益，并提升国家竞争力，发展中国家参与气候治理具有内在动力。发展中国家的建设与发展正在面临绿色贸易壁垒的威胁与挑战。早在2009年美国和欧盟国家就提出了一种绿色贸易壁垒政策——碳关税，其目的就是要加强对不承担强制性碳减排义务或没有完成碳减排指标的国家增收关税，从而限制发展中国家的发展。[①] 在新型冠状肺炎疫情的影响下，全球国家都遭受了重大损失，如何开展经济复苏是后疫情时代的首要问题，欧盟、韩国和日本等国家和地区提出了绿色复苏计划，在此背景下，发展中国家，特别是中国已经处于国际应对气候变化问题的中心和前线。[②] 中国作为最大的发展中国家，在新型冠状肺炎疫情的冲击下，经济依旧能够快速复苏，展示了中国政治制度的优越性。但劳动密集型产业和资源密集型产业的快速复苏使得碳排放量正在超越美国成为排放最多的国家，使得中国碳排放治理的国际压力陡然增大。其他发展中国家也正在工业化进程中，化石能源消耗比重大，碳排放强度较高问题受到国际社会的广泛批评。此前，包括中国在内的发展中国家一直积极努力承担"共同但有区别的责任"，主动承担减排义务，但近年由于单边主义和民粹主义的不断盛行，发展中国家发展的权利受到了更多发达国家的挑战，减排压力与日俱增。

在百年之大变局的当下，世界秩序和全球价值链正在重新构建和修正，生产、流通和消费规则的重新制定已经启动，发展中国家如果不积极参与气候治理，将失去在未来世界规则制定中的话语权。发展中国家只有积极主动参与全球气候治理，变革当前粗放式、高碳化的经济增长模式，才能在未来的国际竞争中维护自身的正当权益。[③] 同时，发展中国家很多地区的生态环境较脆弱，容易因为气候变化带来水土流失、土地荒漠、生态破坏等问题

---

① 王倩,高翠云.碳交易体系助力中国避免碳陷阱、促进碳脱钩的效应研究[J].中国人口·资源与环境,2018(9):16-23.
② 谢力.BP世界能源统计2020[J].石油科技动态,2020(7):1-136.
③ 杨丽雪,单德朋,苏永杰.生态环境、碳排放与贫困减缓——基于西部地区省级面板数据的实证研究[J].西南民族大学学报(人文社会科学版),2014(6):150-154.

而导致经济社会发展的重大损失,且极易加剧地区甚至整个国家的贫困,贫困又导致发展中国家难以转变发展方式,不断牺牲生态资源,从而形成恶性循环,深陷贫困陷阱。因此,发展中国家本身也有着减缓和适应气候变化的内在动力。综合来看,为了在国际竞争中谋求更多的竞争优势,获得发展的公平权益,发展中国家必须采取有力行动减缓和应对气候变化。

三、LCEFT 国际转移是应对气候变化的关键所在

地球生态环境系统是一种公共产品,属于自然中的所有生命体共有。自工业革命爆发以来,人类经济社会活动给地球生态系统带来了极大的破坏。人类必须携手共同治理,避免气候环境"公地悲剧"给人类家园造成不可逆转的严重影响。[1] 在这一全球共识下,世界各国积极参与并签订了《公约》,但由于《公约》缺乏具体的控制气候变化的措施[2],又共同参与并制定了《京都议定书》(以下简称《议定书》)、《布宜诺斯艾利斯计划》(以下简称《计划》)、《巴厘路线图》(以下简称《路线图》)和《协定》等国际公约[3],世界各国参与上述公约的目的之一就是通过协调和全球一致的努力实现可持续环境管理并制定气候变化适应和缓解方案,从而共同应对气候变化带来的挑战[4]。《全球升温 1.5℃特别报告》(以下简称《报告》)明确指出,要实现《协定》中1.5℃升温愿景,人类在 21 世纪中叶要实现碳中和目标[5],全球所有的气候变化应对路径都需要依赖于负排放技术(Negative Emissions Technologies,NETs)、碳捕捉技术(Carbon Capture and Storage,CCS)和绿色技术(Green Technology)等低碳环境友好技术的转移扩散和大规模应用。

LCEFT 区别于一般的技术,其在气候治理中具有重要的作用和价值,形式上表现为非竞争性,收益上具有非排他性,具有显著的正向外部特性,可被视为全球公共产品。发达国家由于先发优势掌握大量的 LCEFT 技术,处于世界领先地位,且主要集中在工业领域。很多发展中国家对于发达国

① 肖汉杰,唐洪雷,彭定洪,等.非对称压力下低碳环境友好技术企业采纳的条件与策略研究[J].生态经济,2020(2):34-41.

② Hill H. Reaching a global agreement on climate change:what are the obstacles? [J]. Asian Economic Policy Review,2010(1):39-58.

③ Karakosta C,Doukas H,Psarras J. Technology transfer through climate change:setting a sustainable energy pattern[J]. Renewable and Sustainable Energy Reviews,2010(6):1545-1557.

④ Foley A,Smyth B M,Pukšec T,et al. A review of developments in technologies and research that have had a direct measurable impact on sustainability considering the paris agreement on climate change[J]. Renewable and Sustainable Energy Reviews,2016(68):835-839.

⑤ Chalise S. Combating climate change[J]. Nature Nanotechnology,2016(6):105.

家的先进技术具有很强的依赖性,致使发展中国家被锁定在全球价值链中低端。面对人类共同的挑战,发展中国家对发达国家技术的国际转移充满期待。无论是 1995 年的《公约》,还是延迟到 2021 年的联合国气候变化大会,LCEFT 国际转移谈判始终是发达国家和发展中国家谈判的主要议题。[①] 这些公约都鼓励发达国家以优惠的非商业性条件向发展中国家提供减缓和适应气候变化所需的先进技术。[②] 与此同时,清洁发展机制(Clean Development Mechanism,CDM)、资金机制等在坎昆会议、德班会议等会议上被提出并逐步推行,从 1995 年到 2020 年间的漫长谈判过程中,各方在技术转移谈判中的利益分歧一直没得到有效的解决。就目前推行的效果来看,发展中国家应对气候变化的能力仍然普遍不足,距离《协定》中减缓全球气候变化,实现全球温度控制的总目标任重而道远[③],但谈判从政治上强化了以LCEFT 转移和大规模应用为核心的气候变化应对共识。

四、LCEFT 国际转移多重关系缠绕艰难推进

当前发展中国家无论是从自身利益还是人类共同的利益出发,都有积极的动机参与 LCEFT 国际转移以应对气候变化,LCEFT 国际转移概念模型见图 1-2。由图 1-2 可知,LCEFT 国际转移过程可分为国际和国内转移扩散,参与转移扩散主体间的关系可以分为宏观和微观两层博弈关系。在宏观层面是发达国家和发展中国家的博弈,气候变化治理博弈的焦点涉及国家公平发展权利、地缘政治和国家竞争力。发达国家率先完成了工业化进程,在技术、资金和人力等资源方面抢占了先机,占据了全球价值链的中高端位置,经济发展对于传统能源的依赖性要远低于发展中国家,因此,要求发展中国家承担碳减排责任,执行碳减排技术,危及发展中国家公平发展权利,存在设置"碳陷阱"的可能[④];同时,发达国家在国际贸易中正在不断强化绿色贸易壁垒,增大了发展中国家产业生产经营成本,降低了整体收益,使得发展中国家难以实现转型升级,深陷"高碳"锁定。从发展中国家来看,虽然面临着"碳陷阱"和"高碳"锁定的风险,在全球气候变化威胁下,原本不可

---

① Karakosta C, Doukas H, Psarras J. Technology transfer through climate change: setting a sustainable energy pattern[J]. Renewable and Sustainable Energy Reviews,2010(6):1545-1557.

② Barton J H. New trends in technology transfer: implications for national and international policy[M]. International Centre for Trade and Sustainable Development (ICTSD),2007:18-19.

③ 石晨霞.全球气候变化治理的新形势与联合国的新使命[J].湖北社会科学,2020(5):48-57.

④ 王倩,高翠云.碳交易体系助力中国避免碳陷阱、促进碳脱钩的效应研究[J].中国人口·资源与环境,2018(9):16-23.

能转移的技术和合作都在《公约》下逐步开展,发展中国家迎来了转型升级和快速发展的机遇。从发展中国家来看,企业在节能减排、碳捕捉等低碳领域的技术水平低于发达国家,只有通过技术引进和自主创新或者合作研发等途径实现技术水平的提升,然后进行技术扩散,才能使得整个国家的技术能力和水平得到提升,进而更好地减缓和适应气候变化。因此,发达国家和发展中国家在气候变化治理领域的合作充满矛盾、关系复杂,但整体上世界各国都在为应对气候变化而努力,合作局势在逐步明朗。[①]

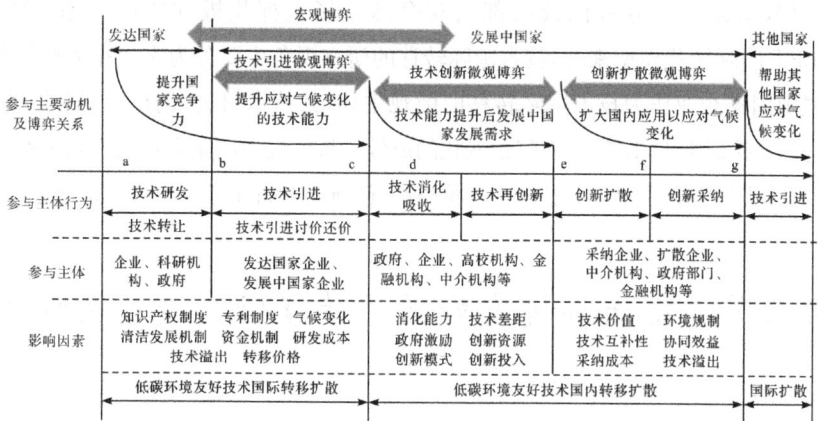

	发达国家	宏观博弈		发展中国家			其他国家
参与主要动机及博弈关系	提升国家竞争力	技术引进微观博弈 / 提升应对气候变化的技术能力		技术创新微观博弈 / 技术能力提升后发展中国家发展需求		创新扩散微观博弈 / 扩大国内应用以应对气候变化	帮助其他国家应对气候变化
	a	b	c	d	e	f	g
参与主体行为	技术研发	技术引进		技术消化吸收	技术再创新	创新扩散	创新采纳	技术引进
	技术转让	技术引进讨价还价					
参与主体	企业、科研机构、政府	发达国家企业、发展中国家企业		政府、企业、高校机构、金融机构、中介机构等		采纳企业、扩散企业、中介机构、政府部门、金融机构等	
影响因素	知识产权制度 清洁发展机制 技术溢出	专利制度 资金机制 转移价格	气候变化 研发成本	消化能力 政府激励 创新模式	技术差距 创新资源 创新投入	技术价值 技术互补性 采纳成本	环境规制 协同效率 技术溢出
	低碳环境友好技术国际转移扩散			低碳环境友好技术国内转移扩散			国际扩散

图 1-2　LCEFT 国际转移概念模型示意

注:参考欧训民[②]、张发树[③]、Ockwell[④] 和 Kim[⑤] 追赶创新模型绘制。

LCEFT 技术通常属于高新技术,不仅能够降低能耗,还能更加友好地对待环境。这些技术掌握在发达国家少数企业手中,企业研发这类技术的本质目的是获取利益最大化。为此,从企业层面来看,总是期待通过技术垄断而获得超高收益,而技术所带来的外部效益难以直接内化为企业技术成本价格,且技术转移

①　肖兰兰.后巴黎时代全球气候治理结构的变化与中国的应对策略——基于美国退出《巴黎协定》的分析[J].理论月刊,2020(3):45-55.

②　欧训民,张希良,王若水.低碳环境友好技术国际转移博弈论研究[J].中国人口·资源与环境,2009(3):8-11.

③　张发树,刘贞,何建坤,等.非完全信息下低碳技术国际转移博弈研究[J].气候变化研究进展,2011(1):41-47.

④　Ockwell D G, Haum R, Mallett A, et al. Intellectual property rights and low carbon technology transfer: conflicting discourses of diffusion and development [J]. Global Environmental Change,2010(4):729-738.

⑤　Kim L. Immitation to Innovation: the dynamics of Korea's technological learning[M]. Cambridge: Harvard Business School Press,1997:23-24.

具有知识外溢风险。企业最优的策略就是出售设备和仪器,对于核心技术不进行转移和出售,这种方式使得 LCEFT 的国际转移价格超高,超越了很多发展中国家及其企业的承受能力[①]。同时,技术专利所有国寄希望于技术优势在全球价值链竞争中获取优势地位,从而将竞争对手锁定在价值链中低端[②]。

综合国家和企业两个层面来看,发达国家参与 LCEFT 国际转移的动力不足,发展中国家参与 LCEFT 国际转移困难重重。如果没有国际合作机制的建立,LCEFT 难以通过市场机制实现有效转移。LCEFT 从研发到商业化应用的整个过程,均需要世界各国政府部门和全球市场发挥积极的协同作用。结合 LCEFT 国际转移模型来看,技术国际转移的研究视角主要分为宏观和微观两类,发展中国家企业作为技术国际转移的微观主体,其技术引进、创新和创新扩散策略选择直接影响 LCEFT 应对气候变化的成效。从发展中国家企业的视角来看,参与 LCEFT 国际转移面临着技术引进价格高、创新成本高和创新扩散难等问题。

第二节　低碳环境友好国际转移研究进展及评述

一、LCEFT 讨价还价博弈研究进展与评述

发展中国家在某些领域与发达国家存在巨大的技术差距,且自身缺乏研发能力和研发资源[③],加之发达国家占据了产业链的顶端,很多发展中国家短期内难以通过投资提升气候变化应对能力,LCEFT 国际转移是发展中国家获取 LCEFT 应对气候变化的重要途径[④]。关于 LCEFT 国际转移的研究大多是聚焦于《公约》框架下的谈判内容、合作机制、资金机制和知识产权保护机制等;还有很多学者研究 LCEFT 国际转移的影响因素及其作用。这些研究达成了两个共识:商业转移模式是 LCEFT 实现国际转移的主流模

---

① Glass A J, Saggi K. International technology transfer and the technology gap[J]. Journal of Development Economics,1998(2):369-398.

② Caparrós A. Bargaining and international environmental agreements[J]. Environmental and Resource Economics,2016(1):5-31.

③ De Coninck H, Haake F, Van Der Linden N. Technology transfer in the clean development mechanism[J]. Climate Policy,2007(5):444-456.

④ Foley A, Smyth B M, Pukšec T, et al. A review of developments in technologies and research that have had a direct measurable impact on sustainability considering the Paris agreement on climate change[J]. Renewable & Sustainable Energy Reviews,2016(68):835-839.

式;商业转移价格是影响 LCEFT 国际转移的关键因素。Biagini 等通过研究发现资金机制失效和知识产权保护机制抑制了 LCEFT 国际转移[1];Rai 和 Funkhouser 认为资金机制失效是造成 LCEFT 国际转移进程缓慢的主要原因[2];我国学者何建坤[3]、张发树、刘贞和何建坤[4]以及欧训民、张希良和王若水[5]都有类似观点。综合来看,影响 LCEFT 国际转移关键因素有资金机制和知识产权保护机制,而这两个关键因素都与《公约》有着密切关系。目前在《公约》框架下实现 LCEFT 转移的案例十分有限,商业转移模式仍然是主流模式,减缓气候变化的目标单独依赖《公约》框架下的技术转移和政府技术援助难以实现。

LCEFT 国际转移的价格问题引起学术界高度重视与关注。Ockwell 等[6],Zhao[7],以及 Khosla、Sagar 和 Mathur[8]等基于博弈论开展了深入的研究,这些研究促进 LCEFT 国际转移博弈研究进入了严格理论分析阶段,为后续的研究提供了关键性参考。上述研究在理论分析过程中发现:在发展中国家企业和发达国家企业的商业转移谈判过程中,发展中国家企业处于劣势地位,要想在 LCEFT 转移谈判时在自身的保留价格范围内完成交易,需要分析发达国家企业的谈判策略以及心理预期,制定合理的谈判方案,确保 LCEFT 转移价格能够被双方接受。发达国家企业在 LCEFT 商业转移谈判过程中希望获得最大的预期收益,从而能够不断维持技术创新投入,保障自身在国际竞争中的优势地位不被冲击和动摇。发达国家企业和发展中国家企业会就 LCEFT 转移价格进行多次谈判,不断修正自身的出价和还价策略,最后完成 LCEFT 转移谈判。为此,可以采用 Rubinstein[9]的讨价还

① Biagini B, Kuhl L, Gallagher K S, et al. Technology transfer for adaptation[J]. Nature Climate Change,2014(9):828-834.

② Rai V, Funkhouser E. Emerging insights on the dynamic drivers of international low-carbon technology transfer[J]. Renewable and Sustainable Energy Reviews,2015(49):350-364.

③ 何建坤.中国的能源发展与应对气候变化[J].中国人口·资源与环境,2011(10):40-48.

④ 张发树,刘贞,何建坤,等.非完全信息下低碳技术国际转移博弈研究[J].气候变化研究进展,2011(1):41-47.

⑤ 欧训民,张希良,王若水.低碳技术国际转移双层多主体博弈模型[J].清华大学学报(自然科学版),2012(2):234-237,242.

⑥ Ockwell D G, Watson J, MacKerron G, et al. Key policy considerations for facilitating low carbon technology transfer to developing countries[J]. Energy Policy,2008(11):4104-4115.

⑦ Zhao J, Yang J. Double auction on international transfer of low-carbon technology's price[J]. Energy Procedia,2011(5):95-99.

⑧ Khosla R, Sagar A, Mathur A. Deploying low-carbon technologies in developing countries: a view from India's buildings sector[J]. Environmental Policy and Governance,2017(2):149-162.

⑨ Rubinstein A. Perfect equilibrium in a bargaining model[J]. Econometrica,1982(50):97-109.

价博弈模型作为基础理论模型。Rubinstein 构建的完全信息轮流出价的讨价还价博弈模型是分析博弈双方出价和还价策略的重要理论。基于此理论,Glass 和 Saggi[1] 基于企业技术差距建立了一个质量阶梯产品周期模型,分析了累积创新过程中企业技术差距不断缩小的过程,进而探讨了技术差距在国际技术转移时对技术转让价格的影响,发现技术差距较小时技术转移较容易实现。Spulber[2] 相较于 Glass 和 Saggi 重点分析技术双方需求信息及贸易过程,从技术供给双方需求视角提出了一个同时考虑技术供应方和技术采纳方需求的国际技术贸易模型,通过博弈模型分析在完全信息条件下国际技术转移过程以及双方的策略选择问题。Navarro 和 Veszteg[3] 相较于 Spulber 关注的是谈判价格对于双方策略选择的影响,因此构建基于完全信息的技术转让讨价还价博弈模型,通过实证演示了讨价还价能力在技术转让谈判中对转让价格的影响。常悦和鞠晓峰[4]的研究是从微观视角,关注企业层次技术转移过程中的讨价还价问题,其应用了 Rubinstein 的讨价还价博弈模型分析了低碳技术创新供给者与采纳者间的博弈问题,得到了促进低碳技术创新扩散的条件,进而提出了对策建议。Caparrós[5] 与 Spulber、Navarro 和 Veszteg 一样都十分关注谈判过程中信息条件对于讨价还价双方策略的影响,重点研究了信息不对称对于技术转让谈判和投资决策者策略选择的影响。徐莹莹、綦良群和徐晓微[6]基于 Rubinstein 的讨价还价博弈理论引入了心理压力参数构建创新技术提供者与潜在采纳企业间的讨价还价模型,从创新角度分析了企业间关于低碳技术转让过程中出价和还价所带来的心理压力及其对收益的影响,并分析了中介机构在讨价还价过程对于双方收益的影响。肖汉杰、彭定洪和王华[7]基于 Rubinstein 的讨价还价

① Glass A J, Saggi K. Multinational firms and technology transfer[J]. The Scandinavian Journal of Economics,2002(4):495-513.

② Spulber D F. The quality of innovation and the extent of the market[J]. Journal of International Economics,2010(2):260-270.

③ Navarro N, Veszteg R F. Demonstration of power: experimental results on bilateral bargaining[J]. Journal of Economic Psychology,2011(5):762-772.

④ 常悦,鞠晓峰. 技术转让模式下技术创新扩散的博弈分析[J]. 东北农业大学学报,2013(8):143-147.

⑤ Caparrós A. Bargaining and international environmental agreements[J]. Environmental and Resource Economics,2016(1):5-31.

⑥ 徐莹莹,綦良群,徐晓微. 低碳经济背景下技术创新链式扩散机制研究——基于 Rubinstein 讨价还价博弈理论[J]. 科技管理研究,2017(16):209-214.

⑦ 肖汉杰,彭定洪,王华. 非对称心理压力下的低碳环境友好技术国际转移博弈研究[J]. 运筹与管理,2020(3):36-43.

博弈理论,通过引入对谈判区间、还价策略和不同心理压力的假设,构造了非对称信息下的 LCEFT 转移讨价还价博弈模型,深入分析了收益贴现参数、心理压力参数和谈判区间等因素对博弈双方报价策略、还价策略以及成交价格所产生的影响,得到了发展中国家企业的讨价还价策略。归纳现有 LCEFT 转移引进的讨价还价博弈研究,具体如表 1-1 所示。

表 1-1 LCEFT 技术转移讨价还价博弈研究分析

作者	支付矩阵参数	信息条件
Rubinstein	转让收益和损失、收益、转让价格、市场份额等	完全
Glass 等	保留价、成交价、贴现率、转让价格、转让收益等	完全
张玉臣等①	成交价格、技术价值、技术真实成本、要价、出价等	不完全
李建华等②	破裂风险、保留价、成交价、贴现率、卖方数目等	完全
张琳等③	成交价格、保留价格、卖方数目、联络概率、贴现率	完全
Spulber 等	保留价、成交价、贴现率、产品产量、产品价格	完全
Navarro 等	讨价还价能力、保留价、成交价、贴现率	完全
张发树等	转移价格、收益、技术差距、减排补贴、折现因子等	不完全
常悦等	贴现率、心理压力、保留价、成交价等	不完全
孔令夷等④	可行支付配置组合发生的概率、支付让渡权等	不完全
Caparrós	投资价、成本价、成交价、产品价格、预期风险	不完全
徐莹莹等	心理压力、转让价格、贴现率、成交价、碳税	不完全
肖汉杰等	心理压力、保留价、贴现率、成交价等	不完全

据表 1-1 可知,目前 LCEFT 技术转移讨价还价博弈研究开始向非完全信息转变。这主要是由于现实中,企业难以获得 LCEFT 转移价值的完全信息,非完全信息下的 LCEFT 国际转移讨价还价博弈目前已经成为国内外研究的新方向,赵佩华、常锐等,张发树等和 Caparrós 等学者已经初步开展了相关研究,解决了讨价还价中的部分信息不对称问题,为后续研究提供了重要参考⑤。

---

① 张玉臣,郭丽.技术转移中的定价模型与交易条件分析[J].同济大学学报(自然科学版),2008(10):1448-1451,1456.

② 李建华,张国琪.国际技术转让价格的讨价还价模型研究[J].北京工业大学学报(社会科学版),2008(1):28-32.

③ 张琳,刘雅静,施建军,等.企业创新技术转让价格的信号博弈分析[J].广西师范大学学报(哲学社会科学版),2010(3):49-52.

④ 孔令夷,车阿大.支付让渡权、可信威胁与技术转让竞合格局[J].管理科学,2014(4):75-85.

⑤ 赵佩华.论"以市场换技术"——基于演化博弈论的视角[J].汕头大学学报(人文社会科学版),2010,26(3):73-78;常悦,鞠晓峰.创新供给者、中介与潜在采纳者之间的博弈研究[J].中国软科学,2013(3):152-157;张发树,刘贞,何建坤,等.非完全信息下低碳技术国际转移博弈研究[J].气候变化研究进展,2011,7(1):41-47;Caparrós A. Bargaining and international environmental agreements[J]. Environmental and Resource Economics,2016(1):5-31.

但这些研究也存在着一些不足,主要有:在研究中将发展中国家视为谈判地位偏弱的一方,这与"共同但有区别的责任原则"相悖,在应对气候变化谈判中各国政府应具有公平平等的地位;同时,现有研究较少关注企业心理压力变化对于讨价还价过程的影响。谈判过程中心理压力的变化会影响企业的策略选择,且利用谈判心理变化和信息条件,争取优势谈判地位,提升自身的谈判能力是现实谈判中常用策略。为此,开展信息不对称条件下的非对称心理压力的讨价还价研究,分析不同心理下发达国家企业的讨价还价特点和规律,对于发展中国家企业积极主动地采取讨价还价策略、提升谈判能力具有重要的参考价值。

二、LCEFT 协同创新博弈研究进展与评述

在知识经济时代,为了获得互补性的知识与技能,以实现可持续发展,企业越来越重视从外部获取知识和技术资源,同企业、学校、科研机构等开展协同创新是知识经济时代的主旋律。[①]"企业技术能力得到一定提升后进行协同创新是最佳选择"是研究者的共识。协同论创立者哈肯(Hermann Haken)认为,协同是指在复杂大系统内各子系统的协同行为产生超越各要素自身单独作用,从而形成整个系统统一作用和联合作用。协同创新思维是当今创新理论最重要的核心理念,协同创新打破了专业领域、地域限制,推动地区性及全球性的协同创新,实现创新要素的最大限度整合。[②]协同思想已经在技术创新中得到应用和深化,并逐步形成了协同创新概念。协同创新组织形式按照不同的组成主体可以分为不同的形式,最为经典的就是产学研协同创新模式[③],产学研合作的边界与壁垒被打破,这三方主体的联系日益紧密、合作程度加深,基于三方的优势互补,产学研协同创新成为一种高级别的合作创新方式。从协同创新的内外部关系的角度,美国学者彼得·葛洛最早将协同创新定义为内部和外部协同创新,外部协同创新最典型的是产学研协同创新。[④]技术协同创新能够集中各方优势资源和资本,提

---

① 徐刚,杨超.基于演化博弈分析的产学研协同创新引导模式优化与选择[J].研究与发展管理,2020(1):123-133.

② Vick T E, Nagano M S, Popadiuk S. Information culture and its influences in knowledge creation: evidence from university teams engaged in collaborative innovation projects[J]. International Journal of Information Management,2015(3):292-298.

③ Chen J, Yang Y-J. Theoretical basis and content for collaborative innovation[J]. Studies in Science of Science,2012(2):161-164.

④ Swink M. Building collaborative innovation capability[J]. Research-technology Management,2006(2):37-47.

高创新成功概率,降低创新风险和成本。

目前在技术产学研协同创新模式及其影响因素方面的研究成果较为丰富。史烽、高阳和陈石斌等[①]探讨了技术距离、地理距离对大学—企业协同创新活动的影响,以及产学研协同创新的影响因素,进而提出了提升协同创新绩效的对策与建议。司林波[②]指出技术协同创新是装备制造业技术创新的模式选择和发展趋势,从驱动力机制、资源供给机制、双元协同机制、合作激励机制等四个方面分析动力、支持与激励等要素对协同创新的作用机理。曹霞、杨笑君和张路蓬[③]认为技术距离能够影响企业的自主创新和协同创新策略选择,技术距离超过门槛或者限制在门槛内,技术创新策略不同对应的技术创新绩效存在较大差异:在技术差异较大时,应以自主研发作为创新绩效提高的主要方式,反之,应以协同创新为主来提高技术产业创新绩效。Nieto 和 Santamaría[④]、Jong 和 Freel[⑤] 及 Bjerregaard[⑥] 等研究了协同模式与技术创新的相互关系,认为开放的协同模式可以促使企业克服行业边界和地域界线,推动企业的创新产出。这些研究重点研究了影响产学研协同创新过程的关键因素,探讨了各因素对于学研方、企业方和政府的影响作用,然而,对于产学研在协同创新之初的行为动机以及合作中的行为演化过程关注有所不足。企业加入协同创新组织的主要目的是获得独自创新所无法获得的知识创新资源和技术,进而在市场竞争中以最小的创新成本,获得最大的知识创新利益。由于企业的有限理性和企业间的知识多维异质性以及知识共享过程中信息的非对称性,企业协同创新中的知识共享过程可以被视为是在一个信息不对称的、有限理性和不确定性的博弈系统中进行。[⑦]

在 LCEFT 产学研协同创新中,协同创新各主体在技术利益上既有合作

---

① 史烽,高阳,陈石斌,等. 技术距离、地理距离对大学—企业协同创新的影响研究[J]. 管理学报,2016(11):1665-1673.

② 司林波. 装备制造业技术协同创新运行机制构建[J]. 科技进步与对策,2017(2):72-79.

③ 曹霞,杨笑君,张路蓬. 技术距离的门槛效应:自主研发与协同创新[J]. 科学学研究,2020(3):536-544.

④ Nieto M J, Santamaría L. The importance of diverse collaborative networks for the novelty of product innovation[J]. Technovation,2007(6):367-377.

⑤ Jong J P J D, Freel M. Absorptive capacity and the reach of collaboration in high technology small firms[J]. Research Policy,2010(1):47-54.

⑥ Bjerregaard T. Industry and academia in convergence: micro-institutional dimensions of R&D collaboration[J]. Technovation,2010(2):100-108.

⑦ 肖汉杰,彭定洪,桑秀丽. 企业协同创新中知识共享的三角模糊矩阵博弈分析[J]. 科技管理研究,2015(24):132-136.

关系也存在竞争关系。从本质上看,这是一个博弈问题。[①] 在国内外研究技术协同创新系统演化机理的文献中,以博弈论和系统动力学作为基础理论的研究数量和质量都占据巨大优势,在学术界影响巨大。很多学者从政府和企业以及学研方视角开展了技术协同创新的博弈研究。Lee[②] 首先分析了产学研各方策略收益与成本的预期,构建了支付矩阵,进而分析了产学研协同创新合作关系形成的原因及趋势,得出了大学与企业更愿意就技术转移进行协同创新意愿不断增强结论,并给出了相应的解释;Lee 在学术界非常具有影响力,Etzkowitz[③] 的三重螺旋理论的提出也汲取了其研究的创新要素。在此之后,国内外很多学者的产学研协同创新研究都是建立在 Lee 和 Etzkowitz 的三重螺旋理论基础之上,此后产学研协同创新博弈模型研究取得了丰富的研究成果。Motohashi[④] 借鉴了 Lee 的研究思路,分析了产学研协同创新关系中企业、大学机构和政府部门的博弈关系,认为企业在技术转移中扮演主要角色,分析了企业对技术国际转移起到的关键性作用。原毅军等[⑤]在 Lee 研究基础上,从中方产学研联盟介入角度研究中外企业技术联盟的技术转移模式选择问题,通过构建中外企业技术转移演化博弈模型,得到了中方产学研联盟介入对外方技术转移模式选择决策的影响机制,提出了中方产学研联盟与外方机构的合作对策。Albino、Ardito 和 Dangelico[⑥] 不再将合作结果作为协同创新最终的目标,更加关注技术变化趋势及其对双方合作过程中的影响,运用博弈论理论分析了企业和机构支持低碳技术创新的根本动力,从而揭示了不同的情况下未来低碳技术发展的趋势及其对未来气候变化的影响,得到了企业和不同机构合作的对策与建议。Guan、Zhou 和 Liu[⑦]

---

① Xiao H J, Tang H L, Zhou J H. On the LCEFT multi-player collaborative innovation evolutionary game with the support of green finance[J]. Ekoloji,2019(107):1349-1364.

② Lee Y S. "Technology transfer" and the research university: a search for the boundaries of university-industry collaboration[J]. Research Policy,1996(6):843-863.

③ Etzkowitz H. Innovation in innovation:the triple helix of university-industry-government relations[J]. Social Science Information,2003(3):293-337.

④ Motohashi K. University-industry collaborations in Japan: the role of new technology-based firms in transforming the national innovation system[J]. Research Policy,2005(5):583-594.

⑤ 原毅军,任焕焕,吕萃婕,等.中外企业技术联盟的技术转移模式选择——基于产学研联盟介入的视角[J].研究与发展管理,2012(1):18-25.

⑥ Albino V, Ardito L, Dangelico R M, et al. Understanding the development trends of low-carbon energy technologies: a patent analysis[J]. Applied Energy,2014,135(C):836-854.

⑦ Guan Q, Zhou J, Liu Y. Study on evolutionary game of enterprise-oriented university industry cooperation knowledge flow[C]//Logistics, Informatics and Service Sciences (LISS), 2016 International Conference on IEEE,2016:1-4.

重点关注了知识溢出和知识流动对于协同双方策略选择的影响,采用演化博弈论分析了技术知识转移中企业方和产研方之间的博弈关系,知识溢出风险、知识流动等对于产学研多方主体创新决策的影响。王志国等[①]从政府决策影响的角度研究低碳技术创新复杂系统,建立了动态赋时博弈模型,分析了政府的决策做出对企业低碳技术创新系统性能指标的时间量特性影响。上述研究主要关注的是企业方和学研方之间合作的条件与策略,多指出产学研中离不开政府部门的支持,政府部门在协同创新中具有重要的作用,特别是政府的政策导向作用。因此,这些研究对基于市场的环境规制工具重视程度有限。

欧美国家的实践经验表明,利用碳交易作为基于市场的环境规制工具,能够直接影响市场主体的生存和经营方式。近年来国内学者开始探索政府环境规制工具对于 LCEFT 协同创新的影响,主要的环境规制有碳税制度和碳交易机制。碳排放交易是一种基于二氧化碳排放量的特定交易机制。[②]碳税是以减少碳排放量为目的的环境税或消费税,或者被认为是以减少碳排放为目的而对化石燃料中碳含量及利用过程中碳排放量征收的税种。这两种规制工具各有所长,能够在不同领域和层次发挥不同的作用,关于两种工具及其组合的优劣有学者开展了对比分析,几乎得到的结论都具有一致性:碳交易与碳税的复合政策相较于单一政策更优。[③] 随着全球气候变化应对认识的加深,很多国家都在积极探索适应本国国情的碳环境规制工具,分析碳环境规制下多方主体协同创新矛盾与冲突的博弈研究主要有:孟凡生和韩冰[④]利用演化博弈理论和数值仿真方法,建立政府与企业间的演化博弈模型,分析低碳技术创新投入补贴、碳税和碳排放权交易三种环境规制工具对企业低碳技术创新行为的影响机制,得到了创新投入补贴、碳排放权交易与碳税制度结合应用才能起到有效地促进 LCEFT 创新的结论。崔和瑞和王欢歌[⑤]引入违约金、协同收益和碳税等变量构建了产学研低碳技术协同创新的演化博弈模型,分析了各个因素对产学研达成低碳技术协同创新的影响,得到了促进协同创新的正向因素和抑制协同创新的负向因素,并据此提

① 王志国,李磊,杨善林,等.动态博弈下引导企业低碳技术创新的政府低碳规制研究[J].中国管理科学,2016(12):139-147.

② 赵黎明,殷建立.碳交易和碳税情景下碳减排二层规划决策模型研究[J].管理科学,2016(1):137-146.

③ 丁志刚,陈涵,徐琪.碳交易与碳税双重风险下供应链低碳技术采纳时机决策研究[J].软科学,2020(7):101-107.

④ 孟凡生,韩冰.政府环境规制对企业低碳技术创新行为的影响机制研究[J].预测,2017(1):74-80.

⑤ 崔和瑞,王欢歌.产学研低碳技术协同创新演化博弈研究[J].科技管理研究,2019(2):224-232.

出了对策建议。汪明月、刘宇和史文强[①]分析了在碳交易政策下低碳技术异地协同共享策略,分析了多方主体协同共享的减排收益及关键条件。现有技术创新博弈的研究分析如表 1-2 所示。

表 1-2　技术协同创新博弈研究分析

作者	支付矩阵参数	模型
Lee	技术转移意愿、研发成本、市场价值、创新风险等	博弈论
彭纪生等[②]	合作市场收益、人工费用和原料成本、研发成本、学习成本、学习能力、技术优势损失、学习动机、技术转让效益等	演化博弈
原毅军等	研发成功概率、市场收益、研发概率、转让成本、采纳成本等	演化博弈
施骞等[③]	风险承担、政府监管力度、创新投入和创新收益、违约概率等	静态博弈
Albino V 等	创新成本、溢出风险、政府补贴、专利成本、专利市场价值等	博弈论
王志国等[④]	碳排放量、销售额、创新成本、碳价、创新收入、创新时间等	动态赋时博弈
孟凡生等	碳排放量、创新补贴、碳税、碳价、合作成本、预期收益等	演化博弈
肖汉杰	碳排放量、碳税、低碳市场价值、投资额度、初始碳配额等	演化博弈

据表 1-2 可知,现有研究的因素主要有创新投入、创新收益以及违约概率,同时,采用的模型明显由静态模型向演化博弈模型转变。研究主体多是研究企业方和学研方的博弈,主要考虑研发成功概率参数、企业合作成本、创新投入等因素。在博弈中将政府部门置于监管地位,政府部门主要通过创新补贴、违约惩罚等机制对产学研协同创新进行管理,以促进企业方和学研方的合作。在研究多主体之间博弈关系及特征方面,这些学者做出了较大贡献,然而这些研究并没有考虑企业广泛存在的合作关系,支付矩阵中蕴含的策略选择通常被简化为两种策略,但实际往往存在多种混合策略,这是在建模中需要重视的重要问题。任何技术创新都离不开资金的支持,现有研究对于产学研协同创新中资金匮乏的现实问题还缺乏有效的应对措施。金融主体是产学研合作中一类较为特殊的活动主体,在整个体系中扮演的是资金支持者的角色。因此,企业合作关系下金融主体参与的 LCEFT 产学研协同创新是未来研究的一个重要方向。

---

① 汪明月,刘宇,史文强,等.碳交易政策下低碳技术异地协同共享策略及减排收益研究[J].系统工程理论与实践,2019(6):1419-1434.
② 彭纪生,李昆,王秀江,等.跨国技术转移的策略交互行为研究[J].科研管理,2010(4):1-8.
③ 施骞,赖小东.低碳建筑技术创新参与主体博弈及激励机制研究[J].上海管理科学,2011(6):7-13.
④ 王志国,李磊,杨善林,等.动态博弈下引导企业低碳技术创新的政府低碳规制研究[J].中国管理科学,2016(12):139-147.

三、LCEFT 创新扩散博弈研究现状与评述

技术创新固然重要,促进技术大规模应用才是实现技术价值的关键所在,即技术创新需要通过扩散实现其价值最大化。创新扩散理论是由美国学者埃弗雷特·罗杰斯(E. M. Rogers)[1]最先提出,他认为创新扩散是指一种基本社会过程,在这个过程中新的理论和思想被传播并且逐步被接受。因此,技术创新扩散可以被视为:通过一定的渠道技术创新在潜在使用者之间的传播、采用的过程。从技术创新扩散主体的组成形式来划分,技术创新扩散研究可以分为:第一,基于企业行为的技术创新扩散研究,主要代表性研究有 Damanpour(2001)、Katherine(1982)和 Jagdish(1989)[2]。第二,基于企业集群的技术创新扩散研究,主要代表性研究有 Blaut[3],他提出了"创新扩散比创新本身更重要"的观点;Rogers 的技术创新"S"曲线;Johannes(1992)得到了技术创新的扩散与组织自身的技术能力密切相关的结论;Federica(2012)得到了正式关系和非正式关系并存的状态对技术创新在中小企业网络中的扩散有很大推动作用的结论。第三,基于企业行为的低碳技术创新扩散研究。其中代表性研究有 Henrik 和 Asa[4]、Schaffhauser[5]、Dima 等[6]。这些研究主要是分析影响技术创新扩散过程的因素以及技术创新扩散带来的效益。

近年,气候变化成为技术创新扩散研究学者们关注的焦点,由于LCEFT 创新扩散涉及主体(转让企业、采纳企业、发展中国家政府、中介机构等)众多且利益矛盾与冲突难以调和,LCEFT 转移陷入困境。博弈论具

① 埃弗雷特·罗杰斯. 创新的扩散[M]. 辛欣,等译. 北京:中央编译出版社,2002:305-307.

② Damanpour F, Gopalakrishnan S. The dynamics of the adoption of product and process innovations in organizations[J]. Journal of Management Studies,2001,38(1):45-65; Sanford K K, Evans V J. A quest for the mechanism of "spontaneous" malignant transformation in culture with associated advances in culture technology[J]. Journal of the National Cancer Institute,1982,68(6):895-913; Bhagwati J. Trade policy and protectionism: a conversation with Jagdish Bhagwati[J]. Eastern Economic Journal,1989,15(3):173-176.

③ Blaut J M. Diffusionism: a uniformitarian critique[J]. Annals of the Association of American Geographers,1987(1):30-47.

④ Henrik H, Asa L. Explaining adoption of end of pipe solutions and clean technologies- determinants of firm's investments for reducing emissions to air in four sectors in Sweden[J]. Energy Policy,2010(7):3644-3651.

⑤ Schaffhauser D. Print your own 3D learning objects[J]. Campus Technology Magazine,2013(3):30.

⑥ Dima M, Farisato G. From 3D view to 3D print[J]. Proceeding of the SPIE,2014(3):10.

有解决上述复杂矛盾和利益冲突问题的优势,很多学者专家就 LCEFT 扩散的宏观和微观博弈问题展开了研究。

宏观博弈主要关注的是发达国家政府与发展中国家政府之间的博弈问题,主要考虑地缘政治、国际关系和意识形态等方面对气候变化应对合作以及 LCEFT 国际转移的影响。从宏观层面开展技术国际转移博弈研究的代表性成果有:欧训民[①]、Carfì 和 Schiliro[②] 及肖洋[③]等人的研究,其中欧训民提出了 LCEFT 技术引进双层博弈理论模型,将 LCEFT 国际转移过程分为宏观和微观两个层次进行研究,在研究中讨论了国内民众支持率对 LCEFT 扩散的影响,同时还考虑了管制费用和宏观效益等对政府决策的影响,并从微观视角分析了政府政策对企业决策的影响。现有文献中研究假设虽然差异较大,但都共同证实了"政府部门在 LCEFT 转移中起到了关键的辅助作用,而企业是 LCEFT 转移的实施主体"的研究结论。这些宏观博弈研究发现,企业作为 LCEFT 扩散的实施主体,其 LCEFT 创新及扩散策略将会直接影响气候变化应对绩效。

当前 LCEFT 创新扩散的研究重点在微观层面。国内外很多学者都从微观层次研究了 LCEFT 创新过程中企业间的博弈问题,按照企业间的博弈关系可以将现有的研究分为三种类型:LCEFT 转让企业之间的博弈研究、LCEFT 受让企业之间的博弈研究和 LCEFT 转让企业与受让企业之间的博弈研究。转让企业之间的博弈研究较少,主要是考虑相似技术的市场竞争以及政府部门的政策引导下技术创新扩散,主要学者有赵佩华和张卫国[④]等;受让企业之间的博弈主要有 Zhao[⑤]、徐建中[⑥]和徐莹莹[⑦]等重点研究了技术采纳企业的采纳成本、碳税税率、现有技术收益等因素对采纳企业决策的

① 欧训民,张希良,王若水.低碳技术国际转移双层多主体博弈模型[J].清华大学学报(自然科学版),2012:234-237,242.

② Carfì D, Schiliro D. A coopetitive model for the green economy[J]. Economic Modelling, 2012(4):1215-1219.

③ 肖洋.中国的"高碳困锁"与国际低碳科技转移的非对称博弈[J].社会科学,2016(6):63-70.

④ 赵佩华,张卫国.赢利能力不同的跨国公司技术转让策略的演化博弈分析[J].工业工程,2010(1):5-9,14.

⑤ Zhao P. Strategies analysis of MNCs' technology transfer based on the asymmetric evolutionary game[J]. Journal of Management Policy and Practice,2013(2):98.

⑥ 徐建中,徐莹莹.基于演化博弈的制造企业低碳技术采纳决策机制研究[J].运筹与管理,2014(5):264-272.

⑦ 徐莹莹,綦良群.基于复杂网络演化博弈的企业集群低碳技术创新扩散研究[J].中国人口·资源与环境,2016(8):16-24.

影响,并据此提出了促进企业采纳 LCEFT 的对策建议。技术国际转移的博弈焦点在于企业层面,技术创新扩散的主体是企业。转让企业与受让企业之间的博弈研究主要有 Spulber[①] 和徐建中[②]等学者,他们主要探索了转让成本、受让成本、贴现率、LCEFT 市场价值等因素对博弈方决策及其创新扩散的影响,得到了激励双方进行合作创新的条件,并提出了确保合作持续进行的对策与建议。归纳现有两个层次的博弈研究如表 1-3 所示。

表 1-3　LCEFT 创新扩散博弈研究分析

作者	支付矩阵参数	宏/微观
Wang 等[③]	技术转移成本、技术学习成本等	宏观
欧训民等	公民支持率、管制费用、宏观收益等	宏观
张发树等	世界总收益、政策支持强度、转移成本、国际气候义务压力	宏观
Zhao 等	要价、买方价格、买方低碳技术估值、卖方低碳技术估值等	宏观
程娜等[④]	援助成本、引进成本、转移收益、处罚成本、现有技术收益等	宏观
杨伟娜等[⑤]	一次性购买费用、政府补贴总额、利润增长率、采纳时间等	微观
Carfi D 等	投资、技术转移收益、技术转移成本、低碳技术世界总投资	宏观
徐建中等	总投入、传统收益、新技术收益增加值、产品销量等	微观
徐莹莹等	采纳收益、采纳投入、现有收益、罚款额度、政府补贴、碳税	微观
肖洋	低碳话语权、市场主动权、转移成本、预期收益、政治利益等	宏观
肖汉杰等[⑥]	转移成本、技术互补比例、政府激励和行业内惩罚损益等	微观
吕希琛等[⑦]	碳税税率、碳补贴力度、碳价、采纳成本、采纳收益	微观

前人的研究为技术转移做出了巨大贡献,特别是对于技术转移影响因素的研究为联合国制定和优化技术转移机制做出了较大贡献,但也略存不足,特别是对发展中国家内部微观层次创新扩散博弈的研究需要完善。

---

① Spulber D F. The quality of innovation and the extent of the market[J]. Journal of International Economics,2010(2):260-270.

② 徐建中,徐莹莹.基于演化博弈理论的低碳技术创新链式扩散机制研究[J].科技管理研究,2015(6):17-25.

③ Wang J Y, Blomström M. Foreign investment and technology transfer: a simple model[J]. European Economic Review,1992(1):137-155.

④ 程娜,纪明.中国低碳技术引进的演化博弈分析[J].学习与探索,2012(5):102-104.

⑤ 杨伟娜,刘西林.政府推动下企业新技术采纳博弈分析[J].管理学报,2011(4):621-627.

⑥ 肖汉杰,王华.低碳环境友好技术创新扩散非对称演化博弈研究[J].中国科技论坛,2017(8):20-27.

⑦ 吕希琛,徐莹莹,徐晓微.环境规制下制造业企业低碳技术扩散的动力机制——基于小世界网络的仿真研究[J].中国科技论坛,2019(7):145-156.

(1)扩散企业间博弈研究的完善。少有研究对 LCEFT 在企业群体间扩散的特点及规律进行具体描述。[①] 同时,少有研究分析技术协同效应对于扩散企业和采纳企业决策的影响。马丁和陈文颖[②]指出,由于排放物和污染物的产生具有同源性,LCEFT 之间存在技术协同效益($1+1>2$),而协同效益能够极大地提升技术应对气候变化的效率,协同效益对于技术创新扩散参与主体具有很高的激励作用。同时,LCEFT 创新扩散机制,既有一般产业技术创新扩散机制的共性,又有应对和适应气候变化需求的独特性。LCEFT 区别于一般技术具有的"公共物品"性质,使得扩散企业都有让其他企业先行动,而自身进行"搭便车"和投机行为的动机。因此,在 LCEFT 创新扩散中必须考虑企业投机行为和 LCEFT 之间协同效益对于技术创新扩散主体决策的影响。另外,美国、日本等国家技术创新扩散实践证明了中介机构在 LCEFT 创新扩散中的桥梁作用,有必要考虑中介机构介入时 LCEFT 创新扩散多群体演化博弈问题,从而解决当前 LCEFT 创新扩散的问题。

(2)潜在采纳企业间博弈研究的完善。归纳上述文献梳理发现,LCEFT 创新扩散研究逐步从宏观研究转向微观研究,从静态讨价还价博弈为主转向动态演化博弈为主。现有研究提出的政府规制主要可以分为补贴和罚款两种类型,新能源汽车技术补贴机制的大幅整改,揭示了补贴机制的"先天不足":过高的补贴成本政府无法承担;以罚款为主的惩罚机制虽然能够提升企业环境违法成本,但是合法性受到很多专家的质疑,同时其操作的科学性也尚无定论。因此,促进潜在采纳企业的政府规章制度还需要进一步研究;潜在采纳企业之间的博弈关系主要是由于政府部门的政策引导和市场需求变化引起。我国正处于市场经济的过渡时期,市场机制下 LCEFT 采纳及政府部门的宏观调控均有其特殊性,国外研究成果在我国直接应用性不强。魏庆坡等[③]、张博等[④]探讨并设计了混合碳减排机制,并分析了政府部门执行该机制对于促进 LCEFT 创新和创新扩散的作用,但主要以定性分析为主,而缺乏定量的验证。在碳交易市场不断深入推行和完善的背景下,在不

① 曹东,吴晓波,周根贵,等.制造企业绿色产品创新与扩散过程中的博弈分析[J].系统工程学报,2012(5):617-625.

② 马丁,陈文颖.中国钢铁行业技术减排的协同效益分析[J].中国环境科学,2015(1):298-303.

③ 魏庆坡.碳交易与碳税兼容性分析——兼论中国减排路径选择[J].中国人口·资源与环境,2015(5):35-43.

④ 张博,刘庆,潘浩然,等.混合碳减排制度设计研究[J].中国人口·资源与环境,2016(12):39-45.

久的将来混合减排机制的推行与改革势在必行,且对于潜在采纳企业采用
LCEFT 的决策有着重大影响。研究混合碳减排机制对于潜在企业采纳决
策的影响机理,分析混合碳减排机制的实施路径是非常有价值的课题,也是
解决 LCEFT 创新扩散的关键所在。

第三节 低碳环境友好国际转移的研究问题及意义

一、低碳环境友好技术国际转移的研究问题归纳

根据 LCEFT 国际转移概念模型,发展中国家企业可以通过技术引进提
高企业应对气候变化的能力,但引进成本高昂,且难以接触到前沿技术;同
时,根据 Kim 的理论,企业通过消化吸收再创新技术后,企业应对气候变化
的能力会得到提升。技术创新扩散比技术创新更为重要,因此,在面对气候
变化威胁的现实背景下,促进技术创新扩散成为发挥 LCEFT 价值的关键所
在。本节遵循层层递进的逻辑顺序,按照"技术引进—技术消化吸收再创
新—创新扩散"的脉络研究 LCEFT 在发展中国家发挥应对和减缓气候变化
问题,技术引进、技术消化吸收再创新和技术创新扩散关系具体如图 1-3
所示。

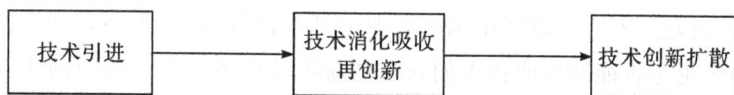

图 1-3 技术引进、技术消化吸收再创新和技术创新扩散关系

根据图 1-2 和图 1-3 可知,发展中国家企业获取技术最为关键的就是通
过商业市场实现技术引进,但是由于技术转移价格无法事先确定,因此最后
的技术成交价格是发达国家企业与发展中国家企业双方讨价还价的结果。
发展中国家企业通过技术转移缩小了技术差距,应对和适应气候变化的能
力得到了提升,但受限于知识产权保护技术无法扩散,同时由于技术转移始
终无法接触到最前沿的技术,发展中国家企业始终与发达国家企业存在技
术差距,例如中国有色行业富氧熔池熔炼中的富氧技术。技术引进只能是
企业技术能力提升过程中的一个过渡阶段,发展中国家企业不可能一直通
过国际转移引进提升企业竞争力,发达国家也不可能一直在国际公约框架
下进行技术转让。同时,由于技术和产品的生命周期在逐渐缩短,企业单纯

依靠引进技术进行模仿创新,或依靠自身能力进行简单的产品创新等手段已越来越不能适应激烈的竞争环境,协同创新和开放式创新已经成为企业竞相探索的创新模式。Baldwin[1]、Davis[2]、Bunduchi[3]等专家也都持有相同的观点:在知识经济时代,协同创新是企业创新趋势,探索出适合企业自身产业特性和市场竞争需求的协同创新模式是企业未来立足于竞争市场的关键所在。另外,LCEFT创新扩散比技术创新本身更为重要。虽然目前发展中国家LCEFT创新整体上进展缓慢,但在常年的发展和累积下,发展中国家企业在某些领域LCEFT已经实现了消化吸收再创新和自主创新。以中国有色行业为例,铜、锌、铅的富氧冶炼技术在很多方面已经达到了世界先进水平,拥有了独立的知识产权,可以在国内进行扩散,也可以沿着"一带一路"沿线国家和地区进行合作转移,从而实现国际扩散。总之,发展中国家LCEFT拥有量不足,在某些产业局部技术具有知识产权,某些领域LCEFT具备了扩散的条件。

综合上述分析来看,基于发展中国家视角,从企业微观层次研究LCEFT国际转移中面临的技术引进、协同创新和创新扩散问题,需要围绕以下问题开展研究:如何界定微观博弈的概念? 技术引进、技术创新和技术创新扩散的内涵及差异性是什么,是否能够混用? 在技术引进、技术协同创新和创新扩散中的博弈主体有哪些,博弈主体间如何相互影响,影响的机理是什么? 利用讨价还价博弈论探讨技术引进价格问题是否合适,其理论依据有哪些? 心理压力和信息条件如何影响企业出价、还价决策? 在不同心理压力和信息条件下,发展中国家企业的基本出价、还价策略是什么? 采用演化博弈论是否能够探明技术创新和创新扩散中各博弈主体间的相互关系以及关键因素的作用机理? 金融机构是否对LCEFT协同创新具有促进作用? 金融机构促进LCEFT协同创新的作用机理是什么? 中介机构是否对LCEFT创新扩散具有促进作用,如何促进LCEFT协同创新? 政府部门在LCEFT的引进、协同创新和创新扩散中扮演怎样的角色,起到什么作用? 如何制定管理措施与办法促进各博弈系统朝着最理想的方向演进? 采用何种方法、何种工具分析多种条件下的系统演化特征? 研究所得的结论是否

① Baldwin C, Von Hippel E. Modeling a paradigm shift: from producer innovation to user and open collaborative innovation[J]. Organization Science,2011(6):1399-1417.

② Davis J P, Eisenhardt K M. Rotating leadership and collaborative innovation: recombination processes in symbiotic relationships[J]. Administrative Science Quarterly,2011(2):159-201.

③ Bunduchi R. Trust, partner selection and innovation outcome in collaborative new product development[J]. Production Planning & Control,2013(2-3):145-157.

具有实际意义？所得结论是否有现实案例支持？发展中国家如何就博弈策略选择及博弈系统演化规律制定气候变化应对的管控策略和市场机制？以上系列问题的解答和分析是本书的基本逻辑和思路。

二、低碳环境友好技术国际转移研究问题的界定

(一)微观层次博弈的界定

根据双层博弈论,何建坤、欧训民和张发树等认为技术转移的博弈可以分为宏观层次和微观层次的博弈。[①] 本书中所提的技术转移是微观层次的技术转移。微观层次的技术转移可以分为企业内部的转移和企业与企业之间的转移。本书所指的技术转移扩散范围只限于发展中国家内本土企业中的扩散源转让 LCEFT 创新的行为,也包括潜在采纳者 LCEFT 创新的采纳决策行为。本书中不涉及在发展中国家进行直接投资或者合资的跨国企业,也不涉及发展中国家企业通过创新达到国际领先水平向其他国家进行创新扩散的问题。进行如此界定的原因主要有两点。

(1)在 LCEFT 转移或者创新扩散中,跨国企业不仅受到发展中国家环境规制政策的影响,还受到其所属国家政策的影响,跨国企业和本土企业在本质上就存在差异性,是两个不同的群体,不能混为一谈;如果涉及跨国企业,就不得不分析国家间宏观博弈给企业决策带来的影响,研究问题产生了根本性变化,与研究目的不符,为此不予考虑。

(2)从碳排放水平来看,发展中国家企业是应对气候变化最为关键的实施主体。如果发展中国家技术先进企业向外进行技术扩散,企业的角色发生了变化,将成为技术转让方,其面临的问题将发生根本性变化,这不在本书的研究范围之内,也与研究目的不符,为此不予考虑。

(二)技术引进问题研究的界定

本书中涉及技术引进问题。本书中所指的技术引进不仅包括技术设备、硬件、软件设施和配套设备转移,还包括技术经验、知识以及 Know-how(核心知识、技术诀窍或者商业机密)的转移。从微观层次看,在全球气候变暖的背景下,技术引进是在发展中国家和发达国家共同商定的技术转移框架下

① 何建坤.中国的能源发展与应对气候变化[J].中国人口·资源与环境,2011(10):40-48;欧训民,张希良,王若水.低碳环境友好技术国际转移博弈论研究[J].中国人口·资源与环境,2009(3):8-11;张发树,刘贞,何建坤,等.非完全信息下低碳技术国际转移博弈研究[J].气候变化研究进展,2011(1):41-47.

形成,技术引进能否成功的关键是双方企业关于技术转移价格能否达成一致。

(三)技术创新问题研究的界定

本书中所提的技术创新是指在低碳减排技术相关的发明创造、新产品和新工艺等其他创新成果的产生、应用以及商业化的过程,并非专门指低碳减排设备设施的研发,也并非纯粹的经济行为。技术创新中的主体由政府、高校、科研单位或机构、企业等,将高校、科研单位或机构组建的群体统一界定为学研方,将企业组成的群体称为企业方。

(四)技术创新扩散问题研究的界定

技术创新扩散中的企业按照技术所属关系可以分为扩散企业和潜在采纳企业。扩散企业是指 LCEFT 创新拥有方,具备完全独立的知识产权,其可以独立决定是否进行技术扩散。潜在采纳企业是独立的企业,在采用 LCEFT 中,具有独立的决策权,决定是否采用 LCEFT。

三、低碳环境友好技术国际转移研究的目的及意义

(一)研究目的

本书主要目的是从微观层次探索解决技术引进、技术创新和创新扩散中各核心主体间的矛盾与利益冲突问题,为发展中国家从整体上提升气候变化应对能力建言献策,从而为减缓全球气候变化做出个人贡献。具体来说,本书的主要目的如下。

(1)探明技术引进谈判时发展中国家企业讨价还价的基本策略。引入心理压力参数和时间参数,构建非对称压力下完全信息和不完全信息 LCEFT 转让引进讨价还价博弈模型,揭示心理因素对于转让企业和受让企业讨价和还价决策的影响机理,从而得到发展中国家企业讨价还价的基本策略。

(2)揭示金融机构参与产学研协同创新的动力机制。剖析政产学研金协同创新中各主体之间的博弈关系,提出 LCEFT 政产学研金协同创新多群体演化博弈模型,分析金融机构绿色信贷创新对于产学研协同创新系统的影响,揭示以碳权质押为代表的金融创新促进 LCEFT 产学研协同创新的内在机理,提出促进 LCEFT 协同创新的对策建议。

(3)解释中介机构对 LCEFT 创新扩散的"双刃剑"作用机制。提出 LCEFT 创新扩散多群体演化博弈模型,分析中介机构参与和不参与情景下的 LCEFT 创新扩散系统特征,揭示中介机构对于 LCEFT 创新扩散的促进

和抑制机理,从而分析政府部门对中介机构的监管策略。

(4)论证混合碳减排机制促进潜在采纳企业采用 LCEFT 的内在机理。引入混合碳减排机制,构建市场机制下和混合碳减排机制下的潜在采纳企业演化博弈模型,揭示市场机制下潜在采纳企业皆不采纳 LCEFT 稳定均衡形成的机理,并分析解释混合碳减排机制引导和促进潜在企业采纳 LCEFT 并最终形成纳什均衡的原理,为发展中国家政府实施混合碳减排机制提供理论参考和决策支持。

(二)研究意义

在面对全球气候变化威胁的背景下,从微观层次研究发展中国家企业 LCEFT 引进和技术创新及创新扩散的博弈问题,对于破除 LCEFT 国际转移的"囚徒困境",提升发展中国家企业应对气候变化能力,实现减缓气候变化总目标具有重要的理论意义和现实意义。

1.理论意义

(1)深化了对 LCEFT 讨价还价博弈模型的理解与应用。价格对于 LCEFT 转让引进具有决定性的作用。本书将发展中国家企业与发达国家企业置于相同谈判地位,引入了心理压力参数,构建了非对称压力下的完全信息与不完全信息讨价还价博弈模型,并且分析了不同心理状况下发达国家企业的讨价、还价特点和规律,从心理视角加深了对非完全信息讨价还价理论模型的理解,也证实了讨价还价博弈范式对 LCEFT 定价的适用性,具有一定的理论意义。

(2)研究了 LCEFT 政产学研金协同创新的微观演化机理。LCEFT 协同创新博弈系统的核心主体有学研方、企业方、政府和金融机构等,博弈主体之间的关系复杂。企业方广泛存在的合作关系,是协同创新中应该考虑的重要关系。为此,本书遵循先易后难的研究思路,首先构建存在企业合作关系的产学研协同创新演化博弈系统,然后探讨金融机构参与的产学研协同创新博弈系统,对于产学研协同创新系统进行了全面的微观考察,分析了 LCEFT 产学研协同创新机制形成的内在原因和演化规律,探讨了金融机构金融产品创新对于产学研协同创新系统的影响机理和作用机制。

(3)拓展了已有技术创新扩散理论的广度和深度。现有研究主要基于资源依赖、交易成本、技术学习和社会网络等理论考察潜在采纳企业择时问题和是否采用问题。本书以演化博弈论为基础,从微观层次研究发展中国家扩散企业间关于扩散采纳决策的问题和潜在采纳企业间的采用决策问题,引入了技术消化能力、协同效益、技术溢出风险、碳税税率、碳配额、初始碳权等 10 多个因素,探讨了各参数对 LCEFT 创新扩散博弈系统演化过程的影响,研究了各主体决策对于 LCEFT 创新扩散的促进作用机理。在一定程度上拓展了现有技术转移、技术创新和创新扩散理论的广度和深度。

2.现实意义

(1)有助于促进 LCEFT 实现国际转移,提升人类共同应对气候变化能力。分析不同心理压力下发展中国家企业讨价还价的策略,一方面,有助于帮助发展中国家企业提升谈判能力,降低技术引进成本,促进 LCEFT 实现国际转移;另一方面,有助于商业转移与政府技术援助及《公约》框架下的技术转移共同发挥减缓气候变化的作用,并形成良好的互补关系,有可能触发形成新的气候变化应对机制。这对减缓全球气候变化、实现全人类的可持续发展具有重要的现实意义。

(2)有助于发展中国家进一步完善绿色信贷制度,引导金融机构进行金融创新,并促进 LCEFT 协同创新。同时,LCEFT 创新有利于发展中国家企业打破发达国家技术壁垒,缩小与国外企业技术差距,并增强企业核心竞争力,对于抢占未来低碳、绿色市场竞争高地具有重要的现实意义。

(3)有利于发展中国家顺利破除高碳的生产消费方式"锁定"。LCEFT 创新扩散机制的建立有助于发展中国家实现转型升级,提升经济发展质量,打破现有生产消费方式的高碳"锁定",对发展中国家社会文明和经济建设的可持续发展具有重要的现实意义。

第四节 低碳环境友好技术国际转移研究内容及思路

一、低碳环境友好技术国际转移研究的内容及方法

(一)主要研究内容

根据研究背景和研究目的,本书的主要内容可以分为三个部分。

1.低碳环境友好技术引进的讨价还价博弈研究

针对 LCEFT 转让引进中的讨价还价问题,根据博弈双方在谈判过程中对于应对气候变化的共同价值达成共识,但面临的减排压力不一致的事实,

引入减排压力、时间贴现等参数构建非对称心理压力完全信息和不完全信息讨价还价博弈模型,研究信息条件和心理压力对于企业讨价还价策略的影响,探索在 LCEFT 国际转移谈判中发展中国家企业面对不同的心理压力和信息条件时的讨价还价策略。

2.低碳环境友好技术协同创新的演化博弈研究

根据企业广泛存在的合作关系,引入创新成本、产学研协同额外成本、额外收益等参数,构建企业合作关系下的产学研协同创新博弈模型,借助 Matlab 软件进行数值模拟仿真分析各参数对于产学研协同创新系统演化的影响。在此基础上,首先提出碳权质押的绿色金融创新机制,并探讨了金融机构、政府以及企业参与的动机;其次构建政产学研金多群体演化博弈模型,并借助 Matlab 进行数值模拟仿真分析金融机构参与下产学研协同创新系统的演化特征;最后根据仿真结果提出对策建议。

3.低碳环境友好技术创新扩散的演化博弈研究

根据研究背景和文献评述结论,此内容分为两个部分:(1)针对扩散企业间的矛盾与利益冲突,结合 LCEFT 本身的协同效益,引入 LCEFT 协同效益参数、技术互补性、技术溢出风险等参数,构建中介机构参与和不参与两种情景的 LCEFT 创新扩散演化博弈模型,借助 Matlab 进行数值模拟仿真分析各参数对演化博弈系统的影响,进而探索政府部门规范中介市场的管理制度和办法,从而促进 LCEFT 创新扩散。(2)针对潜在采纳企业的决策问题,首先构建纯市场机制下企业采纳 LCEFT 创新的演化博弈模型,然后引入碳价、碳配额、初始碳权以及碳税等参数构建政府规制下的演化博弈模型,借助 Matlab 进行数值模拟仿真分析各参数对两个系统演化态势的影响,从而探索更加公平的激励和惩罚机制,引导潜在采纳企业采纳 LCEFT,促进 LCEFT 实现大范围扩散。

(二)研究方法

本书采用的方法主要有文献调研、数值模拟仿真和案例分析法。

1.文献调研

任何研究都要建立在前人的基础上,文献调研是站在前人的肩膀上进行研究的方法。本书在研究过程中通过昆明理工大学图书馆图书资源和电子资源,查阅了大量关于技术引进、技术创新和技术创新扩散相关的国内外文献,并对文献进行分析和整理,明晰了国内外学者在技术引进、技术创新和技术创新扩散研究方面的贡献,探讨了研究中存在的局限性,并通过对文献研究重点的时间演变特征进行分析,探讨当前研究的主流方向、成熟模型和有效工具,为本书的内容设计、实现途径和工具应用提供了良好的指导。

2. 数值模拟仿真法

通过相位图分析能够演化博弈系统中各参数对系统最终演化结果的影响,但是无法直接呈现各因素对于系统影响的规律。采用模拟方法作为替代分析方法,验证演化博弈理论研究结果和相位图分析结论,并且能够通过图像直观呈现;本书借助 Matlab 软件进行数值模拟仿真,编写两两演化博弈仿真程序和多群体演化博弈仿真程序,然后根据研究命题输入各参数数值,直观呈现各参数变化对博弈系统演化的影响,并结合实际情况解释仿真所得结果与现象。

3. 案例分析法

案例分析法是验证研究中所提理论、研究假设、研究结论科学性和模型方法有效性的重要方法。本书为了更好地检验讨价还价博弈策略和演化博弈数值模拟仿真结果的实用性,采用案例分析法验证研究所得结论,在研究中主要探讨了低热值煤气(Combined Cycle Power Plant,CCPP)技术引进、柴油气液混合顶吹技术协同创新和富氧熔池熔炼技术创新扩散的个案。由于演化博弈是仿生物研究群体行为的理论,在实际案例中无法按照严格的案例研究范式进行分析,只能采用折中的办法,采用个案分析说明所得博弈模型和数值仿真结论的合理性和可靠性,以及技术应用带来的减排成效。在案例分析中,企业决策的过程只作为说明性文件在附录中进行展示,主要是探讨技术引进、创新和创新扩散带来的减排成效,从而说明LCEFT 引进、协同创新和创新扩散能够提升发展中国家应对气候变化的水平。

二、低碳环境友好技术国际转移研究的思路和框架设计

(一)研究思路和技术路线

本书的研究思路为:首先,以技术创新理论、技术创新扩散理论、可持续发展理论、绿色发展理论、低碳经济等理论为基础,借助讨价还价博弈论和演化博弈论研究发展中国家企业在 LCEFT 转让引进、协同创新和创新扩散等环节的策略选择及其影响因素;其次,采用 Matlab 软件编程进行数值模拟仿真;最后,采用案例分析验证模型所得策略的有效性和可行性。根据研究思路绘制具体技术路线如图 1-4 所示。

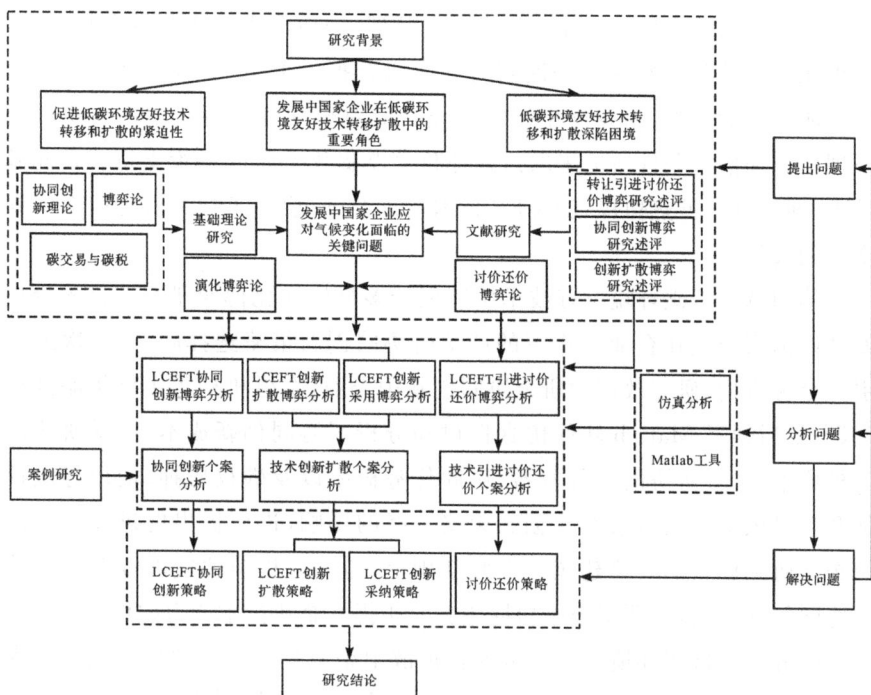

图 1-4 技术路线

(二)框架设计

基于上述研究内容和技术路线,本书的框架和目录设计如下。

第一章 绪论。本章首先就 LCEFT 引进、协同创新和创新扩散的研究背景进行了论述,着重从气候变化威胁应对、发展中国家自身发展需求、LCEFT 在气候变化应对中的作用等方面介绍 LCEFT 国际转移的背景;其次,开展低碳环境友好技术国家转移的文献综述,借鉴国内外研究思路及方法,进而明确研究问题及意义;最后,确定研究内容和研究创新点。

第二章 低碳环境友好技术国际转移研究的基础概念与理论。本章主要介绍和辨析了技术扩散、技术创新扩散和技术转移等基本概念及其之间的关系,明确了本书的对象和研究重点;与此同时,阐述了技术引进、技术协同创新和创新扩散的理论支持,主要有可持续发展、协同创新理论、演化博弈论和讨价还价博弈论等基础理论知识,为本书提供了坚实的理论基础。

第三章 低碳环境友好技术引进讨价还价博弈研究。发展中国家企业为应对气候变化与发达国家转让企业就 LCEFT 引进展开谈判。通过对谈判区间、还价策略和不同心理压力的假设,构造非对称压力下完全信息和不完全信息的 LCEFT 引进讨价还价博弈模型,进而深入分析收益贴现参数、心理压力参数和谈判区间等因素对博弈双方报价策略、还价策略以及成交价格所产生的影响,为发展中国家企业在应对全球气候变化中面对不同的心理压力和信息条件所应采取何种还价策略提供一定的决策支持。在此基础上,通过分析低热值煤气 CCPP 技术引进个案,说明了技术引进应对气候变化的成效。

第四章　低碳环境友好技术协同创新多群体演化博弈研究。首先分析发展中国家企业在企业合作下的产学研协同创新策略选择问题;其次通过引入金融机构,研究政产学研金协同创新中企业、金融机构等主体策略选择问题;最后通过 Matlab 软件仿真探讨和分析了协同创新成本、产学研协同额外成本、产学研协同额外收益、协同优势概率以及碳权质押、信用等级评估和项目风险等因素对企业创新策略选择的影响,进而提出促进发展中国家企业协同创新的对策建议。在此基础上,通过分析柴油气液混合顶吹技术协同创新个案,说明了技术协同创新对于提升企业技术能力的作用。

第五章　低碳环境友好技术创新扩散中企业扩散演化博弈研究。技术扩散比技术创新更加重要。本章围绕影响各博弈主体策略选择的因素,构建低碳环境友好技术创新扩散演化博弈模型,探索发展中国家扩散企业在 LCEFT 创新扩散过程中的策略选择及博弈系统演化过程。在此基础上,引入了中介机构,构建了中介机构参与下的 LCEFT 创新扩散多群体演化博弈模型。最后,通过数值模拟仿真分析企业协同效益强化系数、技术互补、风险规避系数等因素对扩散企业策略选择的影响,进一步从企业经济成本、风险感知视角提出促进企业间技术扩散的对策建议。在此基础上,通过富氧熔池熔炼技术创新扩散的个案分析了企业双方的博弈过程和策略选择。

第六章　低碳环境友好技术创新扩散中企业采用演化博弈研究。潜在采纳企业是否采纳对于 LCEFT 创新扩散至关重要。在第五章的基础上进一步分析创新扩散中潜在采纳企业的决策问题;潜在采纳企业的决策必然受到政府部门环境规制的影响,因此在研究中引入碳税、碳价和补贴的参数,借助 Matlab 仿真分析探索各参数对企业采纳 LCEFT 决策的影响,从而探索促进发展中国家企业采纳 LCEFT 的对策与建议。

第七章　促进低碳环境友好技术国际转移的对策与建议。本章围绕发展中国家在技术引进、协同创新和创新扩散过程中面临的困境,以及利益相关主体的策略选择及其条件,结合宏观和微观环境的相互影响及作用,提出了发展中国家破除 LCEFT 引进、协同创新和创新扩散困境的对策与建议。

第八章 低碳环境友好技术国际转移研究总结与展望。总结归纳研究结论和创新点,并对研究中存在的不足进行分析和展望,为后续学者的继续深入研究提供参考和建议。

三、低碳环境友好技术国际转移研究的主要创新点

本书从系统的视角全面剖析了发展中国家企业在提升应对气候变化能力过程中所面临的三大关键问题,分析了在技术引进、技术创新和创新扩散中各主体的博弈关系,借助 Matlab 软件编程仿真分析了各参数对博弈主体的影响,并分析了演化系统稳定性和博弈均衡点的分布特征,最后提出了提升发展中国家应对气候变化能力的对策与建议,力图在研究方法和研究内容上实现以下突破创新。

(一)研究内容创新

(1)引入了心理压力参数和时间参数,构建了非对称压力下完全信息和不完全信息 LCEFT 转让引进讨价还价博弈模型,揭示了心理因素对于转让企业和受让企业的讨价和还价决策的影响机理,得到了发展中国家企业基本的讨价还价策略。

(2)提出了 LCEFT 协同创新政产学研金多群体演化博弈模型,分析了金融机构绿色信贷创新对产学研协同创新系统的影响,揭示了以碳权质押为代表的金融创新促进 LCEFT 产学研协同创新的机理,得到了创新效益整体最优的政府管理对策。

(3)提出了 LCEFT 创新扩散多群体演化博弈模型,分析了中介机构介入和不介入情景下的 LCEFT 创新扩散系统特征,揭示了中介机构对 LCEFT 创新扩散的促进和抑制机理,得出了政府部门对中介机构的监管策略。

(4)引入了混合碳减排机制,构建了市场机制下和混合碳减排机制下的潜在采纳企业演化博弈模型,揭示了市场机制下潜在采纳企业皆不采纳 LCEFT 均衡形成的机理,并分析了混合碳减排机制引导和促进潜在企业采纳 LCEFT 并最终形成理想均衡的原理,得出了公平有效的管理机制。

(二)在研究方法上的创新

本书引入了源于生物进化论的演化博弈论以及源于计算机学科的数值模拟方法等前沿性研究方法,构建了 LCEFT 协同创新和创新扩散的演化博弈模型,并通过个案分析交叉验证模型和数值模拟仿真所得研究结论。

第二章 低碳环境友好技术国际转移研究的基础概念与理论

首先,本章对技术引进、技术创新和技术创新扩散相关概念进行了简介,概述了技术引进、技术创新和技术创新扩散的主体及关系;其次,辨析了各概念之间的关系和差异性;最后,分析了开展本书相关研究的理论,主要有可持续发展理论、协同创新理论、演化博弈论和讨价还价博弈论等,从而为后续研究奠定理论基础。

第一节 低碳环境友好技术的界定

一、技术

在不同的领域,技术概念的定义及内涵均存在较大差异,即使在经济学范畴内,技术的界定也有所不同。技术的最初含义是对一种艺术或工艺的系统理解,随着人类文明的进步,对于技术的理解可以分为内涵和外延两个部分,其包含了技术目的、技术构成和技术的功能等。李平[①]、黄静波[②]等在技术的内涵上都给出了不同的界定和解释,核心内涵都强调技术是知识的应用及技巧,这些观点被不同的专家学者所采用。特别是黄静波提出的定义与联合国工业发展组织(United Nations Industrial Development Organization,UNIDO)和世界知识产权组织(World Intellectual Property Organization,WIPO)的定义较为接近:人类在认识和改造自然的实践活动中所运用的知识、方式方法、技能技巧、专有知识的总和。本节对于技术的理解也

---

① 李平.组织技术的扩散和服务业的技术创新[J].理论与现代化,1999(5):43-44.
② 黄静波.民营企业的生存方式与技术创新[J].华南理工大学学报(社会科学版),2005(1):28-33.

是基于黄静波、UNIDO 和 WIPO 的定义,认为从本质上讲,技术是与商品和服务的生产过程及其方法相联系的一种系统化的专门知识。

二、低碳技术及其创新系统

低碳技术通过控制碳排放总量,降低人类生产活动对于全球气候系统的影响,维护全球生态系统平衡,从而实现人与自然和谐共生。毫无疑问,低碳技术开发与转让是全球气候治理的基础和关键。低碳技术是伴随着构建低碳经济、绿色革命的兴起提出的技术新概念,是一个相对宽泛的概念,目前学术界对于低碳技术内涵的界定还处于争议阶段,学者们多是从自身研究问题的视角界定低碳技术。从引用频次来看,最具有代表性和影响力的界定主要由何建坤、蔡林海[1],刘立、陆小成和李兴川[2],黄栋[3],林宗虎[4]和李力[5]等学者作出。这些前辈观点虽有差异,但基本达成共识,即低碳技术是用以支撑低碳经济发展的重要途径和手段。国际能源署(International Energy Agency,IEA)按照降低温室气体排放的程度来分类可以分为减碳、零碳、去碳和负碳技术。减碳技术主要是降低温室气体排放,其主要实现途径是提高能源利用率,使用清洁能源和可再生能源等;零碳是通过优化能源使用结构进而实现温室气体的零排放,例如使用太阳能、风能和核能等;去碳是指将能源消耗前后的脱碳过程,进而降低碳排放,或者将排放的温室气体进行捕捉和转化,例如碳捕捉、碳封存技术;负碳技术不仅不产生二氧化碳和其他温室气体,还要额外消耗二氧化碳。学术界关于低碳技术概念在广义上有共识:减少或消除人类生活生产中二氧化碳排放的技术集合。低碳技术创新是技术创新理论的拓展,与传统技术创新以获取商业利润为核心目标不同,低碳技术创新融入了节能、绿色、低碳等要素,是以社会大众生产和生活的公共利益为福祉的。

"低碳技术创新系统"在国外期刊论文数据中虽未独立地作为学术术语出现,但可以从网络体系、作用机理和效率等不同的维度开展低碳技术创新系统的研究。Schiederig 等和 Shi 等认为,低碳创新与绿色创新、生态创新和环境创新概念的内涵具有很大的相似性,而可持续创新是在以上概念内涵

---

①　蔡林海.低碳经济绿色革命与全球创新竞争大格局[M].北京:经济科学出版社,2009:90.

②　刘立,陆小成,李兴川.科学发展观视野下的低碳技术创新及其社会建构[J].中国科技论坛,2009(7):48-52.

③　黄栋.低碳技术创新与政策支持[J].中国科技论坛,2010(2):37-40.

④　林宗虎.低碳技术及其应用[J].自然杂志,2011(2):74-80.

⑤　李力.低碳技术创新的国际比较和趋势分析[J].生态经济,2020(3):13-17.

的基础上增加了社会维度。① 在国内,梁中、李蜀湘和陆小成、李国志、吴伟、毕克新等在低碳技术创新系统概念的研究方面贡献较大,不仅从产业、地理等不同的维度归纳了低碳技术创新系统的概念,还从不同的层面分析了低碳技术创新系统概念间的差异。② 综合上述学者的观点,我们认为低碳技术协同创新系统是以低碳技术创新为核心,以提升低碳产业创新能力和国际竞争力为导向,相关企业、政府机构、知识联盟、中介机构和金融机构等通过附加值生产链相互联系而形成的动态系统。

三、低碳环境友好技术

目前学术界对于"低碳环境友好技术"的概念没有明确统一的界定,给出 LCEFT 概念的文献主要有:Ockwell 等③指出,LCEFT 与普通技术不同,指的是减少排碳量、减轻环境污染的清洁生产技术;欧训民认为,LCEFT 是有利于减少碳的排放,能减缓或消除全球气候变化影响的技术。另外,联合国《21 世纪议程》的第 34 章给出了环境友好型技术的定义:对生产生活无污染或低污染的技术、工艺,包括能效技术、减碳技术等在内的能够有效减排温室气体的技术。本书比较认同 Ockwell 对 LCEFT 内涵的解释,同时从应对全球气候变化的视角来看,绿色技术、节能减排技术、减缓技术和负碳技术等都属于 LCEFT。为了使全书表述更为明确,所以本书将低碳技术、绿色技术等都统一界定为低碳环境友好技术。综合 IPCC 和 Ockwell、Kim 等学者的相关研究,本书认为 LCEFT 包含两个方面的含义:(1)技术效果,即这些技术必须集中于提高石油、煤炭等能源资源使用效率、控制温室气体和污染物排放;(2)技术涉及的活动是在能源供应、建筑、交通、工业、废弃物处理等与气候变化密切相关的领域内友好进行的。为了更加明确本书的对象,本书中所指的 LCEFT 就是减少或者吸收排碳量、减轻环境污染的低碳减排技术。

---

① Schiederig T, Tietze F, Herstatt C. Green innovation in technology and innovation manage-ment-an exploratory literature review[J]. R&d Management,2012,42(2):180-192; Shi Q, Lai X. Identifyingthe underpin of green and low carbon technology innovation research: A literature review from 1994 to 2010[J]. Technological Forecasting and Social Change,2013,80(5):839-864.

② 梁中. 低碳产业创新系统的构建及运行机制分析[J]. 经济问题探索,2010(7):141-145;李蜀湘,陆小成. 国家低碳创新系统的构建:应对气候变化的道路选择[J]. 中国科论坛,2011,17(12):15-20;李国志. 制造企业低碳技术创新模式选择——基于两阶段博弈模型的分析[J]. 经营与管理,2014(10):92-93;吴伟. 区域低碳技术创新系统协同演化路径[J]. 中国流通经济,2014(10):66-73;毕克新,黄平,杨朝均. 低碳技术创新系统:概念辨析与研究展望[J]. 技术经济,2017,36(11):16-23.

③ Ockwell D G, Watson J, MacKerron G, et al. Key policy considerations for facilitating low carbon technology transfer to developing countries[J]. *Energy Policy*,2008(11):4104-4115.

第二节　技术引进、技术创新及技术创新扩散的概念

一、技术转移

技术转移源于二战后初期的军事援助。在二战以后，世界各国经济社会建设和科技竞争处于白热化阶段，发展中国家为了维护自身的利益和权力，十分重视技术转移，希望通过技术转移缩小与发达国家的差距。[①]

技术转移（Technology Transfer）首次被使用是在第一届联合国贸易发展会议上，该会议把国家之间的技术输入与输出统称为技术转移，这个概念并没有被广泛地应用。美国学者 Blucurs 从传播学的角度定义了技术转移，认为技术转移是科学和技术通过人类活动被传播的过程，该定义没有把技术服务和知识纳入技术转移的概念当中。联合国国际技术转让行动守则会议认为，技术转移是转移制造某种产品、应用某项工艺或提供某种服务的系统知识[②]，该概念更加全面地概括了技术转移的内涵和过程，但没有阐述技术转移的最终结果。美国国家技术转移中心给出的"技术转移"定义为：技术转移是将技术、经验、诀窍、设备等用于不同于其发明机构最初目的的一个过程。国内外很多学者，如 Ockwell、李国杰[③]、张建辉和郝艳芳[④]及 Zhao 关注技术转移的最终结果是否使技术能力得到提升，认为技术转移本质上是转移掌握某种技术的能力，使企业能自主地实现商品化，即技术转移的关键在于技术能力的获得。技术能力的获得程度受技术采纳方的知识存量、技术消化能力以及技术差距等多方面影响。

综合国内外研究情况来看，从不同的视角出发有不同的定义，目前学术界关于"技术转移"的定义尚存在分歧，这些学者给出的解释加深了本书对技术转移概念的理解。在气候变化领域，大多数学者以 IPCC 提出的"技术

---

① 郭曼,朱常海,邵翔,等.中国技术转移机构的发展策略研究——基于能力升级的视角[J].中国科技论坛,2018(1):16-23.

② Mansfield E. Technical change and the rete of innovation[J]. Econometrica,1961(3):284-315.

③ 李国杰.关于技术转移的战略思考[J].中国高校科技与产业化,2007(5):65-68.

④ 张建辉,郝艳芳.技术创新、技术创新扩散、技术扩散和技术转移的关系分析[J].山西高等学校社会科学学报,2010(6):20-22.

转移"定义为准,其定义为:不同利益相关者之间关于缓解和适应气候变化的技术知识、经验和设备的推广与合作过程。本书对 LCEFT 转移概念的界定采用 IPCC 的定义。近年技术转移受到社会更加广泛的关注,特别是在中美贸易关系不确定和气候变化危机加深的背景下,世界发展中国家更加注重技术转移进而实现整体竞争力的提升。

二、技术引进

由于不同国家或地区的企业和机构等存在技术差距,为了缩小技术差距,就有必要进行技术创新或者引进。技术引进是指一个国家或地区的企业、研究单位、机构通过一定方式从本国或其他国家、地区的企业、研究单位、机构获得先进适用的技术的行为。[①] 由于世界各国社会发展进程不一,有些国家在科技创新领域具有先发优势,掌握了大量先进技术和创新资源,使得发达国家在技术创新领域处于优势地位。发展中国家或企业开展技术引进活动的目的是提高企业的制造能力、技术质量水平和管理水平。从气候变化应对来看,发展中国家引进技术一方面是为了提升自身的竞争能力;另一方面是为了降低能耗和排放,保护生态环境。

三、技术创新

技术创新(Technical Innovation),指生产技术的创新,包括开发新技术,或者将已有的技术进行应用创新。Schumpeter 最先提出创新理论,创新属于经济学范畴概念。[②] 熊彼特之后,莫尔顿·卡曼和南赛·施瓦茨作为技术创新理论的代表人物,他们在研究过程中把创新区分为技术创新和制度创新,并且讨论了决定技术创新的三个因素。[③] 技术创新被视为人类通过新技术改善经济福利的商业行为。[④] 技术创新与技术模仿、技术扩散之间也有一定的关系。企业的技术模仿和技术扩散行为,使得创新行为引起产业结构的改变。低碳环境友好技术创新也属于技术创新,技术创新通常具有高风险性,而低碳环境友好创新不仅具有高风险性还具有正外部性。

---

① 吕一博,聂婠斐,刘泉山,等.产业技术群体分化对创新扩散的影响研究[J].科研管理,2020,41(5):78-88.

② Schumpeter J A. History of economic analysis[M]. London:Psychology Press,1954.

③ Baldwin C,Von Hippel E. Modeling a paradigm shift:from producer innovation to user and open collaborative innovation[J]. Organization Science,2011(6):1399-1417.

④ Davis J P,Eisenhardt K M. Rotating leadership and collaborative innovation:recombination processes in symbiotic relationships[J]. Administrative Science Quarterly,2011(2):159-201.

（1）低碳环境友好技术创新的高风险性。[①] 低碳环境友好技术大多数属于高新技术，技术本身复杂程度高，需要知识的长期积累和实践的检验才能不断推陈出新，为此，企业需要长期高研发成本投入，在研发过程中存在风险性；同时，技术研发成功后是否能够有效进行商业化并被市场认可也存在不确定性，低碳技术创新是否被消费市场接受，还受到商业模式、商业结构等多种因素的影响，因此存在生产制造风险和市场营销风险；当然，企业还面临国内外同行甚至潜在进入者的创新竞争，一旦在创新过程中处于落后地位，所有的人力、物力以及财力投资都可能面临巨大损失。

（2）低碳环境友好技术创新的正外部性。[②] 人类生存环境属于公共产品和公共福利，但是企业的逐利性可能损害生态环境，从而影响公共福利。低碳环境友好技术创新不仅能够为企业带来经济收益，增强品牌影响力，还具有非营利性，可以增加经济社会的整体福利，为所有人带来益处，社会效益十分显著，具有很强的正外部性。

四、技术创新扩散

（一）技术扩散

与技术转移紧密联系的概念是技术扩散。技术扩散是一个复杂的技术与市场、经济相融合的过程，在技术管理中备受关注。[③] 法国社会学家泰勒、美国学者格劳斯和曼斯菲尔德等最早是从社会学的角度研究技术扩散的内涵，其中泰勒从传播论角度研究了技术模仿对社会发展的影响，并指出其过程遵循"S"形曲线轨迹。曼斯菲尔德对"S"形技术传播曲线进行了修正完善。20 世纪 90 年代，技术扩散活动带来的经济效益增长引起了国内外学者的重视，大量的学者对技术扩散的空间尺度、影响因子以及扩散模型等开展了研究，并且形成了技术完全扩散、技术完全不扩散和技术不完全扩散等多个流派。[④] 这些流派争论的焦点是技术知识在扩散过程中能否实现完全转移以及转移的空间范围和转移的时间尺度等问题。本书认为技术转移过程中存

---

① 刘晓东,毕克新,叶惠. 全球价值链下低碳技术突破性创新风险管理研究——以中国制造业为例[J]. 中国软科学,2016(11):152-166.

② 杨志江,刘志铭,邹文. 技术引进、环境规制与低碳经济增长——基于中国省际面板数据的经验研究[J]. 广东社会科学,2019(5):36-43.

③ 段哲哲,周义程. 创新扩散时间形态的 S 形曲线研究——要义、由来、成因与未来研究方向[J]. 科技进步与对策,2018(8):155-160.

④ Coe D T, Helpman E. International R&D spillovers[J]. European Economic Review,1995(5):859-887.

在隐性知识和经验,且转移过程中采纳方会对技术本身重新认识,在使用中也会结合自身需求进行再优化或者简化,是一种动态学习和消化创新的过程。

从空间尺度来看,技术扩散分为宏观和微观两个层次。宏观层次的技术扩散一般是指国际技术扩散和地区扩散,主要侧重于国际技术贸易和跨国公司技术扩散的研究,多是 Bass 模型、SIR 模型等的修正和改进,主要关注的是传播速度和传播的动力机制;微观层次的技术扩散主要是指地区内技术扩散,一般从企业集群与网络的角度展开研究,主要关注的重点是个体的学习、互动过程。从时间来看,技术时间扩散模型分为技术扩散数量模型(以曼斯菲尔德的"S"形扩散曲线为代表)和技术扩散速度模型(以 Bass"钟形"模型为代表)两大类。[1]

归纳现有的扩散理论,本书认为技术扩散是技术在创新源与潜在使用者之间通过特定的渠道传播、使用和再创新的运动过程,这种扩散过程并不是静态地将新技术用于不同产品生产的采用过程,而是一个动态的学习、消化和吸收的自主创新过程。LCEFT 扩散主要是指 LCEFT 从技术拥有方转移到潜在采纳方以及采纳方学习、消化和吸收的自主创新并进行再转移的全过程。

(二)技术创新扩散

技术创新的最终价值受到技术扩散程度影响,扩散覆盖面越广、时间越久,通常技术价值越能够得到充分体现。关于技术创新扩散的定义,不同的学者提出了不同的见解,比较有代表性的有:Schumpeter[2]、Mansfield 和 Romeo[3]、张颖和段维平[4]等,国内外学者从角度对技术创新扩散进行了解释和概念界定。例如 Schumpeter 认为技术创新扩散就是大规模的"模仿"活动;Friedman 和 Silberman[5] 认为技术创新扩散是一种学习的过程,在模仿的基础上进行不断的自主创新活动。目前关于技术创新扩散内涵的理解主要有学习论、传播论和经济论三种观点。虽然三种观点对于技术创新扩散的界定存在一定的差异,但是这些概念都认为技术创新扩散本质是一个技术创新与环境相互影响、相互作用的互动演化过程。"技术创新扩散是技术创新成果通过生产规模的扩张、学习或模仿等途径得以推广和应用,逐渐发挥经

---

① 张宪尚. 扩散时间对经典模型扩散系数影响研究[J]. 中国安全科学学报,2020(2):60-65.

② Schumpeter J A. History of economic analysis[M]. London:Psychology Press,1954.

③ Mansfield E,Romeo A. Technology transfer to overseas subsidiaries by U. S. -based firms [J]. Quarterly Journal of Economics,1980(4):737-750.

④ 张颖,段维平. 技术创新扩散环境的 BP 神经网络评价模型研究[J]. 科技进步与对策,2007(11):72-75.

⑤ Friedman J,Silberman J. University technology transfer:do incentives,management,and location matter? [J]. The Journal of Technology Transfer,2003(1):17-30.

济效应的过程"这一概念被很多学者引用,本书也将采用这一概念。技术创新的途径主要有自主创新、模仿创新和协同创新三种。

（三）技术引进、技术转移、技术创新与技术扩散内涵辨析

根据上述的定义来看,技术引进、技术转移、技术创新与技术扩散在概念上是相互关联但又有明显区别的概念。技术引进、技术转移、技术创新与技术扩散都是以技术创新为前提,但是强调的要点不一,技术引进主要强调落后一方主动获得先进技术的行为;技术转移是有目的的主观经济行为,参与技术转移的双方都抱有明确的目的,技术转让引进是实现技术转移的重要方式;技术创新扩散和技术扩散没有技术转移强烈的主观性,具有随机性和客观性,技术扩散主要是强调现有技术或者创新技术的扩散,而技术创新扩散的含义更加明晰,明确扩散的技术属于创新技术,且其扩散还包括创新过程的扩散。为此,技术引进、技术转移、技术创新扩散不能混为一谈,不能采用某一概念进行通用。本书在后续中出现的上述关键概念,都以本小节中给出的概念为准。

第三节　技术引进、技术创新和创新扩散的参与主体

在技术引进、技术创新和创新扩散中的参与主体众多,例如发达国家企业、跨国公司、高校科研机构、金融机构、发展中国家企业以及中介机构等。按照研究界定,本部分只探讨技术引进、技术创新和创新扩散中发展中国家视域内的参与主体。

一、技术引进的参与主体

在应对气候变化的过程中政府是责任主体,企业是实施主体。通常根据当前经济发展水平差异将国家分为发展中国家和发达国家,企业也可以据此简单地划分为发展中国家企业和发达国家企业,发达国家企业在气候变化减缓和应对领域通常具有更加先进的技术,其在生产过程中能耗更低、污染物排放更少。发展中国家在节能减排、污染治理等方面的技术处于落后地位,且由于发展中国家正处于工业化阶段,能源消耗量大、传统能源依赖性强,发展中国家企业的创新资源也处于积累阶段,创新能力有限,对于先进技术的需求旺盛。[1]

---

[1] 乔翠霞.国际技术转移的新变化及对中国的启示[J].理论学刊,2015(6):48-54.

在技术国际转移过程中发展中国家企业处于技术引进角色；张发树等将发展中国家企业视为技术受让企业，而发达国家企业作为转让企业，双方就技术转移价格进行谈判，且双方在此过程中是一种讨价还价的博弈关系[①]；技术引进中价格并非唯一因素，而是至关重要的因素[②]。政府部门作为应对气候变化的责任主体，其制定的法律法规、市场管理制度和管理办法等都会直接影响转让企业和受让企业在讨价还价过程中的策略选择。

二、技术创新的参与主体

本书立足于发展中国家技术创新实际，所提技术创新是指多主体参与的 LCEFT 协同创新。LCEFT 协同创新是多主体的互动，参与的主体包括政府、企业、高等院校、科研院所、金融机构和科技中介机构等，主体间互动不仅要求彼此具有创造与创新的积极性，更需要长效的机制作为保障。[③]

本书框架下参与创新、创新扩散的企业都是发展中国家企业。在技术协同创新中，发展中国家企业被视为产业方或者企业方。根据市场地位的不同，企业划分为市场地位高和市场地位低的企业。企业参与创新活动受到成本、技术市场价值、研发成功概率和研发收益等因素的影响，企业决策是这些因素共同影响的结果。

学研方在技术创新中扮演着重要的创新支持角色。学研方主要是高校或者科研机构，为企业创新提供智力支持，可以减少技术引进中信息不对称，帮助企业进一步掌握技术优势和劣势，并判断技术是否具有先进适用性。[④] 企业投入资金和资源实现科学技术向生产力的转化。学研方和企业方由于组织性质、管理体系、价值观念不同，缺乏合作动力。高校和科研机构参与协同创新需要政府部门的引导和支持。[⑤] 例如，Kim 和 Huang 等[⑥]基于三螺旋理论运用交互信息的概念证明和测度了企业、大学和政府三者间

---

① 张发树，何建坤，刘滨. 低碳技术国际转移的双重博弈研究[J]. 中国人口·资源与环境，2010，20(4)：12-16.

② 张杰，陈志远，吴书凤，等. 对外技术引进与中国本土企业自主创新[J]. 经济研究，2020(7)：92-105.

③ 汪明月，刘宇，史文强，等. 碳交易政策下低碳技术异地协同共享策略及减排收益研究[J]. 系统工程理论与实践，2019(6)：1419-1434.

④ Morrill R L. The shape of diffusion in space and time[J]. Economic Geography，1970(1)：259-268.

⑤ Teece D J. Technology transfer by multinational firms：the resource cost of transferring technological know-how[J]. The Economic Journal，1977(346)：242-261.

⑥ Kim H，Huang M，Jin F，et al. Triple helix in the agricultural sector of Northeast Asian countries：a comparative study between Korea and China[J]. Scientometrics，2012(1)：101-120.

合作关系的紧密程度,明确了政府在协同创新中的重要辅助作用。

　　金融机构(Financial Institution)是指从事金融服务业有关的金融中介机构。金融中介机构包括银行、证券公司、保险公司、信托投资公司和基金管理公司等。① 金融主体是产学研合作中一类较为特殊的活动主体,在整个体系中扮演的是支持者的角色。任何技术创新都离不开资金的支持。金融主体主要是通过绿色信贷介入协同创新体系,发挥其在 LCEFT 创新及创新扩散中的支持作用。发达国家积极发展绿色金融的实践证明了绿色信贷机制在社会可持续发展及生态环境保护方面的关键作用。绿色信贷政策是政府运用经济杠杆推动环境保护的一个重要手段。因此,发展绿色信贷制度成为发展中国家应对气候变化,实现可持续战略的基本需求。

　　按照国内的划分习惯,可以将政府分为中央政府和地方政府。从应对气候变化的视角来看,本书不进行细分,都视为发展中国家政府。政府在技术引进、技术创新和创新扩散中都能够起到关键的辅助作用,政府也十分重视通过市场机制调节技术引进、创新和创新扩散市场,而不是直接参与市场活动。政府部门在技术引进、技术创新和创新扩散中常采用的规制措施可以简化为两种:一种是以成本补贴为主的奖励机制;另一种是以经济惩罚为主的罚款制度。政府部门规制对于技术协同创新各主体决策行为的影响不能忽视,且结合演化经济的经典论断来看,如果市场缺乏政府部门的引导和管理,经济发展很容易陷入中低技术锁定,造成劣币驱逐良币的现象,因此在后续研究中必须将政府部门作为关键的参与主体。

三、技术创新扩散的参与主体

　　在技术创新扩散中,企业可以分为扩散企业和潜在采纳企业。扩散企业又被称为技术源企业。在实际技术创新扩散中,企业之间技术扩散并非只是单向扩散。例如,从知识共享的角度来看,当学习对方技术知识时,自身就是采纳企业;反之,共享技术知识时,自身又变成了扩散企业。扩散企业进行技术扩散的目的是获取商业利益,同时履行社会责任。扩散企业的行为不仅受到采纳企业行为的影响,还受到同类竞争扩散企业的影响,采纳企业也面临着类似的问题。②

　　①　Rodrik D. Green industrial policy[J]. Oxford Review of Economic Policy,2014(3):469-491.
　　②　Nan N, Zmud R, Yetgin E. A complex adaptive systems perspective of innovation diffusion: an integrated theory and validated virtual laboratory[J]. Computational and Mathematical Organization Theory,2014(1):52-88.

中介机构指依法通过专业知识和技术服务,向委托人提供公正性、代理性、信息技术服务性等中介服务的机构。中介机构在技术创新扩散中有着重要的功能,解学梅和李晓锋与夏来保认为在技术创新扩散中,中介机构作为委托代理人参与协同创新。① 美国有关技术创新扩散的实证研究表明,以政府命令形式将某些国立实验室耗巨资所获得的高技术扩散至私营部门的进展极为缓慢。② 中介机构对技术创新和创新扩散都具有正面的影响③:第一,促成创新集群。中介将一般性的技术与产业或企业的专业技术结合,联合企业、大学、科研院所等,引发或促进多个创新单元同时或相继进行相关技术创新而形成创新集群。第二,提供创新扩散的路径依赖。中介在信息收集和信息服务方面具有很大优势,在 LCEFT 创新扩散合作中能够防止非LCEFT 成为主流,技术需求方可依赖技术中介选择 LCEFT 获取途径。第三,迅速准确传递创新信息,实现创新信息扩散。中介机构可以较详细准确地扩散技术信息和创新技术信息,该服务能够减少在技术创新扩散中的信息不对称问题。另外,可以减少双方在技术创新扩散中搜索合作对象的成本,降低企业创新扩散过程中双方的搜索成本。第四,为创新技术扩散提供良好的软环境。中介能够为技术扩散和采纳双方提供专业的咨询服务,减少双方合作的信任困难,提供专业的扩散环境和通道。

第四节　相关基础理论分析

一、可持续发展理论

全球积极应对气候变化的主要目的就是保证全人类的可持续发展。可持续发展(Sustainable Development)是人与自然协调的发展理论④,该发展

① 解学梅.协同创新效应运行机理研究:一个都市圈视角[J].科学学研究,2013,31(12):1907-1920;李晓锋,夏来保.中小型科技企业技术创新制约因素及创新策略研究[J].科学学与科学技术管理,2007(S1):96-98.

② Van der Boor P, Oliveira P, Veloso F. Users as innovators in developing countries: the global sources of innovation and diffusion in mobile banking services[J]. Research Policy,2014(9):1594-1607.

③ Nelson A, Earle A, Howard-Grenville J, et al. Do innovation measures actually measure innovation? Obliteration, symbolic adoption, and other finicky challenges in tracking innovation diffusion[J]. Research Policy,2014(6):927-940.

④ Holden E, Linnerud K, Banister D. The imperatives of sustainable development[J]. Sustainable Development,2017(3):213-226.

理论蕴含的理论网主要有环境承载力论,该理论的主要论断是地球所能承受的人类生存活动是有限的,环境承载力是衡量人类开展生产生活活动与环境协调程度的判据之一。在环境承载力范围之内开展活动,地球是可以接受的,如果超过承载极限力,人类将遭受毁灭性打击,这与应对气候变化具有相似性,即人类活动带来气候变化影响,必须在气候环境的承载力之内。从目前来看,人类活动似乎已经触发了承载极限。环境价值论认为环境是有价值的,该理论主要强调环境保护的价值和意义,环境价值的高低能够直接或间接地决定人类从事各种社会经济活动的程度,即环境的价值有限,人类的活动也受到环境的限制。协调发展理论强调发展与环境之间的匹配度,是将人类发展和环境保护建立了直接联系,强调了二者相互联系、相互影响和和谐发展的关系。[①]

经济社会建设的目的是创造美好生活,为人民谋幸福。人民的美好生活不仅需要丰富的商品物资,也需要美好的生活环境。人类发展需要将自身视为自然的一部分,但是绝不是要任由自然力量摧毁人类社会发展和文明成果。当人类将自身与环境处于对立面时,无数的历史都证明,人类文明终将衰败,古埃及、古巴比伦以及古楼兰和黄土高原都曾经有过灿烂的文明,但最终都走向衰败,其共同的原因之一就是自然环境的破坏,导致自然灾害泛滥,人类社会发展和文明成果最终都被剥夺。生态环境问题归根结底是发展方式和生活方式问题,要打造人与自然的生命共同体,人类不但要尊重和保护自然,还要在发展方式和生活方式上改变,节制自己的行为,促进自然的生息和谐,进而建构一种新的人类文明形态。

二、协同创新理论

创新理论最先由 Schumpeter 提出,随后很多学者就技术创新和产品创新进行了研究,Freeman、Rogers、傅家骥等都为技术创新研究做出了巨大贡献,推动了整个技术创新理论的发展与进步。协同理论是由德国物理学家哈肯于 20 世纪 70 年代提出的。该理论强调协同效应,特指复杂系统内由于各子系统之间的协同而产生超出各要素单独作用的效果,从而形成整个系统的联合行为。[②] 协同思想已经在技术创新中得到应用和深化,并逐步形成

---

① Barkemeyer R, Holt D, Preuss L, et al. What happened to the "development" in sustainable development? Business guidelines two decades after Brundtland[J]. Sustainable Development, 2014(1):15-32.

② Haken H. Synergetics an introduction[M]. Berlin: Spring-Verlag, 1983:15-16.

了协同创新概念。协同创新可以分为内部协同创新和外部协同创新,外部协同创新最典型的是产学研协同创新。Etzkowitz[1] 的研究被认为是协同创新研究的新范式。

在知识经济时代,产学研协同创新是创新的重要形式,产学研协同创新模式是协同创新理论的具体应用和扩展,也是国家创新体系的重要组成部分。产学研协同创新强调大学、企业、研究机构、政府等多元主体的协同互动。在产学研协同创新模式中,高校和科研院所(学研方)能够为企业创新提供智力支持,企业能够投入资金和资源实现科学技术向生产力的转化,实现了多方资源的互补和互通,能够有效地降低企业创新的风险成本。产学研协同创新模式虽然优势明显,但在实际创新合作中也面临很多挑战和困境。学研方和企业方由于组织性质、管理体系、价值观念不同,没有政府引导,双方很难开展深入合作,协同创新的整体效率难以提高。产学研协同创新需要外力推进,促进多方进行合作。Kim 等[2]在其研究中证明了政府在协同创新中的重要辅助作用。

除了产学研协同创新,还有企业协同创新。企业协同创新是指企业与企业之间围绕知识和技术创新开展深度合作,建立创新战略联盟。联盟成员为了共同目标,积极共享知识资源,共担市场风险,并取得根本性、实质性创新产出的过程。[3] 在协同创新中更多是企业间在互惠互利的合作模式下,通过合同、协议、信用等方式,实现知识在一定的范围内流动和使用。因此,在协同创新中更多的是跨企业间的企业外部知识共享。企业选择协同创新战略伙伴可以是业务的上下游合作企业,或者是不同类型的企业,甚至是竞争性企业。无论战略伙伴是何种类型,企业之间都是为了共同的利益目标,才开展跨企业的协同创新。协同企业虽然在合作和博弈过程中能够在一定程度上了解协同企业方有关知识共享的战略空间、策略和期望的信息,但企业同社会人一样,也会受风险意识、价值感知等有限理性的影响,各协同主体对创新的损失和收益的认知水平不一,从而对创新价值的感知具有模糊性和不确定性;同时,企业会将"收益大于成本"作为其参与知识共享的理性

① Etzkowitz H. Innovation in innovation: the triple helix of university-industry-government relations[J]. Social Science Information,2003(3):293-337.

② Kim H, Huang M, Jin F, et al. Triple helix in the agricultural sector of Northeast Asian countries: a comparative study between Korea and China[J]. Scientometrics,2012(1):101-120.

③ 肖汉杰,彭定洪,桑秀丽.企业协同创新中知识共享的三角模糊矩阵博弈分析[J].科技管理研究,2015(24):132-136.

选择,从而易导致"囚徒困境"。[①] LCEFT 通常属于高新技术,单个企业在短时间内通过模仿创新或者自主创新难以实现,且应对气候变化的紧迫性无法给予人类过长时间的学习和创新,而协同创新理论通过最大限度整合企业和高校机构的创新要素,能够缩短研发周期,提高技术质量,满足应对气候变化的实际需求。

三、技术创新扩散理论

技术创新理论(Technical Innovation Theory)是由 Schumpeter 首次提出。技术创新并不仅仅是某项单纯的技术或工艺发明,而是一种不停运转的机制。熊彼特及其追随者开创的技术创新理论,以"创新"为基础,揭示了现代经济的一般特征及其发展的社会推动力,这一理论分析体系和研究方法,对当前处于不同体制框架和不同发展阶段中的所有国家,都具有重大的理论、政策启迪意义和深远的历史性影响。[②] 一般而言,技术创新的本质特征是风险、不确定性与高额报酬并存,良好的激励机制和运行机制是实现创新的根本保证。目前关于技术创新扩散理论基本形成了学习论、传播论和经济论三种观点。学习论认为,技术创新扩散实质上是技术吸收企业学习的过程,并且在此过程中还可能伴随着渐进的创新。这种观点的代表人物是熊彼特和曼斯菲尔德等。[③] 传播论则将扩散理解为创新在使用者之间传播与推广的过程,是一个完整、独立的技术与经济相结合的运动过程。[④] 持这种观点的学者有 Freeman、Rogers、傅家骥等。而经济论对扩散的阐释则是围绕着其对社会经济效益的影响展开的,认为新技术与经济相结合所导致的社会经济结构的变化应作为技术创新扩散的重点研究内容。

四、讨价还价博弈

讨价还价问题是博弈论中最经典的动态博弈问题。在 LCEFT 引进过

---

① 方莹莹,刘戒骄,曹若楠.开放式协同创新系统中企业融通创新的演化机理——基于知识共享的多个进化博弈模型分析[J].经济问题探索,2020(9):171-180.

② Teece D J. Firm organization, industrial structure, and technological innovation[J]. Journal of Economic Behavior & Organization,1996(2):193-224.

③ Binz C, Truffer B, Coenen L. Why space matters in technological innovation systems-mappingglobal knowledge dynamics of membrane bioreactor technology[J]. Research Policy,2014(1):138-155.

④ Radomes A A, Arango S. Renewable energy technology diffusion: an analysis of photovoltaic-system support schemes in Medellín, Colombia[J]. Journal of Cleaner Production,2015(92):152-161.

程中,技术引进价格是双方争论的焦点,最终技术转移价格的确定是一个难点问题。讨价还价理论是博弈论经济学中的重要理论,许多现实的交易和协调问题也可以通过讨价还价理论来模拟,为此本书采用讨价还价博弈模型分析 LCEFT 交易和协调问题。讨价还价理论是托马斯·谢林早期的主要贡献,讨价还价的博弈论模型揭示了讨价还价的本质——讨价还价的结果反映博弈双方的力量对比。[①] 讨价还价博弈中最为经典的是分蛋糕博弈或者称为分饼博弈。讨价还价博弈模型的重要基本假设有[②]:

(1)价格不是固定的,也就是说,制度上允许讨价还价的存在。

(2)交易的物品买方的心理价位要高于卖方的心理价位,否则交易不会达成。

买方和卖方的心理价位受到很多因素的影响,一旦形成,相对固定,不容易改变。双方心理价格对讨价还价是否会发生起决定作用。买卖双方[B(买方)和 S(卖方)]心理价位分别为 P_B 和 P_S,其组合方式有三种情景:情景 1,$P_B < P_S$;情景 2,$P_B = P_S$;情景 3,$P_B > P_S$。当是情景 1 和情景 2 时,讨价还价不会发生。只有在情景 3 出现时,讨价还价才可能发生。

无论按照买卖双方心理价位中间的哪一个价位成交,买卖双方都会感到成交比不成交好。这里实际上隐含着一个博弈的策略选择:合作与不合作。合作意味着价格达到预期心理价位范围,不合作意味着没有达到预期心理价位范围。这个博弈只要没有达到任何一方的心理预期,将不会形成交易,合作无法开展。因此,买卖双方合作的条件是:

$$R(P_B - P_S) \geqslant 0 \qquad (2\text{-}1)$$

$$(1 - R)(P_B - P_S) \geqslant 0, (0 \leqslant R \leqslant 1) \qquad (2\text{-}2)$$

式中 R 表示$(P_B - P_S)$在 S 和 B 之间分配的比率,并且有 $0 \leqslant R \leqslant 1$。

讨价还价的博弈被人们形象地喻为分蛋糕博弈,蛋糕的大小由$(P_B - P_S)$给出,是买卖双方合作的结果。与卖方相比,B 的心理价位(P_B)越高,或与 B 相比,S 的心理价位(P_S)越低,蛋糕就越大;反之亦然。当 $P_B = P_S$ 时,蛋糕就没有了。因为没有蛋糕,所以也就不存在分蛋糕问题。讨价还价博弈研究中的基本假设之一就是蛋糕已经事先给定。因为蛋糕的大小已经给定,所以博

① Morrow J D. Game theory for political scientists[M]. Princeton: Princeton University Press, 1994.

② Shen L Y, Bao H J, Wu Y Z, et al. Using bargaining-game theory for negotiating concession period for BOT-type contract[J]. Journal of Construction Engineering and Management, 2007 (5): 385-392.

弈双方在分蛋糕时一方之所得必为另一方之所失。讨价还价的博弈论要解决的问题是：在双方都知道蛋糕的大小的情况下，蛋糕是按照什么比例进行分配的。在技术转移讨价还价中的博弈问题也是如此：如何确定价格分配蛋糕。①

讨价还价博弈论中考虑到谈判过程中时间因素对于双方决策价值的影响，通常会考虑贴现因子。所谓的贴现因子在数值上可以理解为贴现率，反映的内涵是讨价还价过程中博弈主体的"耐心"程度对其决策的影响。②"耐心"实质上是参与人的心理和经济承受能力，在讨价还价过程中"耐心"程度越高则越会在讨价还价过程中占据优势。同时，"耐心"程度会影响博弈主体在讨价还价的谈判中是处于"先动优势"还是"后动优势"，在双方都没有足够耐心的时候，通常先采取策略具有优势。例如 Stackelberg 寡头竞争模型属于先动优势，如果双方能够有耐心，后出价者总是具有优势，因为其可以拒绝任何不在自身保留价范围内的价格，从而总是能够在博弈中获得自己预期的份额，后发优势只有理论意义，在现实讨价还价中不可能无限次进行讨价还价，博弈主体的耐心始终是有限的。由于贴现因子的作用，博弈主体总是期待对方尽快接受自己的价格策略，因此讨价还价博弈过程中存在"尽快接受"的原则。

五、演化博弈

演化博弈理论及其演化博弈动力学在国际学术界具有重要的影响力。在分析 LCEFT 协同创新和 LCEFT 创新扩散问题时，其本质问题是一个多群体参与的博弈问题，区别于 LCEFT 引进中所涉及的定价问题，为此需要引入新的博弈理论进行分析。

经典博弈理论中，模型构建是建立在博弈参与人都是理性人的基本假设上，所有参与人能够根据博弈的预期成本和收益做出决策。③ 在现实中，参与人处于不同的环境，对于信息掌握的程度不同，双方在决策过程中难以保持理性，其只是在有限理性（bounded rationality）下根据自身利益的最大化来学习和试错，最终完成博弈，形成博弈均衡策略。因此，生物学家将自然选择和基因突变的遗传机制引入博弈论，建立了以有限理性为基础假设

① Peters H J. Axiomatic bargaining game theory[M]. Dordrecht：Springer Science & Business Media，2013.

② 王刊良，王嵩. 非对称信息下讨价还价的动态博弈：以三阶段讨价还价为例[J]. 系统工程理论与实践，2010(9)：1635-1642.

③ 张维迎. 博弈与信息经济学[M]. 上海：上海三联书店，1996：22-27.

的演化博弈论(evolutionary game theory)。Fudenberg 和 Levine[1] 提出的博弈学习理论认为博弈均衡是参与者通过适应性学习实现的,非完全理性长期的推移产生的结果。以有限理性为基础的演化博弈论是把博弈理论分析和动态演化过程分析结合起来的一种理论,其从根本上摒弃了经典博弈理论完全理性的假设,是博弈论的一种改进。"纳什均衡"概念应该是演化博弈理论最早的研究成果,混合策略意义上的"纳什均衡"是普遍存在的,"均衡点"(equilibrium point)是"纳什均衡"的主要原因。Sigmund 和 Nowak 提出的演化观为演化博弈理论的后续发展提供了思路,他们指出运用自然选择概念相较利润最大化概念更能反映市场的真实度;在演化博弈理论的运用逐渐广泛之后,其理论体系也开始不断丰富和发展,具体表现为:由博弈方之间的对称博弈向博弈方之间的非对称博弈延伸,并在一定程度上取得了一些成果。[2] 以 Tuyls 和 Nowé[3] 系统完整地提出"演化博弈论"为标志,演化博弈论的发展进入了一个新的发展阶段。演化博弈论中另一概念"演化稳定策略"(Evolutionary Stable Strategy,ESS)的提出,标志着演化博弈论的成熟。演化博弈论运用各种演化动态近似表达参与者的学习和决策过程,从有限理性分析预测人的行为,从而更接近于现实情况。微观行为主体在演化中逐渐模仿和学习其他同类行为个体的行为。演化博弈具有的特征是:研究对象是随时间变化的群体,目的是探索发掘群体演化的动态过程。影响因素有既有的扰动或突变现象,有一定的随机性,也有通过选择机制表现出来的行为群体的规律性。本书中没有应用简单的单群体演化博弈模型,虽然其是多群体演化博弈模型的基础,但多群体模型并不是对单群体模型的简单改进,故本书不予过多介绍和分析,重点围绕多群体博弈模型进行阐述。Selten 引入角色限制行为(role conditioned behavior)而把群体分为单群体与多群体[4],不同群体根据个体可供选择的纯策略集不同来划分。多群体模仿者动态方程如式(2-3):

① Fudenberg D, Levine D K. The theory of learning in games[M]. Cambridge:MIT Press, 1998:15-16.

② Smith J M. The theory of games and the evolution of animal conflicts[J]. Journal of Theoretical Biology,1974(1):209-221.

③ Tuyls K, Nowé A. Evolutionary game theory and multi-agent reinforcement learning[J]. The Knowledge Engineering Review,2005(1):63-90.

④ Selten R. A note on evolutionarily stable strategies in asymmetric animal conflicts[J]. Journal of Theoretical Biology,1980(1):93-101.

$$\frac{\mathrm{d}x_i^j}{\mathrm{d}t} = \left[f(s_i^j, x) - f(x^j, x^{-j}) \right] \cdot x_i^j \tag{2-3}$$

其中,上标 $j(j=1,2,\cdots,K)$ 表示第 j 个群体,其中 K 表示有 K 个群体; x_i^j 表示第 j 个群体中选择第 $i(i=1,2,\cdots,N_j)$ 个纯策略的个体数占该群体总数的百分比; x^j 表示群体 j 在某时刻所处的状态, x^{-j} 表示第 j 个群体以外的其他群体在 t 时刻所处的状态; s_i^j 表示群体 j 中个体行为集中的第 i 个纯策略; x 表示混合群体的混合策略组合, $f(s_i^j, x)$ 表示混合群体状态为 x 时群体 j 中个体选择纯策略 s_i^j 时所能得到的期望支付; $f(x^j, x^{-j})$ 表示混合群体的平均支付。

　　Selten 证明了"在多群体博弈中进化稳定均衡都是严格纳什均衡"的结论,这为多群体的演化博弈模型应用奠定了基础。演化博弈论强调博弈参与主体的有限理性,可以通过不断学习和试错从而获得最优的收益。演化博弈论从理论上解释了种群集群行为的形成和演变,对于社会群体决策的动态演化规律和机理能够进行深入的探析,能够通过优化管理机制解决个体利益与集体利益冲突,并解释在矛盾冲突中合作行为涌现与维持的内在机理。

第五节　本章小结

　　本章首先辨析了技术引进、技术创新和技术创新扩散的内涵及关系,明晰了本书中的核心概念以及概念间的差异性,解释了技术引进、技术创新和技术创新扩散的参与主体,并分析了主体之间的关系;在此基础上,进行了相关基础理论的研究,主要有可持续发展理论、协同创新理论、技术创新扩散、讨价还价博弈理论和演化博弈理论;分析了可持续发展理论与发展中国家应对气候变化的关系,探讨了协同创新理论对发展中国家企业技术创新的指导性;最后分析了讨价还价博弈论和演化博弈论分别在技术引进和技术创新及创新扩散中应用的合理性。本章为后续模型假设、讨价还价、演化博弈均衡策略分析奠定了坚实的理论基础。

第三章 低碳环境友好技术引进 讨价还价博弈研究

本章拟根据发展中国家企业与发达国家企业在 LCEFT 转移谈判中所面临时间、心理压力的差异性,同时考虑信息条件的影响,建立非对称心理压力下完全信息和不完全信息 LCEFT 转让引进讨价还价博弈模型,分析时间贴现、心理压力等参数对双方讨价还价策略的影响,探索发达国家企业的讨价还价策略选择特点和规律,有针对性地为发展中国家引进 LCEFT 提供讨价还价策略参考,从而降低 LCEFT 引进成本,促进 LCEFT 国际转移。

第一节 低碳环境友好技术引进决策困境

一、低碳环境友好技术引进现状

由于 LCEFT 是应对气候变化的关键技术,成为发展中国家履行减排承诺的先决条件。早在最初的气候谈判中就明确了技术转让的重要性,《公约》和《议定书》都规定了发达国家有责任和义务向发展中国家转让 LCEFT。[①] LCEFT 实现国际转移的途径主要有政府间技术援助、《公约》框架下的技术转移(以 CDM 机制为代表)和商业转移;很多研究表明,LCEFT 转移对提升发展中国家技术能力、降低碳排放成本等都有显著的作用。总之,LCEFT 国际转移对发展中国家的气候治理及经济发展能够起到积极的作用。发展中国家都有强烈的动机引进 LCEFT,但发展中国家期待发达国

[①] 辛秉清,刘云,陈雄,等.发展中国家气候变化技术需求及技术转移障碍[J].中国人口·资源与环境,2016(3):18-26.

家无偿转让 LCEFT,以承担温室气体的历史排放责任[1],这显然不符合发达国家的基本利益,发达国家必然会采取各种措施严重延缓 LCEFT 转移承诺,政府间技术援助难以实现。从多年 CDM 实践的经验来看,LCEFT 国际转移执行效果并不理想,现有的 CDM 实践经验大多数来自森林碳汇以及水电站建设等,直接通过 LCEFT 国际转移实现 CDM 的实际案例并不多见[2],总而言之,目前通过 CDM 实现 LCEFT 国际转移的效率较低,发展中国家难以依赖类似于 CDM 的国际公约引进 LCEFT。LCEFT 转移带来的温室气体排放(Greenhouse Gas Emissions,GHGs)减排效益和附带利益扩展了技术转移合作空间,使得原本商业上不可行的技术转移成为可能,商业转移仍然是主流。商业转移中最为重要的就是价格问题,为此,发展中国家企业在特定国际气候体制和国内气候政策的大环境下,在市场上进行 LCEFT 转让引进交易,由于价格无法确定,交易价格是发展中国家企业和发达国家企业讨价还价的结果。转移价格问题是发达国家企业与发展中国家企业之间矛盾冲突的焦点问题,也是影响 LCEFT 转移协议能否达成的关键因素。

二、低碳环境友好技术引进困境

(一)发达国家企业转让困境

由于全球气候变暖以及极端天气和自然灾害的不断爆发等客观现实,人类必须共同应对全球气候变化已经成为世界各国的基本共识。发达国家从战略层面考察,美国、日本和英国等国率先提出了经济发展低碳化转型的方向,这些国家在联合国倡议世界各国承诺降低碳排放,《公约》和《协议书》两个纲领性文件签署后,全世界各国开始制定减排计划和减碳目标。经历了长达百余年的工业化进程,使得西方国家在经济和科技领域占据了较大优势,特别是在低碳领域的技术创新能力和水平均高于一般国家。[3] LCEFT 与国家利益息息相关,不仅代表了未来全球市场的竞争方向,还能影响全球气候治理的话语权分配,是未来国家综合实力的表现。如果 LCEFT 转移到发展中国家,可能会危及发达国家先发展获取的利益和优势,因此,发达国

---

① Haselip, J., et al. Governance, enabling frameworks and policies for the transfer and diffusion of low carbon and climate adaptation technologies in developing countries[J]. Climatic Change, 2015(3):363-370.

② Cong R, Lo A Y. Emission trading and carbon market performance in Shenzhen, China[J]. Applied Energy,2017(193):414-425.

③ 魏晓雨.环境友好技术国际转移的国际法保障[J].长江论坛,2019(2):77-82.

家对于技术援助方式和 CDM 机制都抱有消极态度。发达国家在 LCEFT 转移谈判中,更期待转移的是减排设施设备而非技术本身,而发展中国家需要引进的是技术,在供需两侧存有较大的矛盾。①

发达国家 LCEFT 研发水平和创新能力较强,但这些技术并非被一个国家所有,发达国家之间也存在竞争,为了保持在各自领域的竞争优势,需要不断地加大技术创新投入;更为重要的是,目前发达国家 LCEFT 应用和扩散市场有限,在 2008 年全球性金融危机冲击下,发达国家企业创新投入能力已经捉襟见肘;在 2020 年新型冠状肺炎疫情的冲击下,发达国家高科技企业的创新投入资金需求单靠某一区域市场的收益支持更是难以为继,必须依赖于发展中国家市场中巨大的潜在价值。发达国家企业转移技术的需求在不断增大,其主要目的是通过商业模式获得超额收益支持国内持续创新,保持竞争优势,而发展中国家仍然期待低价转让,不愿意支付高昂的成本引进 LCEFT,因此发达国家陷入技术转让困境。

(二)发展中国家企业的引进困境

发展中国家作为气候变化应对的另一重要主体,在 LCEFT 引进中也面临着很多挑战与困境。从全球气候变暖这一事实来看,无论是否存在"低碳陷阱",发展中国家都需要加快发展方式转变和低碳转型,加强技术创新,提升国家综合竞争力,从而提升自身国际分工地位,在全球贸易竞争中获得更多的话语权,确保自身的正当利益。② LCEFT 引进不仅可以实现国家综合竞争力提升的目的,还可以改善国内生态环境,增加经济发展的社会公共福利;更为重要的是,在全球气候治理中获得更多的主动权和话语权。然而,发展中国家目前不可能通过低价或者免费的途径获得 LCEFT——此商业模式可行,但发展中国家需要支付高昂的技术引进成本。③ 发展中国家本身经济发展水平不如发达国家,国家对低碳技术的财政投入力度也极其有限,企业仅仅依靠自身实力难以引进 LCEFT;同时,在 2008 年金融危机冲击下,很多发展中国家的整体投资市场出现了筹资难的问题,很多企业也面临销售额下降、企业现金流降低、债务偿还能力下降等问题,同时还需要承担技术引进后消化吸收和低碳市场竞争不确定性风险,很多发展中国家企业进

---

① 顾高翔,王铮.《巴黎协定》背景下国际低碳技术转移的碳减排研究[J].中国软科学,2018 (12):8-16.

② 张发树,何建坤,刘滨.低碳技术国际转移的双重博弈研究[J].中国人口·资源与环境, 2010(4):12-16.

③ 周睿,柳剑平.低碳科技国际合作机制与路径研究[J].科学管理研究,2017(1):112-115.

一步推迟了 LCEFT 引进计划,甚至放弃了 LCEFT 引进。[①] 在 2020 年新型冠状肺炎疫情的影响下,发展中国家及其企业面临更大的发展困境,快速复苏经济、保障国内社会稳定成为发展中国家最大的议题,LCEFT 引进被进一步搁浅。

从长远来看,促进 LCEFT 创新及其国际扩散是人类共同的需要。LCEFT 在生产效率上远高于传统技术,发展中国家如果完全放弃 LCEFT 引进,在未来的市场竞争中不仅无法实现全球价值链的攀升,更有可能被全球价值链淘汰,从而永远锁定在贫困陷阱中。为此,在气候变化的威胁下,发展中国家和发达国家不会放弃 LCEFT 国家转移的合作,但合作前景不明朗。商业模式是主流,在宏观层面,发展中国家如何与发达国家进一步达成更加有利于技术转移的合作框架,必须考量;在微观层面,发展中国家企业与发达国家的引进谈判将成为影响 LCEFT 转移的关键。

综合来看,发展中国家企业和发达国家企业在 LCEFT 国际转移过程中的动机和目的不同,面临的困境也不同,但是双方都不会放弃 LCEFT 国际转移合作,会在矛盾和冲突中艰难前进。博弈方法为解决 LCEFT 国际转移冲突提供了有效的理论支撑。在 LCEFT 转移国际谈判中,双方谈判的信息不完全对称,如何利用信息不对称降低引进价格,促进 LCEFT 国际转移值得研究。

第二节 低碳环境友好技术引进的讨价还价博弈模型假设

正如前文所述,发展中国家企业在技术引进过程中总是想以最低的代价获取或者得到发达国家的先进技术,而发达国家也期待通过技术输出获得更高的收益,进而继续进行研发投资,保持自身竞争优势。为此,LCEFT 引进可以简化为一个讨价还价的博弈问题。在发展中国家企业引进 LCEFT 国际谈判中,当发达国家企业向发展中国家企业提出报价连同主要的合同条款后,发展中国家企业通过合同条款的信息对发达国家企业的策略和意图进行识别和判断,并给予再报价等反馈;发展中国家企业始终期待

---

① 柳福东,朱雪忠.低碳国际公约与专利国际公约的冲突与协调研究[J].中国人口·资源与环境,2013(2):115-121.

LCEFT转移朝着有利于自身利益并同时满足发达国家企业某些要求的方向发展,从而最终双方形成妥协,达成一致,实现利益的交换[①]:发达国家企业获得经济收益和声誉,发展中国家企业获得技术支持,从而提高企业应对和适应气候变化的能力,增强企业在国际市场的竞争力。LCEFT引进最终价格取决于发展中国家在谈判过程中采取的技巧和策略,策略的应用要建立在信息条件的充分利用上,这样才能够获取最佳的谈判效果。

假设1:LCEFT国际转移中有两个企业参与:发达国家企业A(转让企业)和发展中国家企业B(受让企业),就某项(非军事项目,例如农业或者有色行业)LCEFT的转移价格进行讨价还价。在谈判前,综合考虑双方国内税收、财政、环境规制等LCEFT转移支持政策的影响,发达国家企业和发展中国家企业各自预定成交价区间为$[\tau_1,\tau_2]$、$[\upsilon_1,\upsilon_2]$(其中τ_1为发达国家企业的最低保留价,υ_2为发展中国家企业的最高保留价,显然,为了使LCEFT转移国际谈判具有一般性,发达国家企业和发展中国家企业预定成交价区间关系如图3-1所示),则图3-1中$[\tau_1,\upsilon_2]$为谈判区间,若在双方讨价还价的最后期限任何一方超过这个区间,此时LCEFT国际转移谈判失败。

假设2:设π为LCEFT国际转移谈判成功的最终解(成交价格),即在谈判期限内,发达国家企业和发展中国家企业就LCEFT国际转移价格达成一致,则$\pi\in[\tau_1,\upsilon_2]$。显然,在LCEFT转移中双方均希望获得的收益越大越好,因此,转让方希望π越大越好,而受让方则希望π越小越好。在现实中,从经济学视角可以将LCEFT转移谈判中的讨价还价视为对双方剩余(发达国家企业的剩余为$\pi-\tau_1$,发展中国家企业的剩余为$\upsilon_2-\pi$)的价值分割,LCEFT转移讨价还价可以简化为双方在谈判区间$[\tau_1,\upsilon_2]$的价格博弈,并在多个回合讨价还价后力求达到的最终解为π。根据Rubinstein的讨价还价博弈,在完全信息状态下,即发达国家企业和发展中国家企业各自预定成交价区间$[\tau_1,\tau_2]$、$[\upsilon_1,\upsilon_2]$都是已知的,则上述LCEFT转移谈判活动可以转化为经典的分蛋糕博弈,即发达国家企业和发展中国家企业对于$[0,1]$谈判区间上的分割比例$\pi'[\pi'=(\pi-\tau_1)/(\upsilon_2-\tau_1)]$进行谈判,详细如图3-1所示。

---

① 张宗益,李忠云,龙勇,等.竞争性技能联盟中企业讨价还价能力实证研究[J].系统工程学报,2007(2):148-155.

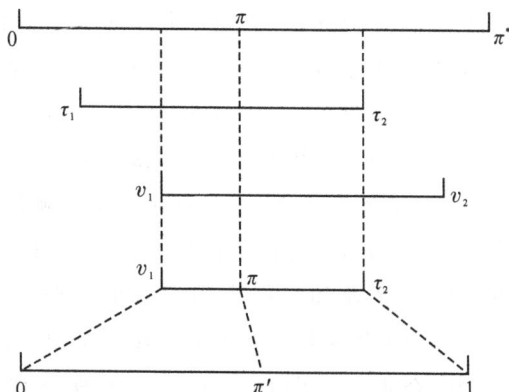

图 3-1　谈判区间示意

假设 3：在 LCEFT 国际转移的讨价还价过程中，博弈双方需要经过多次学习和试错才能确定最后的策略。因此，LCEFT 转移讨价还价过程是个动态博弈过程，可将这个博弈过程分为若干个讨价和还价阶段：在每个阶段中，假设只有一方（发达国家企业或发展中国家企业）还价，阶段数用 t 表示，为了简化模型，假设此过程只有 3 个阶段，因此，令 $t=1,2,3$。在三阶段讨价还价模型中：假设发达国家企业还价 x_t，则发展中国家企业的收益为 $1-x_t$［发展中国家企业还价时要求发达国家企业所得比例（经典模型中分得的蛋糕比例）为 y_t，则发展中国家企业的收益为 $1-y_t$］且各阶段收益均折现到讨价还价的初始阶段。

假设 4：LCEFT 国际转移具有时间价值。对于全球气候保护的价值而言，LCEFT 国际转移的速度越快，博弈双方谈判的时间越短，LCEFT 国际转移的价值越大。如果气候变化越来越恶劣，LCEFT 国际转移的价值就越小。[①] 因此，引入转移时间贴现参数 $\alpha(0\leqslant\alpha\leqslant1)$。参数 α 的现实意义重大：对于发达国家企业来讲，转移的择时十分重要，如果 LCEFT 转移过早，可能导致技术溢出损失巨大；如果转移过迟，可能由于竞争（其他企业转让、新技术出现等）失去获得最佳收益的时机。[②] 结合假设 1、2、3，可得三阶段讨价还价模型：（1）$t=1$：发达国家企业报价获得的份额为 x_1，则留给发展中国家企业的份额为 $1-x_1$，若发展中国家企业接受，则双方的得益分别为 x_1 和

① Yu H, Wei Y M, Tang B J, et al. Assessment on the research trend of low-carbon energy technology investment：a bibliometric analysis[J]. Applied Energy, 2016(184)：960-970.

② Iyer G C, Clarke L E, Edmonds J A, et al. Do national-level policies to promote low-carbon technology deployment pay off for the investor countries? [J]. Energy Policy, 2016(98)：400-411.

$1-x_1$，LCEFT 国际转移谈判终止；否则，进行下一个讨价还价的阶段。$t=2$：发展中国家企业还价提出发达国家企业的所得份额为 y_2，自己得到的份额为 $1-y_2$，由发达国家企业选择接受与否，若接受，则发达国家企业和发展中国家企业的收益分别为 αy_2 和 $\alpha(1-y_2)$，谈判结束；否则，转到下一博弈阶段。当 $t=3$，发达国家企业讨价并还价提出所得份额为 x_3，发展中国家企业得到的收益份额为 $1-x_3$，此时讨价还价是最后阶段，所以发展中国家企业必须接受，发达国家企业和发展中国家企业的收益分别为 $\alpha^2 x_3$ 和 $\alpha^2(1-x_3)$，见图 3-2。（2）可以利用逆推解法（Reverse deduction）获得发达国家企业和发展中国家企业讨价还价博弈的唯一子博弈，纳什均衡结果为：$x_1=1/(1+\alpha)$。

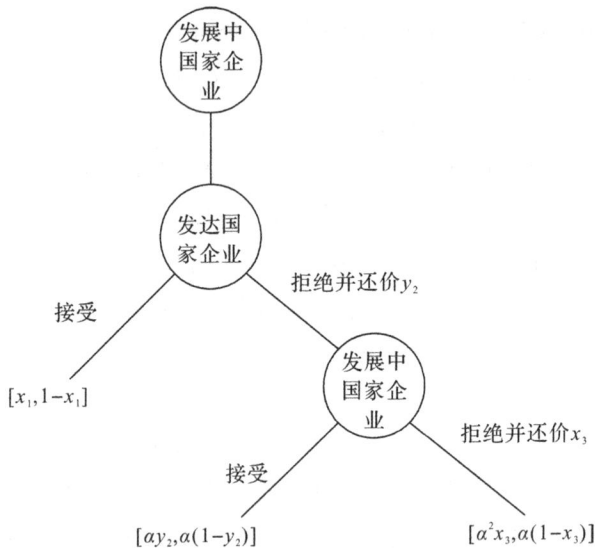

图 3-2　三阶段讨价还价博弈示意

　　显然，图 3-2 中的博弈模型存在以下两个问题：（1）未能区分发达国家企业和发展中国家企业不同心理压力对最终收益的影响，而且由于 α 恒小于1，则发达国家企业有着天然的绝对优势（符合现状），但现实中并非发达国家企业为先要价者就能确定最终收益分配，那么发达国家企业与发展中国家企业的讨价还价就没有意义。换言之，图 3-2 显示，只要确定了先要价者，就确定了最终收益的分配情况。（2）图 3-2 显示，最后一阶段对于发达国家企业的报价，发展中国家企业总是必须要接受的，这与现实是不相符的，现实往往是 LCEFT 转移谈判破裂，双方不欢而散。因此，提出假设 5 和假设 6。

假设 5：发达国家企业和受让方对于收益贴现存在心理异质。很多研究证明，当处于困境（时间期限、城下之盟等）时，受困一方往往需要承受巨大的心理压力从而较快妥协以获得较少收益或者减少较大的损失。本书主要考虑时间压力所带来的技术价值损失和效用弱化对于发达国家企业和发展中国家企业策略选择的影响。随着全球气候的进一步恶化，LCEFT 的时效性不断弱化，同时气候会议进程不断深入，发达国家企业和发展中国家企业在 LCEFT 转移谈判中心理压力将会不断强化，假设心理压力用参数 $\beta(\beta>0)$ 表示。那么如果某一方国内环境压力越大（公民支持率、环境保护政策、税收政策和法律法规等），其在 LCEFT 谈判中越容易在短期内接受一个比长期坚持谈判更低的收益，因此，在较长 LCEFT 谈判周期所获得的阶段收益折现后总是低于首期的收益（高心理压力下的收益贴现率要小于低心理压力下的收益贴现率）[①]，时间贴现参数 α 与心理压力参数 β 成负相关性，即有 $\dfrac{\mathrm{d}\beta}{\mathrm{d}\alpha}<0$，当 $\beta\to\infty$ 时，$\alpha\to0$。为了刻画 α 与 β 的负相关性，参照王刊良和王嵩的研究，假设 α 与 β 的关系式为 $\alpha=1/(1+\beta)$，即可刻画两参数之间的负相关性。

假设 6：发达国家企业和发展中国家企业是在不完全信息下进行 LCEFT 转移谈判，讨价还价中双方具有不同的心理压力，分别为 β_1 和 β_2，同时排除 LCEFT 转移的极端情况：发达国家企业和发展中国家企业都既不是毫无耐心（$\alpha_{x,y}=0$），也不是无限拥有耐心（$\alpha_{x,y}=1$）。

一、非对称压力完全信息讨价还价博弈

由于 LCEFT 谈判协商过程中的不确定性、信息不对称和有限理性的存在，导致 LCEFT 转移并不能在匀质化的发达国家企业和发展中国家企业之间进行。[②] LCEFT 转移谈判具有很强的专业化特性，新古典经济学的价格形成模型无法揭示 LCEFT 转移价格成交的机理。[③] 在 LCEFT 转移中，交

---

①　王刊良，王嵩.非对称信息下讨价还价的动态博弈：以三阶段讨价还价为例[J].系统工程理论与实践，2010(9)：1635-1642.

②　常悦，鞠晓峰.创新供给者、中介与潜在采纳者之间的博弈研究[J].中国软科学，2013(3)：152-157.

③　Mattoo A, Olarreaga M, Saggi K. Mode of foreign entry, technology transfer, and FDI policy[J]. Journal of Development Economics,2004(1):95-111.

易价格主要取决于双方讨价还价的能力和信息的不对称程度。[①] LCEFT 转移中,发达国家企业和发展中国家企业拥有的信息不同,信息的不对称对于 LCEFT 转移双方策略选择影响重大,是 LCEFT 转移研究的重点。因此,将三阶段讨价还价模型作为研究 LCEFT 转移讨价还价问题的基本理论框架,引入对谈判区间、还价策略和不同心理压力的假设,构造非对称信息下的 LCEFT 转移讨价还价博弈模型,同时与信息完全的 LCEFT 转移讨价还价博弈模型进行对比分析,从而深入分析信息条件和心理压力对于 LCEFT 转移的作用机制。

在非对称压力但完全信息条件下,此时相当于经典的"分蛋糕"讨价还价,只是由于发达国家企业和发展中国家企业在 LCEFT 转移谈判中具有不同的心理压力,即有 $\alpha_1 \neq \alpha_2$。假定 $t=3$ 时轮到发达国家企业报价:此时,发达国家企业可分到的最大收益份额为 x_3。因此,可得到在 $t=2$ 时,其收益为 $\alpha_x x_3$,此时,发达国家企业的出价为 y_2。为了保证 LCEFT 转移交易能够成功,此时有 $y_2 \geqslant \alpha_x x_3$,基于自身最小成本原则,发达国家企业的出价即为 $\alpha_x x_3$,因此,发展中国家企业得到的份额为 $1-\alpha_x x_3$。发展中国家企业得到的份额 $1-\alpha_x x_3$ 折现到 $t=1$ 为 $\alpha_y(1-\alpha_x x_3)$,则发达国家企业在此时的最优出价为 $x_1 = 1-\alpha_y(1-\alpha_x x_3)$。从完全信息的角度而言,第三阶段 $t=3$ 发达国家企业出价的最大收益应该和第一阶段($t=1$)发达国家企业出价的最大收益是无差异的,因此有 $x_3 = x_1$,即可以求得:

$$x_1 = \frac{1-\alpha_y}{1-\alpha_x \alpha_y}, y_1 = 1-x_1 = \frac{(1-\alpha_x)\alpha_y}{1-\alpha_x \alpha_y} \tag{3-1}$$

x_1 对 β_x、β_y 分别求导得:

$$\begin{cases} \dfrac{\partial x_1}{\partial \beta_x} = \dfrac{(1-\alpha_y)\alpha_y}{(1-\alpha_x \alpha_y)^2} \cdot \dfrac{-1}{(1+\beta_x)^2} < 0 \\[3mm] \dfrac{\partial x_1}{\partial \beta_y} = \dfrac{\alpha_x - 1}{(1-\alpha_x \alpha_y)^2} \cdot \dfrac{-1}{(1+\beta_y)^2} > 0 \end{cases} \tag{3-2}$$

y_1 对 β_x、β_y 分别求导得:

$$\begin{cases} \dfrac{\partial y_1}{\partial \beta_x} = \dfrac{(\alpha_y - 1)\alpha_y}{(1-\alpha_x \alpha_y)^2} \cdot \dfrac{-1}{(1+\beta_x)^2} > 0 \\[3mm] \dfrac{\partial y_1}{\partial \beta_y} = \dfrac{1-\alpha_x}{(1-\alpha_x \alpha_y)^2} \cdot \dfrac{-1}{(1+\beta_y)^2} > 0 \end{cases} \tag{3-3}$$

---

① 张宗益,李忠云,龙勇,等. 竞争性技能联盟中企业讨价还价能力实证研究[J]. 系统工程学报,2007(2):148-155.

式(3-2)和式(3-3)表明:在 LCEFT 转移博弈中,发达国家企业和发展中国家企业的交易收益与自身的心理压力参数为减函数关系,而与谈判博弈对手的心理压力参数为增函数关系(王刊良、王嵩,2010)。这种函数关系充分说明:在 LCEFT 转移信息完全的条件下,发达国家企业和发展中国家企业压力越大的一方越急于促成 LCEFT 达成交易、形成转移,压力越大的一方最后在 LCEFT 转移谈判结束时所获收益就越小。根据上述分析,发达国家企业和发展中国家企业在完全信息下 LCEFT 转移讨价还价博弈的一般过程如表 3-1 所示。

表 3-1　完全信息 LCEFT 转移讨价还价博弈均衡结构

t	1	2	3
发展中国家企业	$(1-\alpha_x)\alpha_y/(1-\alpha_x\alpha_y)$	$1-\alpha_x x_3^\Delta$	$1-x_3$
发达国家企业	$(1-\alpha_y)/(1-\alpha_x\alpha_y)^\Delta$	$\alpha_x x_3$	x_3^Δ

注:Δ 表示本阶段由该企业出价。

二、非对称压力不完全信息讨价还价博弈

现实情况下,LCEFT 转移谈判企业双方应该考虑到存在 LCEFT 转移谈判破裂风险。同时,由于信息不对称,企业双方并不能准确识别和判断谈判区间 $[\tau_1, \upsilon_2]$ 的范围。为了简化 LCEFT 转移谈判情景,进行如下假设:

假设 1:企业双方决策的依据是自身利益最大化,但同时对于 τ_1、υ_1 有某种共识,即 τ_1、υ_1 为发达国家企业和发展中国家企业对于 LCEFT 转移应对和适应气候变化的价值和意义有着共同的认识,这里假设 $\tau_1 = \upsilon_1$,这是由于 LCEFT 作为专业程度较高的技术,技术本身的成本和价值相对容易被发展中国家企业识别,也就是发展中国家企业根据自身的专业知识能够预计 LCEFT 的市场价值和研发成本,而发达国家企业本身也知道自身 LCEFT 的市场价值和研发成本。但是由于企业双方的最高保留价 υ_2 无法获知,只能预计发展中国家企业的最高保留价为 υ_2^m,实际上发展中国家企业对于 LCEFT 转移确定的保留价为 υ_2。

假设 2:为讨论方便,令 $y^m = \upsilon_2^m - \tau_1$,$y = \upsilon_2 - \tau_1$,那么 LCEFT 转移谈判区间发生了变化,对发达国家企业的谈判区间映射为 $[0, y^m]$,对发展中国家企业的谈判区间映射为 $[0, y]$,谈判区间映射关系见图 3-3 和图 3-4。

假设 3:假设发达国家企业在整个 LCEFT 转移讨价还价开始时能够获

得的唯一信息是:发展中国家企业对发达国家企业自身的 LCEFT 转移还价是$[0,y^m]$上的均匀分布。同时,发展中国家企业也知道发达国家企业能够获得自己在 LCEFT 转移谈判中的还价是均匀分布的信息。显然,发达国家企业对于 y^m 和 y 的大小无法进行识别和估计,发展中国家企业自身知道 y^m 和 y 的大小关系。由于 y^m 与 y 的关系不确定,可分为 $y \geqslant y^m$ 和 $y < y^m$ 两种情况进行映射,详见图 3-3 和图 3-4。

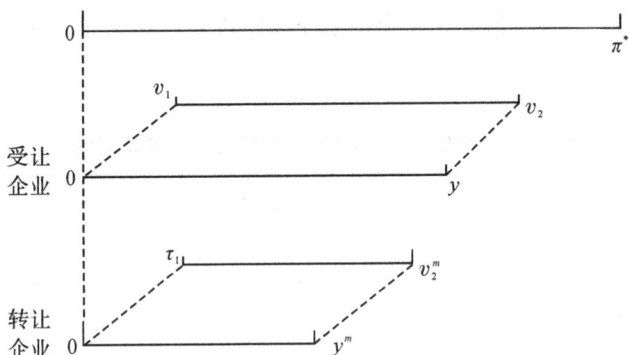

图 3-3　$y \geqslant y^m$ 时讨价还价谈判区间示意

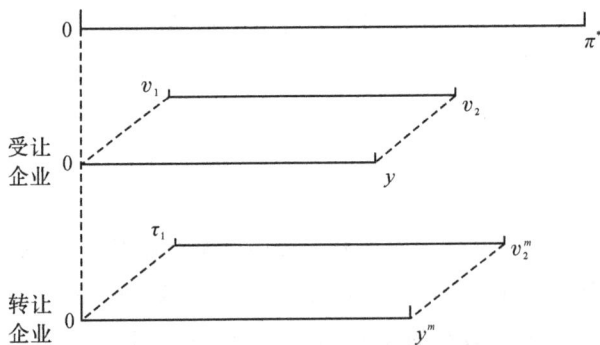

图 3-4　$y < y^m$ 时讨价还价谈判区间示意

（一）$y \geqslant y^m$ 时讨价还价博弈分析

非对称信息模型求解同完全信息模型求解一样,仍然只考虑三个阶段的讨价还价过程,采用逆向求解法求解。在博弈第三阶段（$t=3$）,此时发达国家企业出价,发展中国家企业会直接接受其出价,此时谈判就结束。因为发展中国家企业作为理性人,其对于发达国家企业的 LCEFT 转移任何报价,只要报价在（$0,y^m$）范围内,发展中国家企业都会接受（从图 3-3 可以直观看出）。对于发达国家企业来讲,尽管无法确定 y 的大小,但是发达国家企业对于发展中国家企业会接受 LCEFT 转移报价的行为是明确的。因此,发达国家企业的 LCEFT 转移报价决策范围在$(0, y^m]$内,如何进行最优决策获得最大收益是发达国家企业考虑的重点。同样,采取逆向求解法,因为发达国家企业估计发展中国家企业的报价是$(0, y^m]$的均匀分布,因此发达国家企业对于 LCEFT 转移的期望收益 E_A 必然满足式(3-4):

$$E_A = \max[x_3 p_a + 0(1 - p_a)] \tag{3-4}$$

式(3-4)中,x_3 是发达国家企业在 LCEFT 转移讨价还价 $t = 3$ 时的报价($0 \leqslant x_3 \leqslant y^m$);$p_a$ 是发达国家企业估计的发展中国家企业接受其 LCEFT 转移报价的概率:$p_a = (y^m - x_3)/y^m$。

根据式(3-4)可知,发达国家企业的最优报价决策为:

$$x_3^* = \arg\max[x_3 p_a + 0(1 - p_a)] \tag{3-5}$$

求解式(3-5)可得发达国家企业的最优报价:$x_3^* = y^m/2$。根据式(3-5)可知,$t = 3$ 时,发展中国家企业的收益为 $y - y^m/2$。显然,此时发达国家企业仍然无法确定 y 的大小。

在第二阶段($t = 2$)时,因为发达国家企业、发展中国家企业存在不对称压力,所以在 $t = 3$ 时发达国家企业、发展中国家企业的收益折合到 $t = 2$ 时分别为 $a_x y^m/2$,$a_y(y - y^m/2)$。

当 $y \geqslant y^m$ 时,由于 a_x、a_y 均大于 0 且恒小于 1,易证得:

$$y - a_x y^m/2 > a_y(y - y^m/2) \tag{3-6}$$

在第二阶段发展中国家企业出价,其初始出价决策行为 y_2^* 要满足式(3-7)和式(3-8)条件:

最差最好报价:当 $y_2^* \geqslant a_x y^m/2$,

$$y - y_2^* \geqslant a_y(y - y^m/2) \tag{3-7}$$

最好最差报价:当 $y_2^* \leqslant a_x y^m/2$,

$$y - y_2^* \geqslant a_y(y - y^m/2) \tag{3-8}$$

式(3-6)表示如果发展中国家企业的报价让发达国家企业接受($y_2^* \geqslant a_x y^m/2$),发展中国家企业会让自身收益尽量最大化;式(3-7)表示若发展中国家企业的报价被发达国家企业拒绝,发展中国家企业也要尽量保障自身收益最大化。联合式(3-6)~(3-8)可推导出式(3-9):

$$a_x y^m/2 = y_2^* < y - a_y(y - y^m/2) \tag{3-9}$$

在 LCEFT 转移谈判中,因为发展中国家企业知道 $y \geqslant y^m$。所以,发展中国家企业在进行决策时,总是会使自己在 LCEFT 转移讨价还价中得到更多的剩余,但如果发展中国家企业初始出价决策为 $y_2^* = a_x y^m/2$,虽然发达国

家企业不知道 y 与 y^m 的大小关系，由于发达国家企业和发展中国家企业对于式(3-9)中的比较关系具有共识，因此发达国家企业很容易识别出 $y \geqslant y^m$，一旦被识别，发达国家企业为了获得更大收益肯定会拒绝发展中国家企业的报价。因此，发展中国家企业为了不被轻易识别、保障自身利益最大化，必然会在 LCEFT 转移博弈过程中发出欺骗信号：发展中国家企业自身的保留价为 y^*，y^* 满足 $y^* - \alpha_x y^m / 2 = \alpha_y (y^* - y^m / 2)$，这样就能够促使达到本阶段的博弈均衡，从而获得最优收益。由于信息的不对称，发达国家企业无法识别欺骗信号的真实性，但是对于此信息发达国家企业也必须进行识别，发达国家企业可以得到的收益为 $\alpha_x y^m / 2$，发达国家企业就会判定该信息是可信任的。因此，发达国家企业此时的 LCEFT 转移谈判区间 $[0, y^*]$ 变成了完全信息，则 LCEFT 转移讨价还价博弈问题又变成了经典的分蛋糕问题，且此时发展中国家企业已经在 LCEFT 转移博弈过程中处于先机（这是由于 $y^* < y$），因此，发展中国家企业可以在 LCEFT 转移讨价还价中获得较大收益。

当发达国家企业不知道 $y \geqslant y^m$，且对发展中国家企业决策偏好较为清楚时，在达到 LCEFT 转移谈判博弈均衡的情况下，发达国家企业不会信任发展中国家企业的报价（也就是发展中国家企业的欺骗信号被发达国家企业识别），发达国家企业就会不断调高 LCEFT 转移出价，直至形成 $y = y^m$。此时，$y \geqslant y^m$ 将成为共识，该问题又转化为完全信息的分蛋糕博弈情景。

从这个过程来看，发展中国家企业在 LCEFT 转移讨价还价过程中其心理特点会影响其策略选择，如果释放欺骗信息被信任后，需要马上"见好就收"，从而获得较好的谈判收益，如果发展中国家企业的心理特点为"贪得无厌"，那么必然会被迫接受不理想的报价，从而失去较好的收益。

(二) $y < y^m$ 时讨价还价博弈分析

同样，在 LCEFT 转移博弈第三阶段($t=3$)，发达国家企业无法确定 y，其最优决策规则是根据其预估的 y^m 按照半折出价($y < y^m$ 时 LCEFT 转移谈判区间见图 3-4)。此时，发展中国家企业在 $t=3$ 时收益为 $y - y^m / 2$。显然，当 $y - y^m / 2 < 0$ 时，LCEFT 转移讨价还价博弈破裂，LCEFT 转移无法完成；当 $y - y^m / 2 \geqslant 0$ 时，发展中国家企业接收报价，并认为 $y - y^m / 2$ 为其在第三阶段能获得的最优收益。

在第二阶段($t=2$)，发达国家企业和发展中国家企业在第三阶段获得

收益折合到 $t=2$ 时的收益分别为 $\alpha_x y^m/2$、$\alpha_y(y-y^m/2)$。在此阶段，轮到发达国家企业就发达国家企业的报价进行出价，发展中国家企业作为理性人，为了保障自身利益，其初始决策行为 y_2^* 要满足式（3-10）和（3-11）条件。

最差最好报价：$y_2^* \geqslant \alpha_x y^m/2$，

$$y-y_2^* \geqslant \alpha_y(y-y^m/2) \tag{3-10}$$

最好最差报价：$y_2^* \leqslant \alpha_x y^m/2$，

$$y-y_2^* \geqslant \alpha_y(y-y^m/2) \tag{3-11}$$

由式（3-10）和（3-11）可得式（3-12）：

$$\alpha_x y^m/2 = y_2^* < y-\alpha_y(y-y^m/2) \tag{3-12}$$

因为发展中国家企业知道当 $y>y^m/2$ 时可以获得更多的剩余，也知道如果在开始阶段提出 $\alpha_x y^m/2 = y_2^*$ 的报价，发达国家企业必然不会同意其报价。为了获得此阶段的博弈均衡，发展中国家企业必须发出信号：新的保留价为 y^*，$y^* = (\alpha_x-\alpha_y)y^m/[2(1-\alpha_y)]$，显然可以得到 $y^* \leqslant y^m/2$。发展中国家企业原始保留价是 $y \geqslant y^m/2$，虽然发达国家企业无法确定 y 的大小，但由讨价还价的均衡分析可知，发展中国家企业的最高保留价将会直接展现，即当 $y<y^m$ 时，发展中国家企业最大化收益的保留价格就是发展中国家企业认定价格 y^* 的一半，$y^* = y^m/2$。所以发展中国家企业在第二阶段博弈均衡选择就是：$y^* - y_2^* = (1-\alpha_x)y^m/2$。

在博弈第一阶段（$t=1$），发达国家企业和发展中国家企业在第二阶段收益折合到第一阶段分别为：$\alpha_x^2 y^m/2$、$(1-\alpha_x)\alpha_y y^m/2$。当发达国家企业报价，发达国家企业的决策行为 x_1 满足：

$$y^m - x_1 = (1-\alpha_x)\alpha_y y^m/2 \tag{3-13}$$

则有 $x_1 = y^m[1-(\alpha_y-\alpha_x\alpha_y/2)]>y^m/2$，$y_1 = y^m - x_1 = (1-\alpha_x)\alpha_y y^m/2$，这时 LCEFT 转移讨价还价博弈处于博弈均衡，其 LCEFT 转移讨价还价三阶段博弈结构如表3-2所示。

表3-2　$y<y^m$ 时的讨价还价博弈均衡结构

t	1	2	3
发展中国家企业	$(1-\alpha_x)\alpha_y y^m/2$	$(1-\alpha_x)y^m/2^\Delta$	$y-y^m/2$
发达国家企业	$y^m[1-(\alpha_y-\alpha_x\alpha_y/2)]^\Delta$	$\alpha_x y^m/2$	$y^m/2^\Delta$

注：Δ 表示本阶段由该企业出价。

x_1 对 β_x、β_y 分别求导得到：

$$\begin{cases} \dfrac{\partial x_1}{\partial \beta_x} = \dfrac{y^m \alpha_y}{2} \cdot \dfrac{-1}{(1+\beta_x)^2} < 0 \\ \dfrac{\partial x_1}{\partial \beta_y} = \dfrac{y^m (\alpha_x - 1)}{2} \cdot \dfrac{-1}{(1+\beta_y)^2} > 0 \end{cases} \tag{3-14}$$

y_1 对 β_x、β_y 分别求导得到：

$$\begin{cases} \dfrac{\partial y_1}{\partial \beta_x} = \dfrac{-y^m \alpha_y}{2} \cdot \dfrac{-1}{(1+\beta_x)^2} > 0 \\ \dfrac{\partial y_1}{\partial \beta_y} = \dfrac{y^m (1 - \alpha_x)}{2} \cdot \dfrac{-1}{(1+\beta_y)^2} < 0 \end{cases} \tag{3-15}$$

由式(3-14)～(3-15)可知，此时所得结论和信息完全情境下一样；最优均衡收益仅和发达国家企业的最高心理价位 y^m 有关，即发达国家企业在 $y < y^m$ 时始终掌握着 LCEFT 转移讨价还价最终收益的主动权，这显然和 $y \geq y^m$ 条件下的博弈结构不同。也就表明，在心理因素和不完全信息因素的影响下，并非总是先报价者能够获得 LCEFT 转移讨价还价的优势，这显然和现实中 LCEFT 转移谈判最为符合。

第三节　技术引进个案分析与对策探讨

一、技术引进个案分析

中国 H 钢铁集团与日本 S 公司就 CCPP 技术引进讨价还价过程及详细资料见附录 A。H 钢铁集团引进 CCPP 技术后，在 S 公司的指导下完成了安装、调试和员工培训等工作，最终投入生产，在投入生产后，CCPP 技术不仅经济效益明显，环境效益也十分突出。

H 钢铁集团的温室气体排放大幅减少，排放的烟气中 CO_2 含量比应用 CCPP 技术前减少 50%，且 SO_2、NO_x 等温室气体的含量也十分低，其中 SO_2 的排放量基本为零，NO_x 的含量为 6～10mg/kg。CCPP 技术的引进帮助 H 钢铁集团回收了大量的可燃气体资源，减少了钢铁企业燃煤的使用量，而燃煤的使用正是钢铁企业碳排放的主要来源。

在该案例中，技术引进价格较高，双方谈判时间较长，并且在讨价还价过程中有部分符合前文讨价还价研究的整体思路，能够反映很多 LCEFT 转移相似的过程和实质。上述案例是通过网络资料、H 钢铁集团发布的信息收集得到。虽然不能得到全部的信息,但是能够得到关键的讨价还价数据,有些参数信息还需要根据研究经验进行假设。因此,所得博弈模型结论与现实成交价必然存在差别,这是不可避免因素造成的,本书认为是可以接受的。从讨价还价的过程来看,S 公司在 CCPP 技术上具有优势,在谈判中处于优势地位,H 钢铁集团很容易吃亏,但是 H 钢铁集团在此次博弈中,充分利用信息"欺诈",使得博弈双方的地位优势得到很好的转换,保障了谈判结果朝着有利于中国企业的方向发展。另外,H 钢铁集团在谈判取得优势的时候,并没有"贪得无厌",而是达到预期价格就马上成交。在整个讨价还价的过程中,H 钢铁集团在还价策略上也接近"对半砍价"。归纳 H 钢铁集团以较为理想的价格获得成功的原因如下。

(1)尽可能消除信息不对称。在与 S 公司进行谈判前,不仅掌握了技术的研发成本基本信息,还在参观中尽可能了解技术性能、技术优势以及技术存在的不足,并保护自身谈判意图,让 S 公司不确定 H 钢铁集团的策略选择意图;同时,释放出有效的"欺诈"信号,使得转让方失去谈判地位的优势。

(2)谈判中不能具有赌徒心理,要学会"见好就收"。在谈判中一旦达到预期就应该达成协议,如果继续进行谈判,随着时间的增加,S 公司可能识别到 H 钢铁集团的最高预留价格;同时,"欺诈"信号可能被识别,从而造成较差的结果。

二、研究结论与对策探讨

为了探索 LCEFT 转移中发达国家企业与发展中国家企业的讨价还价过程,引入不同心理压力参数构建了 LCEFT 转移讨价还价博弈模型,通过博弈分析和个案分析,可以得到如下三个重要结论和对策。

(1)发展中国家企业和发达国家企业在 LCEFT 转移谈判中所扮演角色的不同会导致双方获取的收益不同。因为我们假定发展中国家企业希望最终成交价越低越好,而发达国家企业则相反。非对称信息情况下双方的讨价还价博弈中,发展中国家企业和发达国家企业均可通过不同的策略获得相应优势(如 $y \geqslant y^m$ 条件下,发展中国家企业的可信欺骗和 $y \leqslant y^m$ 条件下发达国家企业的卖方优势)。也就是说,在 LCEFT 转移讨价还价博弈中,由于信息的非对称性,博弈双方均有机会获得更好的收益。因此,在政府给定政策下,LCEFT 国际转移的过程主要取决于发达国家企业和发展中国家企业在谈判中的能力和水平。因此,发展中国家企业的谈判能力和水平是决定转移价格的关键。提升发展中国家企业谈判能力可以通过改变谈判地位来实现,例如组建技术转让联盟,以超大的联盟形式共同引进 LCEFT;同时,可以通过引入专业谈判机构或者组织,进行委托代理谈判;另外,发展中国家企业可以通过培训、收集信息等方式来提升自身谈判的能力。

(2)发展中国家企业在 LCEFT 转移讨价还价过程中其心理特点会影响其策略选择,从而影响其最终收益。如果释放的欺骗信息被信任后,需要马上"见好就收",从而获得较好的谈判收益,如果发展中国家企业"贪得无厌",最后必然会被迫接受不理想收益。这说明谈判者的心理特点和非对称信息一样会影响最终均衡结果。因此,本书认为,发展中国家企业应该减少投机或者"搭便车"的心理,应该积极利用现有的资金机制、CDM 机制等国际转移机制,加快 LCEFT 转移谈判进程,积极转移引进 LCEFT。否则,随着全球气候变化的危害不断深化,发展中国家企业可能面临更大的 LCEFT 转移成本,比如全球绿色贸易制度的进一步完善和强化、碳税制度的进一步全球化等。

(3)在 LCEFT 转移讨价还价中,保留价超过发达国家企业预期的时候,发展中国家企业肯定会在不断的博弈过程中被发达国家企业打压还价空间,直至发展中国家企业不能不以最后的保留价进行成交。这种保留价超过发达国家企业预期的发展中国家企业,我们称之为"冤大头"企业。发展中国家企业在 LCEFT 转移中多处于受让方地位,总是想以最低成本获得最好的收益。那么根据博弈分析可知,作为聪明的发展中国家企业而言,在 LCEFT 转移中基本的还价策略是"对半砍价",而这个策略不是任何情况都可以使用,根据式(3-5)可知,该策略是基于发展中国家企业的出价是其价格区间上的均匀分布;当然,如果发展中国家企业出价不服从均匀分布,那么砍价方式可能需要进一步优化,最优的策略选择可能是"对半再稍低""对半再对半"的砍价方式。发达国家企业可以根据信息条件进行重新调整。

综合上述分析来看,本书的对策如下。

(1)发展中国家企业首先要利用现有的 LCEFT 国际转移机制和政策,尽快参与 LCEFT 国际转移。从当前的转移进程来看,气候变化威胁将会不断加大,发展中国家和发达国家政府的压力会增大,有可能会加快技术转移进程,先加入,有助于增大企业影响力,在未来获得更好的谈判地位;当然,发达国家也有可能在未来不断违背国际公约(近年美国政府的行为佐证了这种可能性),加强绿色技术贸易壁垒,技术转移的价格可能不断升高,发展中国家应该把握当前机遇,尽早参与并支持 LCEFT 国际转移。

(2)提升自身谈判能力与技巧。在与发达国家企业进行 LCEFT 引进价格谈判中,一方面要学会利用信息条件和发达国家企业的心理特征,提升自身在谈判中的技巧和能力;另一方面要调整和控制好企业自身的讨价还价心理,不要"贪得无厌",要学会"见好就收"。只有这样,LCEFT 转让引进的谈判才不会破裂,才有助于 LCEFT 转移引进朝着人类共赢的局面发展。

第四节　本章小结

在全球积极应对和适应气候变化的背景下,研究了心理压力和信息条件因素对发达国家企业与发展中国家企业在 LCEFT 转移链中决策行为的影响。通过引入对谈判区间、还价策略和不同心理压力的假设,构造了非对称信息下的 LCEFT 转移讨价还价博弈模型,深入分析了收益贴现参数、心理压力参数和谈判区间等因素对博弈双方报价策略、还价策略以及成交价格所产生的影响。研究表明,心理压力和信息条件都会直接影响博弈双方的报价策略、还价策略和最终的成交价格,并得出了不同信息条件下发展中国家企业"见好就收"和"对半砍价"的还价策略。本章为发展中国家企业在应对全球气候变化中面对不同的心理压力和信息条件所应采取何种还价策略提供了一定的决策支持。

第四章　低碳环境友好技术协同创新多群体演化博弈研究

通过技术引进，发展中国家企业应对气候变化的能力有所提升，但是始终无法接触到前沿技术，始终与发达国家存在差距，且引进技术无法扩散。技术创新成为发展中国家企业缩小差距和应对气候变化的重要途径。本章以资源互补理论和交易成本理论为指导，首先分析当前企业创新的主流模式以及影响企业创新策略选择的因素，引入创新成本、产学研协同额外成本、额外收益等参数，构建企业—企业两群体的产学研协同创新演化博弈模型，借助 Matlab 进行数值仿真分析，探索各参数对企业创新决策的影响机理；针对 LCEFT 协同创新资金支持问题，引入金融机构这一重要主体，以碳权质押、政府补贴系数、惩罚系数等参数为基础，构建金融机构参与下的 LCEFT 协同创新演化博弈模型，然后借助 Matlab 进行数值模拟仿真分析，探讨金融机构参与对 LCEFT 协同创新系统演化的影响机理。

第一节　低碳环境友好技术协同创新决策困境

一、低碳环境友好技术协同创新现状

当前全球气候变暖、生态环境恶化以及能源短缺问题日益突出，世界各国都在承担这一共同但有区别的责任。LCEFT 转移是发达国家帮助发展中国家快速提升气候变化应对能力的重要途径，但发达国家考虑自身利益，垄断国际技术市场设立低碳贸易壁垒，发展中国家通过技术引进应对气候变化困难重重。[1] 同时，技术创新是发展中国家企业缩小差距和应对气候变

---

① 纪玉山，刘洋，赵洪亮. 发展中国家在国际气候谈判中的地位与策略研究——基于新制度经济学与公共选择理论的视角[J]. 工业技术经济，2012(8):15-21.

化的重要途径。发展中国家企业通过 LCEFT 转移虽能提升企业技术能力，但通过技术引进始终无法接触前沿技术，无法缩小技术差距。应对气候变化，发展中国家要重视技术创新，不能过度依赖国际转移。发展中国家如果仅仅依赖技术引进应对气候变化不仅容易在国际竞争中失去话语权和主动权，还可能时刻面临低碳领域的"卡脖子"问题。技术创新是一个国家实现创新驱动增长的重要力量，低碳技术自主创新是发展中国家立足于生态领域世界竞争的根本所在。[1] 根据 Kim 追赶创新简要生命周期模型(图 4-1)可知，发展中国家企业在技术引进后需要消化吸收再创新，才能达到追赶的目的。发展中国家企业创新资源有限，LCEFT 创新需要高昂的成本投入，研发风险大。发展中国家采取了积极的政策支持 LCEFT 创新及其扩散，但从当前全球低碳技术专利分布来看，发展中国家中中国专利数量最多，而其他发展中国家低碳技术专利不仅数量少，而且在工业领域十分稀缺。[2] 从碳排放的分布来看，工业领域的碳排放量大且技术复杂性最高，LCEFT 创新能够直接影响整个产业碳足迹的行动方向。为此，发展中国家需要加大在工业领域的 LCEFT 创新。从创新综合成效来看，现有的 LCEFT 创新成效微乎其微，LCEFT 创新能力还需要进一步提升。

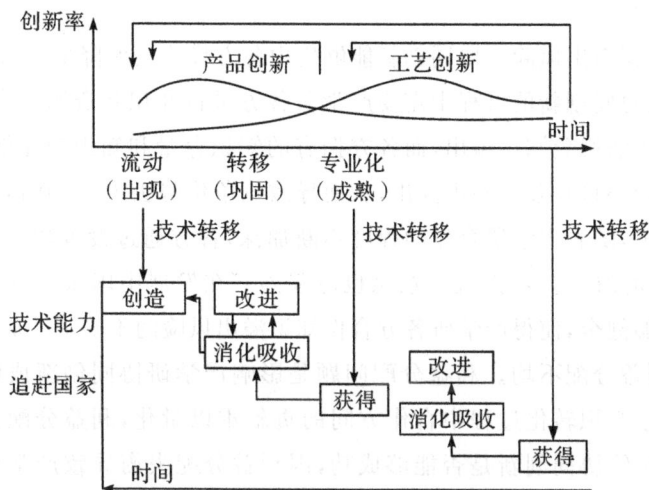

图 4-1　Kim 追赶创新简要生命周期模型

---

① 钱树静.气候变化背景下发展中国家的低碳经济发展[J].生态经济,2011(10):54-58,72.

② 顾振华,沈瑶.知识产权保护、技术创新与技术转移——基于发展中国家的视角[J].产业经济研究,2015(3):64-73.

从技术创新模式来看,发展中国家企业可以采取的创新模式主要有自主创新、模仿创新和合作创新。由于 LCEFT 通常属于高新技术,存在研发成本高、风险大、市场收益不确定等问题。整合多方资源进行协同创新一方面能够降低风险,另一方面能够提升创新的效率和质量。理论上,协同创新是政府部门长期倡导的战略性政策,是企业和学研方共同的理性选择,是 LCEFT 创新的主流模式。发展中国家 LCEFT 研发能力由于创新人才资源匮乏、创新起点过低和创新的研发资金短缺等原因始终处于较低水平。[1] 现实中,即使在强有力的宏观政策支持下,LCEFT 协同创新仍然存在研发动力不足、知识溢出风险阻碍和利益分配难以平衡等问题,发展中国家企业、金融机构和高校等主体参与 LCEFT 的动力不足。

(1)企业研发动力不足。发展中国家大多数企业的创新能力和创新资源有限,在激烈的市场竞争中,企业总是偏好于短期投资收益,很难放弃当前的利益而投资长远的发展。对于企业来说,低碳产业发展前景存在不确定性,进行 LCEFT 创新难度大、风险高。[2] 为此,发展中国家大多数企业参与 LCEFT 协同创新的动力不足。从获得 LCEFT 专利的企业来看,主要集中在少数大型国有企业和高校院所手中,专利集中度较高,且直接转化的专利数量较少。

(2)知识溢出风险。协同创新能够集中各方优势资源降低 LCEFT 创新风险,但在协同创新的过程中需要产学研各方进行知识和资源共享,知识共享过程中无法避免知识溢出,而各方拥有的知识存量和知识消化能力不同,各方总是担心自身独有知识溢出,从而导致竞争优势丢失。[3] 在信任机制失灵的情况下,随着产学研合作的程度不断加深,各方通过设置的知识和资源的双向流动障碍越多,投机的意愿也越强烈。在发展中国家通常知识保护制度还不够健全,使得产学研各方合作知识溢出风险的不确定性加大。

(3)利益分配不均。利益分配问题是影响产学研协同创新成败的关键因素。由于知识转化过程中合作方间的贡献难以量化,利益分配比例问题直接影响最终协同创新是否能够成功,因利益分配失衡导致产学研协同创

---

① 陈雁,张海丰.专利保护强度与发展中国家的技术创新:理论、历史与逻辑[J].管理学刊,2018(4):10-16.

② 李梦雅,严太华.风险投资、技术创新与企业绩效:影响机制及其实证检验[J].科研管理,2020(7):70-78.

③ 王金涛,曲世友,冯严超.基于演化博弈的高新技术企业创新风险防控研究[J].科技管理研究,2019(23):19-24.

新失败的比例高达 73.7%。① 发展中国家产学研协同创新失败比例较高是导致 LCEFT 协同创新主体参与意愿不强,协同创新合作难以为继的重要原因。

即使 LCEFT 协同创新存在很多问题,面临很多挑战,但是 LCEFT 创新市场前景巨大,特别是在发展中国家市场需求远超发达国家。LCEFT 创新涉及发展中国家未来的核心竞争力,为此,发展中国家不断探索制度创新以支持 LCEFT 协同创新。总体来看,虽然 LCEFT 协同创新不尽如人意,但近年也取得了一定的成果,在减缓和应对气候变化方面发挥了积极的作用。

二、低碳环境友好技术协同创新困境

发展中国家和发达国家就气候变化应对机制合作没有达成一致,但是双方在气候变化治理合作方面的认识不断加深,发展中国家社会各阶层也更加深刻认识到了 LCEFT 创新的重要性。② 任何技术创新都离不开资金的支持,金融主体是多主体协同创新中一类较为特殊的活动主体,在整个体系中扮演的是资金支持者的角色。③ 我国绿色金融政策制定和信贷机制的推行为 LCEFT 协同创新提供了强有力的资金支持,但在现实中,发展中国家无论是企业方还是学研方(高校和科研机构)都缺乏足够的资源和资金开展 LCEFT 创新,LCEFT 创新多方都面临困境。金融主体参与的 LCEFT 协同创新的条件和策略是当前和未来学术研究的热点问题。

(1)政府面临的困境。随着经济社会的不断发展,发展中国家对于能源的需求量不断增加,如果继续以传统能源为主,不仅无法满足整个社会对美好生态环境的需求,还可能要面临全球气候变化毁灭经济社会的后果。当前发展中国家政府治理环境外部性的政策工具几乎失灵④,主要是由于环境外部性的内生化(经济决策者在决策时不得不考虑其行为所产生的外部成

---

① 曾德明,张丹丹,张磊生.高技术产业技术创新战略联盟利益分配研究[J].经济与管理研究,2015(7):119-126.

② Mateut S. Subsidies, financial constraints and firm innovative activities in emerging economies[J]. Small Business Economics,2018(1):131-162.

③ Geddes A, Schmidt T S, Steffen B. The multiple roles of state investment banks in low-carbon energy finance: an analysis of Australia, the UK and Germany[J]. Energy Policy,2018(115):158-170.

④ 韩丰霞,肖汉杰,彭定洪,等.经济新常态下绿色金融发展动力问题探究——基于政府、银行和企业三方博弈关系[J].经济与管理评论,2017(5):88-94.

本,结果,其按私人边际收益等于私人边际成本原则所生产的产出刚好等于社会最优的产出)不完全:从整个社会可持续发展的角度来看,环境负外部性的倒逼迫使发展中国家政府需加快转变发展方式,积极发展低碳经济。综合来看,发展中国家政府面临国内持续发展和转型发展的压力,同时需要面对来自世界各国的竞争压力。发展中国家寄希望于通过技术引进和创新摆脱高碳锁定,但在当前气候合作机制下,发展中国家无法获得足够的外部技术支持,同时国内工业体系发展还不完善,产业结构失衡问题十分严重,技术创新所需的资源要素还较为稀缺,短期内难以满足应对气候变化的需求。

（2）企业面临的困境。技术创新是一项极具挑战和风险性的企业活动,LCEFT 创新难度高、通常需要长期高成本投入,如果技术创新失败,不仅浪费企业稀缺的创新资源,企业可能还会面临生存危机。同时,在协同创新过程中,通常面临合作主体间的收益分配难、合作方投机和"搭便车"行为带来的损益等问题,这主要是由于 LCEFT 协同创新利益相关者作为有限理性人,其策略选择总是基于自身利益最大化,在合作过程中期待他方先采取创新策略;另外,由于 LCEFT 具有正外部性,企业在市场竞争中采取跟随策略总是能够降低风险,为此,从发展中国家企业内部竞争来看,LCEFT 协同创新无法避免溢出效应,合作各方更加倾向于采取"搭便车"和投机策略,这导致各方创新动力不足,在合作过程中互设障碍,LCEFT 创新过程步履维艰。

（3）学研方面临的困境。发展中国家在创新机制体制方面还存在很多障碍,例如高校机构和企业合作,其工作成效难以纳入高校科研创新绩效,导致高等院校参与校外创新活动积极性不高;同时,学研方在 LCEFT 创新方面需要长期的知识积累,需要在与企业合作过程中不断尝试和修正自身知识,而企业在合作过程中总是期待在短期的有限成本投入下解决其面临的最迫切需要解决的问题,对企业长期的低碳化发展投入力度和决心不足。[①] 学研方在与企业方合作过程中为了维护自身利益,通常用短期项目合作方式为企业解决部分问题,学研方较少关心和重视企业方对 LCEFT 的整体需求,加之知识价值难以量化,因此,学研方的知识价值被锁定在合同金额数字之下,导致双方合作总是处于"填鸭式"模式,双方的创新资源没有实现很好地融合。

---

① 胡峰,裘讯,黄登峰,等.协同创新知识溢出风险管理框架:表征与认知[J].科学学研究,2020(6):1048-1056.

（4）金融机构面临的困境。当前我国经济社会发展建设面临着经济下行风险，同时肩负大国气候变化应对之责，低碳经济建设在我国经济宏观政策中占据重要位置。[①] 在绿色革命席卷全球的今天，人类与自然环境协同发展的呼声被更多有识之士认同，金融机构在经济社会发展中具有重要的杠杆作用，其以"绿色信贷"为主题的改革与创新对于发展中国家开展低碳发展事业建设意义重大。绿色信贷政策目标是引导商业银行贷款流向低碳、绿色和环保项目，实现资金的"绿色配置"。绿色信贷政策并不具备法律效力，只是引导银行积极参与绿色信贷项目，政府不能干预银行的市场经营行为，银行在信贷决策过程中仍然是独立自主的，保有经营自主权。[②] 虽然如此，但作为绿色金融的执行单位，其经营行为必然受到政府部门政策的引导和约束。在政策引导下，银行参与低碳、绿色和环保项目也有较好的营利性，并扩展了银行的客户群体，同时还能承担社会环境保护责任，获得良好的社会声誉，从而提升银行的竞争力。因此，长期来看，银行有推行绿色信贷的动力。但银行参与绿色信贷项目最大的障碍来自项目的风险性。[③] 绿色信贷项目的风险性体现在以下几个方面：①科学的绿色信贷评级体系缺失。目前发展中国家商业银行还没有建立起绿色信贷评级指标体系，在国外通行的绿色信贷评级指标主要有定量指标与定性指标，在没有第三方参与的情况下，受专业知识所限，银行难以通过评估报告掌握企业的环境风险等级。由于在项目信贷投放决策阶段，企业尚未暴露的环境风险难以评估，一旦风险等级评估失效，绿色信贷项目资金安全将会面临巨大风险。②绿色信贷项目收益的不确定性。企业在绿色金融支持下转变生产方式，生产方式的转变是否能够成功存在风险，同时转变成功后是否能够为银行带来收益也存在一定的风险，例如新产品是否被市场接受。另外，"两高"产业一般也是"高利润、高回报"的产业，商业银行逐步退出对"两高"产业的信贷市场，这会使得其信贷规模缩小，对银行的整体营利造成影响。[④] 综合来看，银行参与绿色信贷的动机不仅仅受到政府政策的影响，还受到绿色信贷

① 颜廷峰，徐旭初，任森春.绿色信贷与银行财务绩效——基于制度、技术和机构的视角[J].江西社会科学，2019(7)：63-72.

② 韩丰霞，肖汉杰，彭定洪，等.经济新常态下绿色金融发展动力问题探究——基于政府、银行和企业三方博弈关系[J].经济与管理评论，2017(5)：88-94.

③ 刘海英，王殿武，尚晶.绿色信贷是否有助于促进经济可持续增长——基于绿色低碳技术进步视角[J].吉林大学社会科学学报，2020(3)：96-105.

④ 陈亮，胡文涛.金融发展、技术进步与碳排放的协同效应研究——基于2005—2017年中国30个省域碳排放的 VAR 分析[J].学习与探索，2020(6)：117-124.

项目营利性和风险性的影响。

第二节　产学研协同创新的演化博弈研究

一、模型假设

发展中国家企业可以采取的创新模式主要有自主创新、模仿创新和合作创新；在合作创新中，协同创新是主流模式。由于 LCEFT 通常属于高新技术，模仿的难度大，同时随着全球知识产权保护机制的完善，模仿创新的空间不断被压缩，即使成功也存在很多纠纷。为此，本书不考虑模仿创新这种模式。发展中国家采取自主创新有利于技术保密，能够防止合作中技术 Know-how 溢出，保持自身在行业竞争中的优势地位，但与此同时，企业将面临创新成本高、研发风险高、市场收益不确定等问题。发展中国家企业为了降低研发的风险和成本，可以与其他企业进行合作，或者企业与学研方进行合作，以协同创新的模式进行 LCEFT 创新研发。该模式可以充分发挥各主体之间的资源优势，有利于提升创新研发成功的概率，但是也面临着收益分配难、合作方投机行为和"搭便车"带来的损益等问题。综合来看，发展中国家企业可以选择协同创新和自主创新两种方式进一步提升企业节能降耗的技术能力。两种策略各有利弊，发展中国家企业根据自身的实际情况选择不同的策略，为此而展开博弈，LCEFT 博弈呈现以下特征。

（1）LCEFT 协同创新过程中的非合作博弈。多元主体参与 LCEFT 协同创新的目的是获得更大的收益。多元主体签订协同创新战略协议或契约，更多的是明确各方在获取知识创新成果时的利益分配和协同过程中的权利和义务。在开展协同创新活动的过程中，多元主体都具有独立性且双方是一种平等的合作关系，一般不存在控制与被控制的关系，可以自主选择策略。非合作博弈强调在策略环境下，博弈参与主体决策的自主性，与协同创新博弈中企业的特征相似。LCEFT 协同创新属于非合作博弈问题，应开展研究。

（2）LCEFT 协同创新过程中的无限次动态重复博弈。多元主体签订协同创新的战略是从利益出发的。一旦形成协同关系，尽管协同过程中可能存在风险，但多元主体可能为了长远利益而牺牲眼前利益进而换取协同方更大的合作意愿，以促使 LCEFT 协同创新所创造的利益最大化。同时，协同方可能存在"搭便车"和投机行为,但此时协同方也存在失去其他主体的信任的风险,还可能带来某些报复行为,从而丧失更大的利益。因此,总的来看,只要协同多元主体的知识资源还存在依赖性,且不发生重要利益冲突,多元主体不会轻易选择"欺骗"和"违约"行为,同时为了长期利益最大化,也不会因为某一次不共享行为而终止协同创新。因此,LCEFT 协同创新过程可以看作是无限次的动态重复博弈。

(3)LCEFT 协同创新过程中的不完全信息问题。多元主体进行协同创新前,可能对彼此有一定了解或者信任,但不可能完全了解未来协同合作伙伴的全部信息。同时,当形成协同关系后,一方面由于知识的异质性和多维性导致协同双方无法完全了解或掌握对方信息。另外,即使在长期的动态博弈学习和了解过程中,多元主体间也无法完全掌握对方信息:战略环境、发展策略等可能时刻在发生动态变化。从根本上讲,LCEFT 协同创新中的知识共享问题属于不完全信息博弈。

(4)多元主体的有限理性。LCEFT 协同创新参与者也是"社会人",其决策总是受其知识背景、个人价值等方面的影响,决策的出发点都是以最少投入获得最大收益,是有限理性的表现。同时,由于对未来环境、合作伙伴、资源使用等方面信息掌握得不完全,因此,博弈主体无法基于完全理性做出知识共享决策:当协同创新能够带来收益时,多元主体就趋向于合作;当存在损失和风险时,多元主体就趋向于规避损失和风险。

根据上述博弈特征,本书首先借鉴苏先娜和谢富纪①的研究探究关于企业合作协同创新问题。苏先娜和谢富纪研究了企业合作的协同创新,认为政府要制定各种鼓励和优惠政策,促进产学合作有效、高速发展,但没有给出相应的证明过程,也没有解决资金支持问题。在此基础上,进一步探索金融机构参与下的 LCEFT 协同创新问题,分析金融机构对 LCEFT 协同创新的影响,并探讨其破除资金支持难题的途径。

假设 1:在市场机制下,在技术协同创新联盟潜在参与者中存在两个群体,群体 1 和群体 2。群体 1 和群体 2 的差异主要体现在企业规模和市场地位上,假设群体 1 由市场份额较大的企业组成,而群体 2 由市场份额较小的企业组成。从群体 1 中随机抽取的企业称为企业 A,从群体 2 中随机抽取的企业称为企业 B。因此所进行的博弈属非对称博弈,二者的非对称性将直接

① 苏先娜,谢富纪.企业技术创新合作策略选择的演化博弈研究[J].研究与发展管理,2016(1):132-140.

导致博弈支付的不同和均衡的非对称性。

假设 2：假设发展中国家 LCEFT 协同创新中的实施企业均是有限理性，在协同创新中能够获得的信息是不完全的。为此，发展中国家企业之间的博弈是在不完全信息条件下进行，不可能在每一次博弈中都能找到最优的均衡点，企业创新策略的选择是经过长期反复博弈活动学习的结果。

假设 3：企业协同创新选择的对象有差异，但没有外力的影响。发展中国家企业可以选择企业之间进行合作，也可以与学研方进行合作，组成协同创新联盟，企业与企业进行合作的优势体现在能够降低成本，与学研方进行合作的优势体现在可以增加收益。无论选择与哪方合作，都可以称为协同创新。另外，企业也可以选择自主创新。因此，发展中国家企业的策略选择可以简化为两种：协同创新（S_1）和自主创新（S_2）。企业策略选择是通过观察其他企业的行为并考虑在群体中的相对适应性而自行演化。群体 1 中的企业选择策略 S_1 的概率为 x，选择策略 S_2 的概率则为 $1-x$；群体 2 中企业选择策略 S_1 的概率为 y，选择策略 S_2 的概率则为 $1-y$。

假设 4：企业 A 和企业 B 所需技术基本为同质技术，创新投入无差异。企业 A 和企业 B 由于生产能力、工艺流程差异，对于技术需求不可能完全相同，但对于企业 A 和企业 B 来讲，其无论是通过策略 S_1 还是 S_2 进行 LCEFT 创新，都能达到提升技术能力、降低能耗、节约成本的目的。假设企业 A 和企业 B 生产同质产品，LCEFT 创新市场的总价值为 R，技术创新投入成本无差异，投入成本均为 I。

假设 5：企业都选择协同创新时，企业 A 和企业 B 将会选择合作创新（也属于协同创新）。企业进行合作的动机是降低研发风险，分担研发成本。当企业不合作，与学研方进行合作时，需要支付该学研方的费用为 I_u，合作节约的创新投入为 I_e，令 $\Delta I=I_u-I_e$，ΔI 为产学研协同创新理论支付，即产学研协同创新额外成本。[①] 企业无合作时，产学研协同创新策略在市场上的额外收益为 Δr。

假设 6：企业合作创新和产学研协同创新成功的概率无明显差异。在协同创新中，由于创新资源（资本或者智力资源）进一步集中，创新成功的概率更高，假设为 p_1；企业自主创新，成功的概率为 p_2。根据资源互补理论，协同创新比自主创新成功的概率更高，因此，令 $p=p_1-p_2$，p 为协同优势概率，

---

① 苏先娜，谢富纪.企业技术创新合作策略选择的演化博弈研究[J].研究与发展管理，2016(1)：132-140.

且 $0 < p < 1$。

假设 7：企业市场地位直接影响企业双方在合作创新中的收益和成本分配。假设企业 A 在市场中所占份额为 ψ，则企业 B 为 $1-\psi$，$0 < \psi < 1$。

二、复制动态方程与稳定策略分析

(一)复制动态方程

由假设条件可知，群体 1 和群体 2 中的企业都面临两种策略选择，即自主创新和协同创新。因此，在不同群体中的企业随机配对进行博弈的过程中，将会出现四种策略组合。

(1)企业 A 和企业 B 的组合策略为 $\{S_1, S_1\}$ 时，双方都选择协同创新策略。企业 A 和企业 B 进行协同创新时，企业双方进行合作，在该策略组合下，企业 A 和企业 B 的收益分别为 $[\psi p_1 R - \psi I, (1-\psi) p_1 R - (1-\psi) I]$。

(2)企业 A 和企业 B 的组合策略为 $\{S_1, S_2\}$ 时，由于只有企业 A 选择了协同创新，而企业 B 选择了自主创新，显然企业间无法合作，企业 A 此时与学研方进行协同创新。在该策略组合下，企业 A 和企业 B 的收益分别为 $[\psi p_1 R - I + \Delta r - \Delta I, (1-\psi) p_2 R - I - \Delta r]$。

(3)企业 A 和企业 B 的组合策略为 $\{S_2, S_1\}$ 时，和组合策略 $\{S_1, S_2\}$ 的情况类似。由此可得，企业 A 和企业 B 的收益分别为 $[\psi p_2 R - I - \Delta r, (1-\psi) p_1 R - I + \Delta r - \Delta I]$。

(4)企业 A 和企业 B 的组合策略为 $\{S_2, S_2\}$ 时，双方都选择进行 LCEFT 的自主创新。在此策略下，企业 A 和企业 B 的收益分别为 $[\psi p_2 R - I, (1-\psi) p_2 R - I]$。

对上述策略组合进行分析，得出发展中国家企业 LCEFT 协同创新的演化博弈模型收益矩阵如表 4-1 所示。

表 4-1　LCEFT 协同创新的博弈收益矩阵

策略选择		企业 B	
		协同创新(S_1)	自主创新(S_2)
企业 A	协同创新(S_1)	$\psi p_1 R - \psi I$, $(1-\psi) p_1 R - (1-\psi) I$	$\psi p_1 R - I + \Delta r - \Delta I$, $(1-\psi) p_2 R - I - \Delta r$
	自主创新(S_2)	$\psi p_2 R - I - \Delta r$, $(1-\psi) p_1 R - I + \Delta r - \Delta I$	$\psi p_2 R - I$, $(1-\psi) p_2 R - I$

由表 4-1 的收益矩阵可知,发展中国家企业 LCEFT 创新策略的适应度为:

$$\left.\begin{aligned}
U_{A1} &= y(\psi p_1 R - \psi I) + (1-y)(\psi p_1 R - I + \Delta r - \Delta I) \\
U_{A2} &= y(\psi p_2 R - I - \Delta r) + (1-y)(\psi p_2 R - I) \\
\overline{U}_A &= x U_{A1} + (1-x) U_{A2}
\end{aligned}\right\} \tag{4-1}$$

$$\left.\begin{aligned}
U_{B1} &= x((1-\psi)p_1 R - (1-\psi)I) + (1-x)((1-\psi)p_1 R - I + \Delta r - \Delta I) \\
U_{B2} &= x((1-\psi)p_2 R - I - \Delta r) + (1-x)((1-\psi)p_2 R - I) \\
\overline{U}_B &= y U_{B1} + (1-y) U_{B2}
\end{aligned}\right\}$$

$$\tag{4-2}$$

由此得到企业 A 采取 LCEFT 创新策略的复制动态方程为:

$$F(x) = \frac{\mathrm{d}x}{\mathrm{d}t} = x(1-x)\big[((1-\psi)I + \Delta I)y + \psi p_1 R - \psi p_2 R + \Delta r - \Delta I\big]$$

$$\tag{4-3}$$

同理可得,企业 B 采取 LCEFT 创新策略的复制动态方程为:

$$G(y) = \frac{\mathrm{d}y}{\mathrm{d}t} = y(1-y)\big[(\psi I + \Delta I)x + (1-\psi)(p_1 - p_2)R + \Delta r - \Delta I\big] \tag{4-4}$$

根据假设有 $p = p_1 - p_2$,因此,式(4-3)和(4-4)的可以简化为:

$$\frac{\mathrm{d}x}{\mathrm{d}t} = x(1-x)\big[((1-\psi)I + \Delta I)y + \psi p R + \Delta r - \Delta I\big] \tag{4-5}$$

$$\frac{\mathrm{d}y}{\mathrm{d}t} = y(1-y)\big[(\psi I + \Delta I)x + (1-\psi)p R + \Delta r - \Delta I\big] \tag{4-6}$$

令 $\frac{\mathrm{d}x}{\mathrm{d}t}=0$,$\frac{\mathrm{d}y}{\mathrm{d}t}=0$,可得到演化博弈的均衡点 $O(0,0)$、$M(1,0)$、$N(0,1)$、$D(1,1)$ 和 $H(x^*,y^*)\big[x^* = \dfrac{\Delta I - (\psi-1)pR - \Delta r}{(\psi I + \Delta I)}, y^* = \dfrac{\Delta I - \psi p R - \Delta r}{((1-\psi)I + \Delta I)}\big]$五个局部均衡点。按照 Friedman 提出的方法,微分方程系统的演化稳定策略(ESS)可由该系统的雅可比(Jacobian)矩阵的局部稳定性分析得到。由式(4-5)和式(4-6)构成方程组,其雅可比矩阵为:

$$J = \big[(1-2x)(((1-\psi)I + \Delta I)y + \psi p R + \Delta r - \Delta I) \quad x(1-x)((1-\psi)I +$$
$$\Delta I) \quad y(1-y)(\psi I + \Delta I) \quad (1-2y)((\psi I + \Delta I)x + (1-\psi)p R + \Delta r - \Delta I)\big]$$

(二)稳定性分析

J 的行列式的值计算式为:$\det J = \dfrac{\partial F(x)}{\partial x}\dfrac{\partial G(y)}{\partial y} - \dfrac{\partial F(x)}{\partial y}\dfrac{\partial G(y)}{\partial x}$,$J$ 的迹为:$\mathrm{tr}J = \dfrac{\partial F(x)}{\partial x} + \dfrac{\partial G(y)}{\partial y}$,当平衡点使得 $\det J > 0$ 且 $\mathrm{tr}J < 0$ 时,平衡点就处于局部稳定状态,ESS 稳定。按照 Friedman 提出的方法,以此为判定依据

得出稳定点及其所对应系统演化状态的推论。各均衡点雅可比矩阵的行列式和迹如表 4-2 所示。

表 4-2　平衡点稳定性分析

平衡点	$\det J$	$\text{tr}J$
$O(0,0)$	$t \times s$	$t+s$
$M(1,0)$	$-t \times h$	$-t+h$
$N(0,1)$	$l \cdot (-1)s$	$l-s$
$D(1,1)$	$-l \times (-s)$	$-l-s$

注：$t=\psi pR+\Delta r-\Delta I$，$s=(1-\psi)pR+\Delta r-\Delta I$，$h=(1-\psi)pR+\Delta r+\psi I$，$l=\psi pR+\Delta r+(1-\psi)I$。

要确保所构建 LCEFT 协同创新演化博弈模型有意义，博弈系统中任何一点必然落在演化域内，即有 $x^*=\dfrac{\Delta I-(\psi-1)pR-\Delta r}{(\psi I+\Delta I)}>0$，$y^*=\dfrac{\Delta I-\psi pR-\Delta r}{((1-\psi)I+\Delta I)}>0$，显然可以得到 $\Delta I-(\psi-1)pR-\Delta r>0$，且 $\Delta I-\psi pR-\Delta r>0$。根据表 4-2 可以明显看出，平衡点为 ESS 稳定点的条件与 t、s、h 和 l 的正负关系有关，显然有 $l>0$、$h>0$，且 $s<0$，$t<0$。因此，在此条件下分析协同创新系统各均衡点处稳定性的状态，如表 4-3 所示。

表 4-3　演化博弈系统平衡点稳定性分析

平衡点	条件	符号	符号	结论	相位图
$O(0,0)$	$t<0$	+	−	稳定点	
$M(1,0)$	$s<0$	+	+	不稳定点	图 4-1
$N(0,1)$	$h>0$	+	+	不稳定点	
$D(1,1)$	$l>0$	+	−	稳定点	

需要指出的是，系统从不稳定点逐渐向稳定点 ESS 演化，由于 LCEFT 创新系统的演化是一个漫长的过程，在很长一段时间内该系统可能保持 LCEFT 协同创新和自主创新的共存局面。在市场机制下，当 $\psi pR+\Delta r<\Delta I$，且 $(1-\psi)pR+\Delta r<\Delta I$ 时，点 $O(0,0)$ 和点 $D(1,1)$ 是系统的演化稳定点（如图 4-2 所示）。当 H 点初始在 $NHMO$ 区域内时，企业 A 和企业 B 由于经济利益趋向性，经多次反复博弈后，都将采取自主创新策略，即使初始状态时群体中有部分企业已经采用协同创新策略，但由于经济效益不佳，这部分发展中国家企业将会转而采用自主创新策略。当 H 点初始在 $NHMD$ 区域内时，初始群体中采用自主创新策略的企业都会逐渐转化采用协同创新

策略,最后所有的企业都采纳协同创新策略。在市场机制下,由于初始状态时企业选择协同创新的比例较低,从而系统自动演化到稳定点 $O(0,0)$,这也符合现实中很多企业的策略选择——不愿意进行协同创新,特别是在 LCEFT 具有环境外部性特点的背景下,企业都期待对方先采取行动,自身再投机,这样的行为动机最终导致整个社会都难以形成协同创新合作机制,LCEFT 创新必然陷入困境。

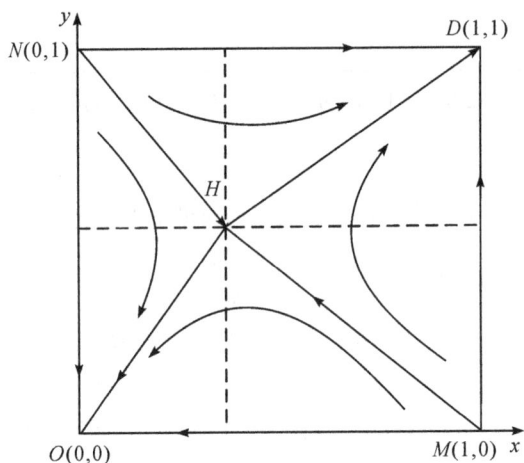

图 4-2 LCEFT 协同创新系统演化相位

三、产学研协同创新数值仿真分析

根据协同创新复制动态方程组和相位图 4-2 可知,博弈系统最终的演化结果受创新成本投入、额外收益、协同额外成本等参数的影响,为了更加明晰各参数的影响机理,借助 Matlab 软件进行数值模拟仿真:考察在改变 LCEFT 创新系统初始变量的情况下,模拟博弈双方在合作策略上的变动,以验证和分析演化均衡的稳定性。由于企业对 LCEFT 创新价值和意义的认识是逐渐深化的,因此,假设 x、y 的初始值均为 0.3,优势概率 $p=0.3$,创新市场的总价值 $R=4$,创新成本投入 $I=1$,产学研协同额外成本 $\Delta I=1.8$,额外收益 $\Delta r=0.4$,利益分配系数 $\psi=0.6$。

(一)博弈双方对创新成本投入 I 变化的敏感性分析

根据图 4-3 和图 4-4 模拟仿真的结果来看,当创新成本投入较小时,群体 1 和群体 2 中的企业都有采取 LCEFT 协同创新策略的动力,所占比例会显著提高,但随着创新成本的提高,群体 1 和群体 2 中的企业将不会采取

LCEFT 协同创新策略。现实中,LCEFT 技术需要一个长期的循序渐进的资金投入,并非一次性投入就能完成的,不仅研发方面需要巨大的投入,且研发成本难以估计,可能需要长期追加投资,而低碳产品生产与推广等方面也需要大量的资金投入。这样长期的大额、不确定的投入使得创新主体的风险较大,为此,非常有必要引入多种主体共同协作,降低单个创新主体的创新成本和创新风险。发展中国家企业往往很难凭借企业自身的实力完成创新并投入应用,虽然 LCEFT 创新合作项目的开展可能获得政府资金支持,但政府支持具有一定的滞后性和迟滞性[①]:一方面需要在实际产出后才能获得政府补贴或者奖励,另一方面补贴资金应用受到较多的限制。为此,依赖政府部门的支持创新存在一定的局限性,还是要更多地增强企业间的合作创新。企业间合作可以实现在资金、知识、技术等多个层面的创新资源共享。企业间合作是减少 LCEFT 创新成本的重要途径,可以降低诸如技术搜寻、研发组织及试销等成本。[②] 虽然合作意味着单个主体的收益可能减少,但是合作分担了创新成本和风险,提升了研发成功的概率,这有利于企业利润的积累,能为今后的创新奠定更坚实的资金基础。

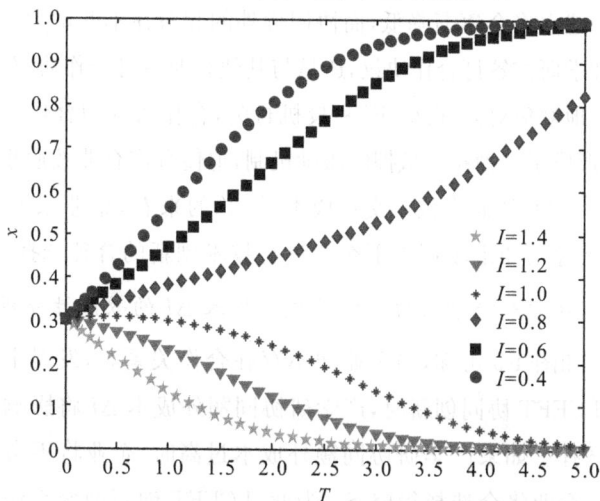

图 4-3　投入成本 I 对于企业 A 创新决策的影响

---

①　Cantore N, Velde D W T, Peskett L. How can low-income countries gain from a framework agreement on climate change? An analysis with integrated assessment modelling[J]. Development Policy Review,2014(3):313-326.

②　Liu L, Chen C, Zhao Y, et al. China's carbon-emissions trading: overview, challenges and future[J]. Renewable & Sustainable Energy Reviews,2015(49):254-266.

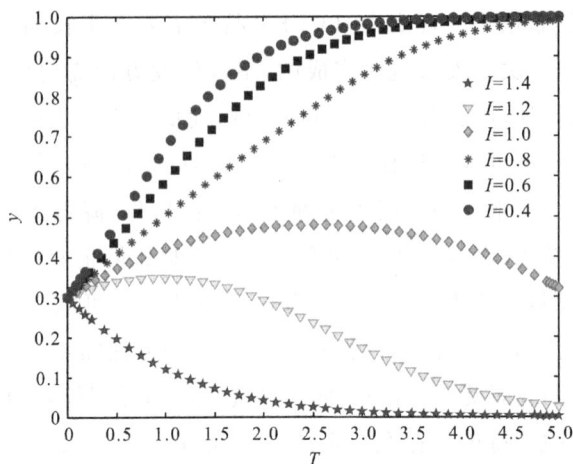

图 4-4 投入成本 I 对于企业 B 创新决策的影响

企业和学研方的资源互补主要体现在资金资源和智力资源上。在协同创新平台体系不完善的现实背景下,企业与学研方进行协同创新需要支付额外的成本,这种成本主要是合作过程中的搜索成本以及沟通成本,这些成本随着协同创新平台的不断建立将会逐渐降低,而协同额外的收益在不断增大。发展中国家企业无论是和学研方签订合作协议,还是与其他企业签订合作协议,合作契约关系都能够更好地避免对方"搭便车"和投机行为,合作协议使合作方共同进行创新资源投入,形成了一种相互抵押的激励机制,迫使合作企业按照事先商定的协议规范自己的行为,从而降低了交易成本。[①] 总的来看,企业采取协同创新是当前气候变化背景和市场环境下企业进行技术创新的合理选择。

(二)博弈双方对产学研协同额外成本投入 ΔI 的敏感性分析

由图 4-4 和图 4-5 可知,当企业间不存在合作关系时,发展中国家企业与学研方进行 LCEFT 协同创新时,产学研协同额外成本 ΔI 将影响企业方和学研方的策略选择。如果产学研协同额外成本过高时,企业将不会与学研方进行合作,此时,企业将会选择策略 S_2,为此,LCEFT 创新博弈系统将收敛于 O $(0,0)$,这将导致所有的参与主体都不会支持 LCEFT 创新,LCEFT 创新最终无法实现,是一种最不利于发展中国家参与全球气候治理的状态。在现实中,由于 LCEFT 创新产品在市场上的收益及其带来的减排效益的不确定性,使得 LCEFT 回报不确定性大幅增加,与此同时,LCEFT 创新越来越多地呈现出高

---

① 苏敬勤.产学研合作创新的交易成本及内外部条件[J].科研管理,1999(5):68-72.

投入、高风险的特征,这对于风险承受能力有限、资金实力较弱的大部分企业和学研方而言,难以承受[①],因此,企业和学研方在协同创新时容易受到LCEFT创新成本的影响。因此,对于政府部门来讲,如何构建产学研平台、科技企业孵化器及激励机制,降低双方合作创新成本对于LCEFT创新非常重要,政府R&D补贴资金是促进产学研合作,降低产学研合作成本的重要途径。

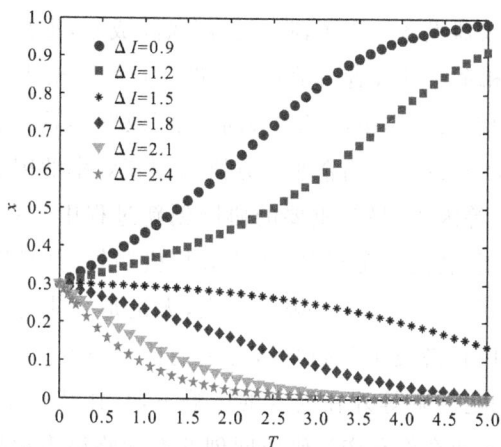

图 4-4　产学研协同额外成本 ΔI 对于企业 A 决策的影响

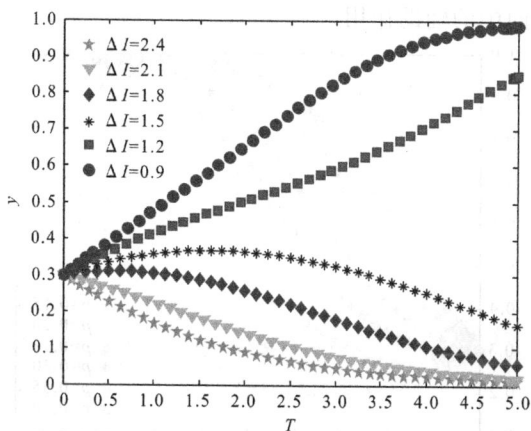

图 4-5　产学研协同额外成本 ΔI 对于企业 B 决策的影响

(三)博弈双方对协同优势概率 p 的敏感性分析

根据图 4-6 和图 4-7 可知,协同优势概率越高,企业协同创新的概率越

①　陶丹,朱德全.产学研协同创新的研发成本协调与政府补贴策略研究[J].科技管理研究,2016(14):101-106.

大。优势概率越大意味着在创新过程中双方(企业间或者产学研间)资源互补优势越明显,企业双方共享资源意愿越强烈。通常企业拥有较多资源,但都在资源开发方面能力比较欠缺,通过合作把能力闲置和资源过剩有机结合,激发企业资源在 LCEFT 协同创新中的效能,产生"协同经济",为合作双方提供更好的收益。因此,企业可以通过协同创新获得技术创新所需的资金、知识、技术和仪器设备等资源,降低创新风险成本,提高企业的技术创新能力。[①] 企业 A 和企业 B 或者与学研方能够在合作中互补优势资源,从而形成"1+1>2"的功能放大作用,产生"协同剩余"效应[②],这是各方进行协同创新的直接动力;在现实中,影响企业双方协同创新效率的因素除了资源互补性、企业风险类型等因素,最为重要的协同创新过程中一系列的相关机制,包括互动沟通机制、利润分配机制、风险分担机制等,都是影响协同创新效率和稳定性的重要因素。作为有限理性人,无论是企业合作还是产学研合作,各方都有投机和"搭便车"的动机,总是期待自身利益最大化,同时在协同风险、收益不确定风险等外在因素的影响下,合作往往不欢而散。因此,在纯市场机制下企业合作和产学研协同创新都面临诸多挑战,难以实现,需要政府部门的引导和辅助以及激励,也需要金融机构与中介机构的积极参与,发挥其在协同中的辅助作用。

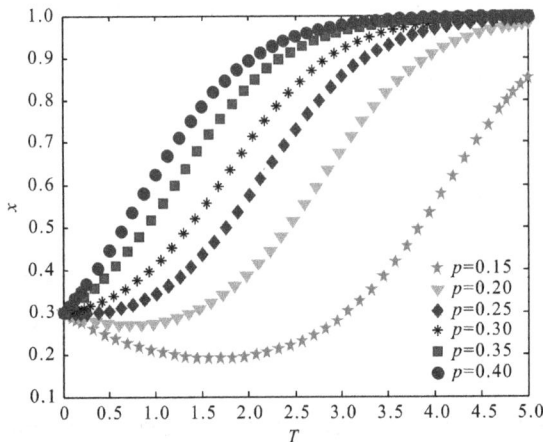

图 4-6 协同优势概率 p 对企业 A 创新决策的影响

① Boateng H, Agyemang F G. The role of agreeableness trait and communal organisational culture in knowledge sharing[J]. International Journal of Knowledge Management Studies,2016(2):154-165.

② 辛秉清,刘云,陈雄,等.发展中国家气候变化技术需求及技术转移障碍[J].中国人口·资源与环境,2016(3):18-26.

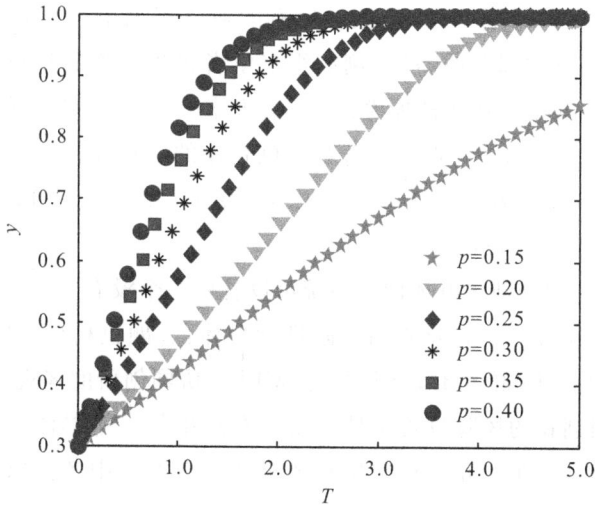

图 4-7　协同优势概率 p 对企业 B 创新决策的影响

第三节　政产学研金多群体演化博弈研究

一、模型假设

企业创新 LCEFT 的主要的目是获得独自创新无法获得的知识创新资源和技术,进而在市场竞争中以最小的创新成本,获得最大的知识创新利益。由于企业的有限理性和企业间的知识多维异质性以及知识共享过程中信息的非对称性,LCEFT 协同创新中的知识共享过程可以被视为是在一个信息不对称的、有限理性和不确定性的博弈系统中进行。本书针对纯市场机制下企业合作和产学研协同创新都面临诸多挑战、难以实现的现实问题,提出政产学研金协同创新模式。本节中的金融机构是指商业银行。本节在本章第二节产学研模型的基础上,继续深入讨论当金融机构介入时,产学研协同创新中金融机构参与下的发展中国家企业协同创新策略选择问题,探索金融机构在 LCEFT 协同创新中的影响作用及机理。本书认为政府机构在协同创新中通过制度、法律法规和惩戒、奖励机制起到创新主导作用,不直接干预 LCEFT 协同创新市场。当前我国金融机构的绿色信贷业务还是以传统的优惠信贷模式为主。由于环境问题的外部性以及复杂性,优惠信贷模式难以满足日益多样化的投资项目需求。以商业银行为代表的金融机构,为满足巨大的市场需求,应该在原有的业务层面上进行积极拓展与创新,增加金融机构"绿色收益"。例如很多学者提出的将碳排放权、减排额、技术收益等作为抵押物的抵押模式。金融机构应创新金融产品,为 LCEFT 协同创新提供资金支持,从而提高对绿色企业的信用支持力度。根据上述背景分析,新博弈系统中群体发生了根本性变化,由 2×2 两群体博弈变成了多群体演化博弈,假设如下:

假设 1:协同创新多群体博弈系统可以看作一个没有其他外力扰动的独立系统,将其分为三个有异质的有限理性群体:金融机构(群体 1)、大企业(群体 2)和小企业(群体 3),企业方是 LCEFT 协同创新的客观主体,金融是 LCEFT 协同创新的风险投资主体。博弈系统中的三个群体均由学习速度很慢的成员组成,在博弈过程中反复随机从三个群体中各抽取一个成员配对进行博弈,总是可以组成一个简单的 $2\times2\times2$ 博弈子系统。从群体 1 中抽取的称为金融机构,从群体 2 中抽取的称为企业 A,从群体 3 中抽取的称为企业 B。

假设 2:各博弈主体的策略选择都可以简化为两种策略,且策略最终决策的依据是基于自身利益最大化。金融机构的策略组合为{支持(F_1),不支持(F_2)},企业方的策略组合为{协同创新(S_1),自主创新(S_2)}。按照策略选择比例进行区分,博弈系统初期金融机构选择策略 F_1 的比例为 x,选择不支持的比例为 $1-x$;企业 A 和企业 B 中选择策略 S_1 的比例分别为 y、z,选择策略 S_2 的比例分别为 $1-y$ 和 $1-z$。博弈系统中各群体经过不断试错和学习来寻找较好的策略直至达到均衡。

假设 3:金融机构进行金融创新支持企业创新。企业通过碳权质押能够获得创新项目贷款。为了降低金融风险,金融机构规定可以质押的碳权为初始碳权,假设企业 A 和企业 B 获得的初始碳权质押总价值为 M_i($i=1$、2);同时,按照现有信贷评估体系,金融机构必须对项目进行风险评估,π_i 为金融机构对企业 A 和企业 B 的信用评估参数;另外,金融机构还需要对信贷企业进行信用等级评估,χ_j($j=c,s$)分别表示协同创新项目和自主创新项目的风险评估等级,χ_j 越大获得的信贷额度越小,反之越大。为了表示简单,令 $\theta_j=1/(1+\chi_j)$,根据资源优势理论,显然有 $0<\theta_s<\theta_c<1$。因此,企业 A 和企业 B 可以通过碳权质押在协同创新和自主创新项目中获得的贷款额度为 $\pi_i\theta_j M_i$。

假设 4:金融机构的行为受到政府部门的监督管理。金融机构实行绿色信贷政策投资 LCEFT 创新市场,投资回报比为 ε,同时能够从政府部门获得奖励,包括声誉、资金奖励等,记为 ζ;金融机构不支持 LCEFT 创新时,将同样的绿色资金进行其他非低碳项目信贷,投资回报比例为 λ,此时将面临政府部门的惩罚,惩罚强度为 ξ。为了保证假设有意义,必须满足 $\lambda > \varepsilon$,且 $\lambda > \xi$。

假设 5:政府部门执行创新补贴政策激励企业采用创新行为。政府补贴的强度与企业创新获得的效益直接相关,假设补贴强度系数为 τ。

假设 6:其余假设与本章第二节产学研模型假设一致。

二、复制动态方程和稳定策略分析

(一)复制动态方程

在构建 LCEFT 协同创新复制动态方程之前,要根据研究假设分析 LCEFT 协同创新博弈系统中不同策略组合下博弈主体的成本和收益,进而构建博弈支付矩阵。可以按照研究假设,分为金融机构支持和不支持两种情景,具体如下。

1.金融机构选择策略为 F_1 时

在金融机构选择策略 F_1 时,群体 2 和群体 3 中的企业都面临两种策略选择,即协同创新和自主创新。因此,在不同群体中的主体随机配对进行博弈的过程中,将会出现四种策略组合。

(1)企业 A 和企业 B 都选择策略协同创新策略,此时,企业 A、企业 B 和金融机构的收益分别为 $[\psi p_1 R - \psi I + \pi_1 \theta_c M_1 + \tau \psi p_1 R, (1-\psi) p_1 R - (1-\psi) I + \pi_2 \theta_c M_2 + \tau (1-\psi) p_1 R, (\zeta + \varepsilon)(\pi_1 \theta_c M_1 + \pi_2 \theta_c M_2)]$。

(2)企业 A 和企业 B 的组合策略为 $\{S_1, S_2\}$ 时,由于只有企业 A 选择了协同创新,而企业 B 选择了自主创新,显然企业间无法合作,此时,企业 A、企业 B 和金融机构的收益分别为 $[\varphi p_1 R - I + \Delta r - \Delta I + \pi_1 \theta_c M_1 + \tau \varphi p_1 R, (1-\psi) p_2 R - I - \Delta r + \pi_2 \theta_s M_2 + \tau (1-\psi) p_2 R, (\zeta + \varepsilon)(\pi_1 \theta_c M_1 + \pi_2 \theta_s M_2)]$。

(3)企业 A 和企业 B 的组合策略为 $\{S_2, S_1\}$ 时,和组合策略 $\{S_1, S_2\}$ 类似。企业 A、企业 B 和金融机构的收益分别为 $[\psi p_2 R - I - \Delta r + \pi_1 \theta_s M_1 + \tau \psi p_2 R, (1-\psi) p_1 R - I + \Delta r - \Delta I + \pi_2 \theta_c M_2 + \tau (1-\psi) p_1 R, (\zeta + \varepsilon)(\pi_1 \theta_s M_1 + \pi_2 \theta_c M_2)]$。

(4)企业 A 和企业 B 的组合策略为 $\{S_2, S_2\}$ 时,双方都选择 LCEFT 自主创新。企业 A、企业 B 和金融机构的收益分别为 $[\psi p_2 R - I + \pi_1 \theta_s M_1 + \tau \psi p_2 R, (1-\psi) p_2 R - I + \pi_2 \theta_s M_2 + (1-\psi) \tau p_2 R, (\zeta + \varepsilon)(\pi_1 \theta_c M_1 + \pi_2 \theta_c M_2)]$。

2.金融机构选择策略为 F_2 时

(1)企业 A 和企业 B 都选择协同创新策略,此时,企业 A、企业 B 和金融机构的收益分别为 $[\psi p_1 R - \psi I + \tau \psi p_1 R, (1-\psi) p_1 R - (1-\psi) I + \tau(1-\psi) p_1 R, (\lambda - \xi)(\pi_1 \theta_c M_1 + \pi_2 \theta_c M_2)]$。

(2)企业 A 和企业 B 的组合策略为 $\{S_1, S_2\}$ 时,此时企业 A 和企业 B 没有形成合作,企业 A、企业 B 和金融机构的收益分别为 $[\varphi p_1 R - I + \Delta r - \Delta I + \tau \varphi p_1 R, (1-\psi) p_2 R - I - \Delta r + \tau(1-\psi) p_2 R, (\lambda - \xi)(\pi_1 \theta_c M_1 + \pi_2 \theta_s M_2)]$。

(3)企业 A 和企业 B 的组合策略为 $\{S_2, S_1\}$ 时,和组合策略 $\{S_1, S_2\}$ 的情况类似。企业 A、企业 B 和金融机构的收益分别为 $[\varphi p_2 R - I - \Delta r + \tau \varphi p_2 R, (1-\varphi) p_1 R - I + \Delta r - \Delta I + \tau(1-\varphi) p_1 R, (\lambda - \xi)(\pi_1 \theta_s M_1 + \pi_2 \theta_c M_2)]$。

(4)企业 A 和企业 B 的组合策略为 $\{S_2, S_2\}$ 时,双方都选择进行 LCEFT 自主创新。企业 A、企业 B 和金融机构的收益分别为 $[\varphi p_2 R - I + \tau \varphi p_2 R, (1-\tau) p_2 R - I + \vartheta(1-\tau) p_2 R, (\lambda - \xi)(\pi_1 \theta_s M_1 + \pi_2 \theta_s M_2)]$。

根据上述分析,政产学研金 LCEFT 协同创新博弈收益矩阵如表 4-4 所示。

表 4-4　LCEFT 政产学研金协同创新博弈收益矩阵

策略选择			企业 B	
			S_1	S_2
金融机构	F_1	企业 A S_1	$\psi p_1 R - \psi I + \pi_1 \theta_c M_1 + \tau \psi p_1 R,$ $(1+\tau)(1-\psi) p_1 R - (1-\psi) I + \pi_2 \theta_c M_2,$ $(\zeta + \varepsilon)(\pi_1 \theta_c M_1 + \pi_2 \theta_c M_2)$	$\varphi p_1 R - I + \Delta r - \Delta I + \pi_1 \theta_c M_1 + \tau \varphi p_1 R,$ $(1+\tau)(1-\psi) p_2 R - I - \Delta r + \pi_2 \theta_s M_2,$ $(\zeta + \varepsilon)(\pi_1 \theta_c M_1 + \pi_2 \theta_s M_2)$
		企业 A S_2	$\varphi p_2 R - I - \Delta r + \pi_1 \theta_s M_1 + \tau \psi p_2 R,$ $(1+\tau)(1-\psi) p_1 R - I + \Delta r - \Delta I + \pi_2 \theta_c M_2, (\zeta + \varepsilon)(\pi_1 \theta_s M_1 + \pi_2 \theta_c M_2)$	$\psi p_2 R - I + \pi_1 \theta_s M_1 + \tau \psi p_2 R,$ $(1+\tau)(1-\psi) p_2 R - I + \pi_2 \theta_s M_2,$ $(\zeta + \varepsilon)(\pi_1 \theta_c M_1 + \pi_2 \theta_c M_2)$
	F_2	企业 A S_1	$\psi p_1 R - \psi I + \tau \psi p_1 R, (1+\tau)(1-\psi) p_1 R - (1-\psi) I, (\lambda - \xi)(\pi_1 \theta_c M_1 + \pi_2 \theta_c M_2)$	$\varphi p_1 R - I + \Delta r - \Delta I + \tau \varphi p_1 R,$ $(1+\tau)(1-\psi) p_2 R - I - \Delta r,$ $(\lambda - \xi)(\pi_1 \theta_c M_1 + \pi_2 \theta_s M_2)$
		企业 A S_2	$\varphi p_2 R - I - \Delta r + \tau \varphi p_2 R,$ $(1+\tau)(1-\varphi) p_1 R - I + \Delta r - \Delta I,$ $(\lambda - \xi)(\pi_1 \theta_s M_1 + \pi_2 \theta_c M_2)$	$\varphi p_2 R - I + \tau \varphi p_2 R,$ $(1+\tau)(1-\varphi) p_2 R - I,$ $(\lambda - \xi)(\pi_1 \theta_s M_1 + \pi_2 \theta_s M_2)$

根据表 4-4 中博弈主体的收益矩阵可得到各策略的收益和混合策略的收益。

企业 A 的期望收益为:

$$
\begin{aligned}
U_{A1} = {} & yz(\psi p_1 R - \psi I + \pi_1 \theta_c M_1 + \tau\psi p_1 R) + (1-y)z(\varphi p_1 R - I + \Delta r - \Delta I + \\
& \pi_1 \theta_c M_1 + \tau\varphi p_1 R) + (1-z)y(\psi p_1 R - \psi I + \tau\varphi p_1 R) + \\
& (1-z)(1-y)(\varphi p_1 R - I + \Delta r - \Delta I + \tau\varphi p_1 R) \\
U_{A2} = {} & yz(\psi p_2 R - I - \Delta r + \pi_1 \theta_s M_1 + \tau\psi p_2 R) + (1-y)z(\psi p_2 R - I + \pi_1 \theta_s M_1 \\
& + \tau\psi p_2 R) + (1-z)y(\varphi p_2 R - I - \Delta r + \tau\varphi p_2 R) + \\
& (1-z)(1-y)(\varphi p_2 R - I + \tau\varphi p_2 R) \\
\overline{U}_A = {} & x U_{A1} + (1-x)U_{A2}
\end{aligned}
$$

$$(4\text{-}7)$$

企业 B 的期望收益为：

$$
\begin{aligned}
U_{B1} = {} & xz[(1+\tau)(1-\psi)p_1 R - (1-\psi)I + \pi_2 \theta_c M_2] + (1-z)x[(1+\tau)(1-\\
& \psi)p_1 R - (1-\psi)I] + (1-x)z[(1+\tau)(1-\psi)p_1 R - I + \Delta r - \Delta I + \\
& \pi_2 \theta_c M_2] + (1-z)(1-x)[(1+\tau)(1-\bar\omega)p_1 R - I + \Delta r - \Delta I] \\
U_{B2} = {} & xz[(1+\tau)(1-\psi)p_2 R - I - \Delta r + \pi_2 \theta_s M_2] + (1-x)z[(1+\tau)(1-\\
& \psi)p_2 R - I + \pi_2 \theta_s M_2] + (1-z)x[(1+\tau)(1-\psi)p_2 R - I - \Delta r] + \\
& (1-z)(1-x)[(1+\tau)(1-\bar\omega)p_2 R - I] \\
\overline{U}_B = {} & y U_{B1} + (1-y)U_{B2}
\end{aligned}
$$

$$(4\text{-}8)$$

金融机构 F 的期望收益为：

$$
\begin{aligned}
U_{F1} = {} & xy(\zeta+\varepsilon)(\pi_1 \theta_c M_1 + \pi_2 \theta_c M_2) + x(1-y)(\zeta+\varepsilon)(\pi_1 \theta_c M_1 + \pi_2 \theta_s M_2) + \\
& (1-x)y(\zeta+\varepsilon)(\pi_1 \theta_s M_1 + \pi_2 \theta_c M_2) + (1-x)(1-y)(\zeta+\\
& \varepsilon)(\pi_1 \theta_c M_1 + \pi_2 \theta_c M_2) \\
U_{F2} = {} & xy(\lambda-\xi)(\pi_1 \theta_c M_1 + \pi_2 \theta_c M_2) + x(1-y)(\lambda-\xi)(\pi_1 \theta_c M_1 + \pi_2 \theta_s M_2) + \\
& (1-x)y(\lambda-\xi)(\pi_1 \theta_s M_1 + \pi_2 \theta_c M_2) + (1-x)(1-y)(\lambda-\\
& \xi)(\pi_1 \theta_c M_1 + \pi_2 \theta_c M_2) \\
\overline{U}_F = {} & z U_{F1} + (1-z)U_{F2}
\end{aligned}
$$

$$(4\text{-}9)$$

根据式(4-7)、式(4-8)和式(4-9)可以得到 LCEFT 协同创新博弈系统中各博弈主体的复制动态方程，具体如式(4-10)、式(4-11)和式(4-12)所示：

$$
\begin{aligned}
A(x) &= \frac{\mathrm{d}x}{\mathrm{d}t} \\
&= x(1-x)[(1-\varphi)I + \Delta I y + z\pi_1(\theta_c - \theta_s)M_1 + (1+\tau)\psi p R + \Delta r - \Delta I]
\end{aligned}
$$

$$(4\text{-}10)$$

$$B(y)=\frac{\mathrm{d}y}{\mathrm{d}t}$$
$$=y(1-y)\left[(\varphi I+\Delta I)x+z\pi_2(\theta_c-\theta_s)M_2+(1+\tau)(1-\psi)pR+\Delta r-\Delta I\right]$$
$$(4\text{-}11)$$

$$F(z)=\frac{\mathrm{d}z}{\mathrm{d}t}$$
$$=z(1-z)\left[(\zeta+\varepsilon)(\pi_1 M_1+\pi_2 M_2)(\theta_c-\theta_s)xy+\left[(\zeta+\varepsilon)\pi_1 M_1+(\lambda-\xi)\pi_2 M_2\right](\theta_s-\theta_c)y+\left[(\zeta+\varepsilon)\pi_2 M_2+(\lambda-\xi)\pi_1 M_1\right](\theta_s-\theta_c)x+(\pi_1 M_1+\pi_2 M_2)\left[(\zeta+\varepsilon)\theta_c-(\lambda-\xi)\theta_s\right]\right]$$
$$(4\text{-}12)$$

由式(4-12)知,当 $z=0,1$ 时,金融机构采取支持策略的比例是平衡的;同理可得到 $x=0,1,y=0,1$ 时,企业 A 和企业 B 采取的协同创新策略的比例是平衡的;因此,LCEFT 政产学研金协同创新系统的局部存在八个特殊均衡点: $M_1(0,0,0)$、$M_2(1,0,0)$、$M_3(1,0,1)$、$M_4(0,0,1)$、$M_5(0,l,0)$、$M_6(1,1,0)$、$M_7(0,1,1)$、$M_8(1,1,1)$,构成了 LCEFT 协同创新演化博弈解域的边界。由此围成的区域 Ω 即 LCEFT 协同创新系统的均衡解域,即有:

$$\Omega=\{(x,y,z)\,|\,0<x<1,0<y<1,0<z<1\} \quad (4\text{-}13)$$

在此解域内存在一个满足式(4-13)的均衡点 $M_9(x^*,y^*,z^*)$。M_9 的位置显然和各参数直接相关,也将影响博弈系统的演化轨迹。

(二)稳定性分析

通过稳定性分析能够判断博弈系统的演化规律和轨迹,通过稳定点状态的变化从而判断博弈系统的演化方向及其条件,进而可以获取相应的决策及路径。若 LCEFT 政产学研金协同创新演化博弈均衡是渐进稳定状态,则一定是严格纳什均衡,而严格纳什均衡又是纯策略均衡。[1] 因此,对于上述 LCEFT 协同创新复制动态系统,只需要讨论其在平衡点的稳定性即可。[2] 根据演化博弈论以及李雅普诺夫(Lyapunov A M)第一法(间接法)可知,判断的依据就是各均衡点处雅可比矩阵特征值的正负关系[3],具体判断方法是:所有特征值 λ<0 时,那么该均衡点是渐进稳定的,即为汇;所有特征值

① Iyer G, Hultman N, Eom J, et al. Diffusion of low-carbon technologies and the feasibility of long-term climate targets[J]. Technological Forecasting and Social Change,2015(90):103-118.

② Shevitz D, Paden B. Lyapunov stability theory of nonsmooth systems[J]. IEEE Transactions on Automatic Control,1994(9):1910-1914.

③ Lyapunov A M. The general problem of the stability of motion[J]. International Journal of Control,1992(3):531-534.

$\lambda>0$,该均衡点是不稳定的,此时为源;所有特征值不同号,该均衡点是鞍点[①]。LCEFT 协同创新多群体博弈动态复制系统均衡点有八个,以均衡点 $M_1(0,0,0)$ 处的雅可比矩阵为例,矩阵如式(4-14)所示:

$$J=\begin{bmatrix} \dfrac{\partial F(x)}{\partial x} & \dfrac{\partial F(x)}{\partial y} & \dfrac{\partial F(x)}{\partial z} \\[2mm] \dfrac{\partial F(y)}{\partial x} & \dfrac{\partial F(y)}{\partial y} & \dfrac{\partial F(y)}{\partial z} \\[2mm] \dfrac{\partial F(z)}{\partial x} & \dfrac{\partial F(z)}{\partial y} & \dfrac{\partial F(z)}{\partial z} \end{bmatrix}=\begin{bmatrix} \lambda_1 & 0 & 0 \\ 0 & \lambda_2 & 0 \\ 0 & 0 & \lambda_3 \end{bmatrix} \tag{4-14}$$

由式(4-14)很容易得到雅可比矩阵的所有特征值为 $\lambda_1=(1+\tau)\psi pR+\Delta r-\Delta I$,$\lambda_2=(1+\tau)(1-\psi)pR+\Delta r-\Delta I$,$\lambda_3=(\pi_1 M_1+\pi_2 M_2)[(\zeta+\varepsilon-1)\theta_c-(\lambda-\xi)\theta_s]$。根据研究假设可以判断均衡点 $M_1(0,0,0)$ 为稳定点;剩余的七个特殊均衡点($M_2 \sim M_8$)的稳定性也可以采用李雅普诺夫第一法进行判断分析,特征值计算结果如表 4-5 所示。政府部门制定管理政策和激励机制就是为了促进 LCEFT 协同创新,以达到应对气候变化并提升企业竞争力的目的,即促进博弈系统收敛于 M_8。由于 $\theta_c>\theta_s>0$,很容易得到特征值必须满足 $-(\pi_1 M_1+\pi_2 M_2)(\zeta+\varepsilon-\lambda+\xi)\theta_c<0$,即有 $\zeta+\varepsilon+\xi>\lambda$;这是系统收敛于 M_8 的必要条件。同时可以证得:

$\because \theta_c>\theta_s>0$,

$\therefore (\zeta+\varepsilon)\theta_c-(\lambda-\xi)\theta_s>(\zeta+\varepsilon)\theta_s-(\lambda-\xi)\theta_s=(\zeta+\varepsilon-\lambda+\xi)\theta_s$

又 $\because \zeta+\varepsilon+\xi>\lambda$

$\therefore (\zeta+\varepsilon)\theta_c-(\lambda-\xi)\theta_s>0$

$\therefore (\pi_1 M_1+\pi_2 M_2)[(\zeta+\varepsilon)\theta_c-(\lambda-\xi)\theta_s]>0$

在此条件下,可以判断 M_6 为鞍点,其余六个点的稳定性和 Δr、ΔI、θ、π_i 等参数有关。为此,可以得到如下推论。

推论 1:当 $\Delta I<(1+\tau)\psi pR+\Delta r$,且 $\Delta I<(1+\tau)(1-\psi)pR+\Delta r$ 时,点 M_1 为不稳定点,M_8 是稳定点,点 $M_2 \sim M_7$ 均为鞍点(详细见表 4-6,系统演化图见图 4-8)。在此条件下,企业获得产学研协同额外收益和政府部门激励收益之和大于产学研协同额外成本,同时金融机构采取支持 LCEFT 协同创新的投资收益、政府奖励收益和政府惩罚成本之和大于金融机构不支持 LCEFT 进行其他投资的收益。在此条件下,M_9 无论初始处于什么位置,系

---

① Tylor P D, Jonker L B. Evolutionary stable strategies and game dynamics[J]. Mathematical Biosciences,1978(1-2):145-156.

统最终必然收敛于点 $M_8(1,1,1)$，即博弈系统所有主体都会采取有利于 LCEFT 协同创新的策略，发展中国家会出现大量的 LCEFT 创新组织和团体，多主体积极开展 LCEFT 创新合作，但实际中很难实现这样的博弈均衡。

LCEFT 创新多属于高新技术，投资具有高风险、收益不确定、投资回报周期长等问题，同时目前碳交易市场机制不完善，增大了碳权质押的风险，因此，以现有的信贷体系，金融机构难以采用支持 LCEFT 的信贷策略。从企业层次看，政府激励政策有助于提升企业采取协同创新的收益，增大了企业参与协同创新的动力。现实中，企业创新成本较高，虽然协同创新能够降低成本，但正如李梅和王英[1]、曹宗平[2]、张玉明和段升森[3]所指出的：无论是企业还是学研方都缺乏足够的资金支持 LCEFT 创新，这也是政府激励政策实行多年，但是产学研协同创新收效甚微的重要原因。同时，目前绿色、低碳市场产品并没有大范围得到消费者的认同，协同创新的绿色收益存在较大的不确定性[4]，即 LCEFT 创新的市场需要政府部门进行优化，政府部门要大力支持低碳产品和绿色产品消费市场的培育，通过价格机制、社会文化和社会时尚风气引领等多种方式引导消费者转变消费方式，建立低碳绿色消费偏好，从而降低未来企业创新市场的不确定性风险，增大企业参与创新的动力[5]。

表 4-5　均衡点稳定性分析

均衡点	特征值		
	λ_1	λ_2	λ_3
M_1	$(1+\tau)\psi pR+\Delta r-\Delta I$	$(1+\tau)(1-\psi)pR+\Delta r-\Delta I$	$(\pi_1 M_1+\pi_2 M_2)[(\zeta+\varepsilon)\theta_c-(\lambda-\xi)\theta_s]$
M_2	$-[(1+\tau)\psi pR+\Delta r-\Delta I]$	$(1+\tau)(1-\psi)pR+\Delta r+\varphi I$	$(\zeta+\varepsilon-\lambda+\xi)(\pi_2 M_2\theta_s+\pi_1 M_1\theta_c)$
M_3	$-[\pi_1(\theta_c-\theta_s)M_1+(1+\tau)\psi pR+\Delta r-\Delta I]$	$\pi_2(\theta_c-\theta_s)M_2+(1+\tau)(1-\psi)pR+\Delta r+\varphi I$	$-(\zeta+\varepsilon-\lambda+\xi)(\pi_2 M_2\theta_s+\pi_1 M_1\theta_c)$
M_4	$\pi_1(\theta_c-\theta_s)M_1+(1+\tau)\psi pR+\Delta r-\Delta I$	$\pi_2(\theta_c-\theta_s)M_2+(1+\tau)(1-\psi)pR+\Delta r-\Delta I$	$-(\pi_1 M_1+\pi_2 M_2)[(\zeta+\varepsilon)\theta_c-(\lambda-\xi)\theta_s]$

① 李梅,王英.科技型中小企业技术创新资金支持体系研究[J].科技管理研究,2008(7):105-107.

② 曹宗平.科技型中小企业技术创新的资金支持——基于生命周期视角的研究[J].科学管理研究,2009(4):112-116.

③ 张玉明,段升森.区域低碳技术创新能力评价模型研究[J].统计与信息论坛,2012(9):32-38.

④ Moore M O. Carbon safeguard? Managing the friction between trade rules and climate policy [J]. Journal of World Trade,2017(1):43-66.

⑤ Liu L, Chen C, Zhao Y, et al. China's carbon-emissions trading: overview, challenges and future[J]. Renewable & Sustainable Energy Reviews,2015(49):254-266.

续表

均衡点	特征值		
	λ_1	λ_2	λ_3
M_5	$(1+\tau)\psi pR+\Delta r+(1-\varphi)I$	$-[(1+\tau)(1-\psi)pR+\Delta r-\Delta I]$	$(\zeta+\varepsilon-\lambda+\xi)(\pi_2 M_2\theta_c+\pi_1 M_1\theta_s)$
M_6	$-[(1+\tau)\psi pR+\Delta r+(1-\varphi)I]$	$-[(1+\tau)(1-\psi)pR+\Delta r+\varphi I]$	$(\pi_1 M_1+\pi_2 M_2)(\zeta+\varepsilon-\lambda+\xi)\theta_c$
M_7	$[\pi_1(\theta_c-\theta_s)M_1+(1+\tau)\psi pR+\Delta r+(1-\varphi)I]$	$-[\pi_2(\theta_c-\theta_s)M_2+(1+\tau)(1-\psi)pR+\Delta r-\Delta I]$	$-(\zeta+\varepsilon-\lambda+\xi)(\pi_2 M_2\theta_c+\pi_1 M_1\theta_s)$
M_8	$-[(1+\tau)\psi pR+\Delta r+z\pi_1(\theta_c-\theta_s)M_1]$	$-[(1+\tau)(1-\psi)pR+\Delta r+z\pi_2(\theta_c-\theta_s)M_2]$	$-(\pi_1 M_1+\pi_2 M_2)(\zeta+\varepsilon-\lambda+\xi)\theta_c$

表 4-6　特征值正负及均衡点稳定情况分析

均衡点	特征值判断			稳定性判定
	λ_1	λ_2	λ_3	
M_1	$+$	$+$	$+$	不稳定点
M_2	$-$	$+$	$+$	鞍点
M_3	$-$	$+$	$-$	鞍点
M_4	$+$	$+$	$-$	鞍点
M_5	$-$	$-$	$+$	鞍点
M_6	$+$	$-$	$+$	鞍点
M_7	$+$	$-$	$-$	鞍点
M_8	$-$	$-$	$-$	稳定点

　　根据表 4-6 可以得到 LCEFT 政产学研金协同创新多群体演化博弈系统相位图，如图 4-8 所示。

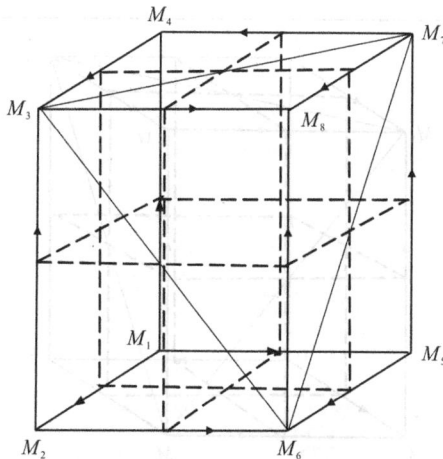

图 4-8　推论 1 情景系统相位图

推论 2：当$(1+\tau)\psi pR+\Delta r<\Delta I<(1+\tau)\psi pR+\Delta r+\pi_1(\theta_c-\theta_s)$，且$(1+\tau)(1-\psi)pR+\Delta r<\Delta I<(1+\tau)(1-\psi)pR+\Delta r+\pi_2(\theta_c-\theta_s)$，点 M_1、M_3、M_4、M_6 和 M_7 是鞍点，M_8 为稳定点，M_2 和 M_5 为不稳定点（见表 4-7，系统演化见图 4-9）。在此条件下，产学研协同额外成本大于企业协同创新优势收益、政府部门激励收益和额外收益之和，小于企业协同创新优势收益、政府部门激励收益、额外收益和协同信贷优势收益之和，同时金融机构采取支持 LCEFT 协同创新的投资收益、政府奖励收益和政府惩罚成本之和大于金融机构不支持 LCEFT 进行其他投资的收益，系统收敛于点 M_8。和推论 1 相比，金融机构在博弈中的决策动机没有变化，而在企业层次，产学研协同额外成本过高，此时政府部门的激励政策仍然难以促进创新主体进行协同创新，但企业获得金融机构信贷大力支持，随着时间的推移，博弈系统中的企业都将采取 S_1 策略，从而系统最终收敛于 M_8。这就验证和体现了金融机构在促进 LCEFT 协同创新中的作用，金融机构的支持能够有效地帮助企业解决创新资金难的问题。

表 4-7　特征值正负及均衡点稳定情况分析

均衡点	特征值判断			稳定性判定
	λ_1	λ_2	λ_3	
M_1	−	−	+	鞍点
M_2	+	+	+	不稳定点
M_3	−	+	−	鞍点
M_4	+	+	−	鞍点
M_5	+	+	+	不稳定点
M_6	−	−	+	鞍点
M_7	+	−	−	鞍点
M_8	−	−	−	稳定点

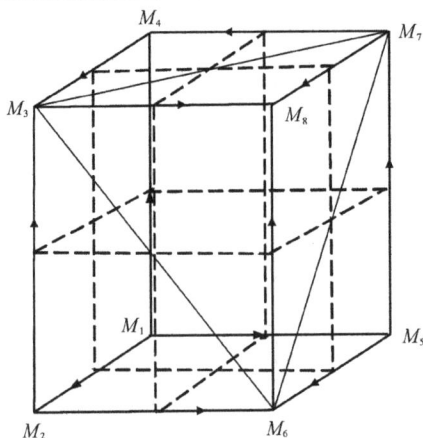

图 4-9　推论 2 情景系统相位图

推论 3：当 $\Delta I > \pi_1(\theta_c - \theta_s)M_1 + (1+\tau)\psi pR + \Delta r$，且 $\Delta I > (1+\tau)(1-\psi)pR + \Delta r + \pi_2(\theta_c - \theta_s)M_2$ 时，点 M_1、M_3、M_6 和 M_7 是鞍点，点 M_4 和 M_8 为稳定点，M_2 和 M_5 为不稳定点（见表 4-8，系统演化如图 4-10 所示）。在此条件下，产学研协同额外成本大于协同创新优势收益、政府部门激励收益、额外收益和协同信贷优势收益之和，同时金融机构采取支持 LCEFT 协同创新的投资收益、政府奖励收益和政府惩罚成本之和大于金融机构不支持 LCEFT 进行其他投资的收益。和推论 1 相比，系统有可能收敛于点 M_4，其原因是金融机构在博弈中的决策动机没有变化，而在企业层次，产学研协同额外成本过高，虽然企业能够从金融机构获得信贷支持，但是企业可能由于难以获得收益，从而不会采取 S_1 策略，最终收敛于 M_4，系统最终演化的轨迹取决于 M_9 的初始位置，如果初始位置在 $M_4 M_1 M_2 M_5 M_7 M_3$ 的边界范围内，系统将收敛于点 M_4；初始位置在 $M_8 M_6 M_2 M_5 M_7 M_3$ 的边界范围内，系统将收敛于点 M_8。

表 4-8 特征值正负及均衡点稳定情况分析

均衡点	特征值判断			稳定性判定
	λ_1	λ_2	λ_3	
M_1	$-$	$-$	$+$	鞍点
M_2	$+$	$+$	$+$	不稳定点
M_3	$-$	$+$	$-$	鞍点
M_4	$-$	$-$	$-$	稳定点
M_5	$+$	$+$	$+$	不稳定点
M_6	$-$	$-$	$+$	鞍点
M_7	$+$	$+$	$-$	鞍点
M_8	$-$	$-$	$-$	稳定点

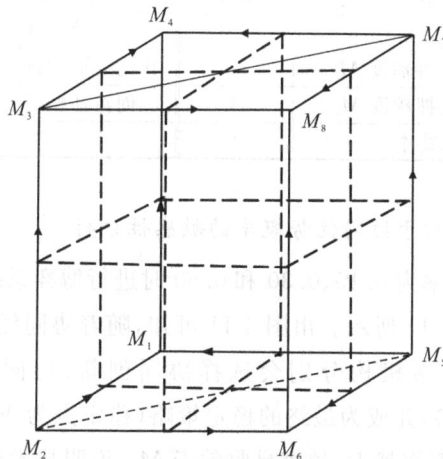

图 4-10 推论 3 情景系统相位图

三、政产学研金协同创新数值仿真分析

通过稳定性分析得到了系统演化到理想均衡点 M_8 的条件,通过系统演化相位图难以分析各参数对于博弈系统的影响机理,为此,本节借助于 Matlab 软件进行数值仿真分析,分析各参数变化时对博弈演化的影响。LCEFT 政产学研金演化博弈系统显然受到参数 π_i、θ_j、M_i、τ、ψ、p、R 和 Δr 等的影响。在本章第二节产学研模型中已经分析了 ψ、p、R 和 Δr 等参数对演化博弈系统的影响,但由于博弈系统初始条件发生变化,本节也需要充分进行分析和研究。政府、企业和金融机构关于 LCEFT 创新对于应对和适应气候变化的认识是逐渐深化的,同时,鉴于政府已经倡导和推行产学研协同创新政策多年,但绿色信贷和绿色金融推行时间较短,各项政策措施落实还存在一定的困难,银行等金融机构对执行绿色信贷的意愿不强等现状,假设 x、y、z 的初始值均为 0.4、0.4、0.3,其余参数初始值根据收敛于 M_8 的必要条件和研究假设进行设置,结果如表 4-9 所示。

表 4-9　政产学研金协同创新系统初始值设置

参数	初始值	参数	初始值
协同优势概率 p	0.3	企业 A 信用等级系数 π_1	2
LCEFT 创新市场总价值 R	4	企业 B 信用等级系数 π_2	2
创新成本投入 I	1	协同创新项目风险 θ_c	0.8
产学研协同额外成本 ΔI	1.8	自主创新项目风险 θ_s	0.6
额外收益 Δr	0.4	创新投资回报比 ε	1.5
利益分配 ψ	0.6	激励强度系数 ζ	1
企业 A 初始碳权质押额度 M_1	2	其他投资的投资回报比 λ	3
企业 B 初始碳权质押额度 M_2	3	创新补贴强度系数 τ	0.5
惩罚强度系数 ξ	1		

(一)博弈系统对于协同优势概率的敏感性分析

在协同优势概率为 0.15、0.30 和 0.60 时进行博弈系统的敏感性仿真分析,仿真结果如图 4-11 所示。由图 4-11 可知,随着协同优势概率的增加,企业 A、企业 B 和金融机构分别会选择协同创新、协同创新和绿色支持 LCEFT 创新的策略,并成为最终的稳定策略(稳定点为 M_8)。同时,从图 4-11 可知,协同优势概率越大,越容易收敛于 M_8,说明技术创新中协同创新相对于自主创新的成功概率越大,各方参与的动力和积极程度越高,这正是由

于各方基于"自身利益最大化"决策的真实反映。在现实中,由于政府部门关于协同创新的管理制度和法律法规还处于探索改善阶段,协同创新中各方的利益难以得到有效保障;同时,协同创新平台缺失,协同创新机制失灵,无论是企业合作还是产学研协同创新,各方多存在投机行为及市场收益不确定、收益分配机制建立难等,加之在合作中涉及知识溢出、技术溢出等,双方难以共享资源,形成优势互补,协同创新优势难以发挥,导致现实中各方协同的意愿较低。因此,从仿真结果和实际结果来看,如何促进各方在协同创新中发挥资源优势,形成互补,从而提升协同创新优势、扩大收益是促进各方协同创新的关键问题。

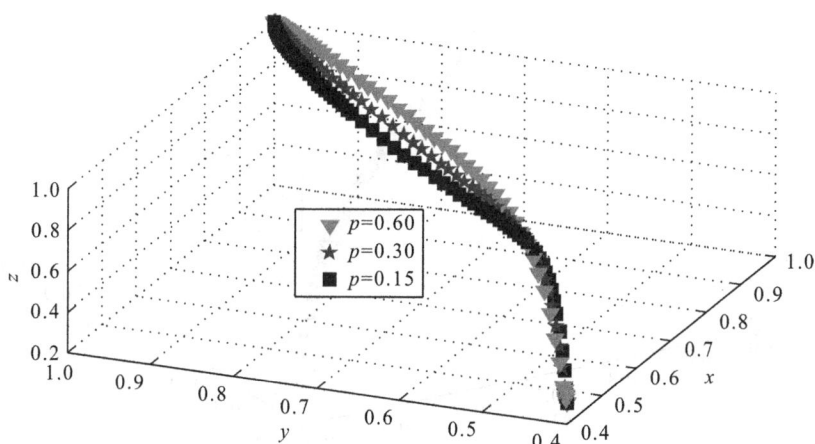

图 4-11 不同协同优势概率下的博弈系统演化仿真

(二)博弈系统对 LCEFT 创新市场总价值的敏感性分析

在 LCEFT 创新市场总价值 R 为 2、4 和 6 时进行博弈系统的敏感性仿真分析,仿真结果如图 4-12 所示。由图 4-12 可知,随着 LCEFT 创新市场总价值的增加,企业 A、企业 B 和金融机构分别会选择协同创新、绿色支持LCEFT 创新的策略,并成为最终的稳定策略(稳定点为 M_8)。同时,从图 4-12 可知,LCEFT 创新市场总价值越大,越容易收敛于 M_8,说明技术创新中技术本身的市场价值对于各方创新策略的选择有重大影响。LCEFT 创新市场价值和低碳产品市场的认同度、政府环境规制以及应用领域等有着直接的关系。现实中,中国消费者对于低碳产品的认同度正在逐步提高,但是整体处于较低水平,企业进行 LCEFT 创新投入虽然能够降低能耗,减少排放,降低生产成本,但新产品价格不确定,消费者的认同度不确定,即使有政府部门的激励政策,也有可能导致高投资、高风险和低回报的后果,企业的资源不仅浪费,而且失去了参与市场竞争的机遇。同时,中国环境规制还需要进一步完善,企业对于排放带来的环境规制成本敏感度虽然有所提升,但是在环境保护立法上,许多法律法规与促进企业转型升级、优化经济结构的国家战略目标无法匹配,十分滞后,甚至间接降低了企业进行 LCEFT 创新的动力和意愿。因此,综合来看,LCEFT 技术市场价值是影响企业是否开展协同创新的重要因素,但是 LCEFT 市场价值受政府环境规制政策和市场环境的影响,我国政府需要进一步强化环境规制,同时需要优化低碳、绿色产品的市场环境,引导消费者对低碳、绿色产品的认同。

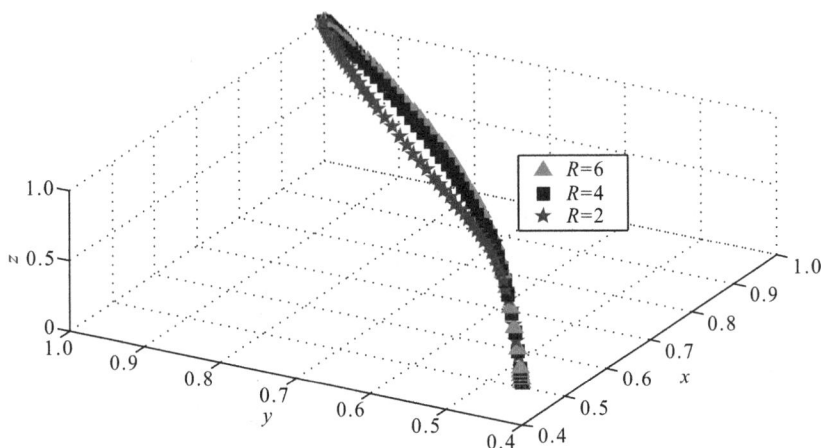

图 4-12　不同市场总价值下的博弈系统演化仿真

(三)博弈系统对产学研协同额外成本的敏感性分析

在 LCEFT 产学研协同额外成本为 1.8、3.0 和 10 时进行博弈系统的敏感性仿真分析,仿真结果如图 4-13 所示。由图 4-13 可知,产学研协同额外成本越高,各方选择自主创新的概率越低,企业 A、企业 B 和金融机构分别会选择协同创新、绿色支持 LCEFT 创新的策略,并成为最终的稳定策略(稳定点为 M_8)。反之,如果额外成本很低,企业 A 和企业 B 都会选择自主创新策略。根据研究假设可知,产学研协同额外成本是企业与学研方合作的理论支付。在现实中,由于信息不对称,企业方对于学研方掌握的技术信息和价值难以准确评估,同时由于在协同中难以估计智力劳动的成本,学研方可能提出高昂的协同合作费用,企业方和学研方很难就合作的理论支付达成一致,从而产学研协同无法达成。金融机构对企业 LCEFT 创新项目进行评估后才能确定信贷额度,当企业都选择自主创新时,金融机构也有可能基于自身利益最大化,支持企业自主创新,这也符合当前我国信贷政策和信贷现状,但是自主创新并不是最优的创新方式,创新的效率和绩效都受到影响,与应对气候变化的需求和目标不匹配,长此以往,对于国家在世界激烈的竞争中谋求发展也不利。

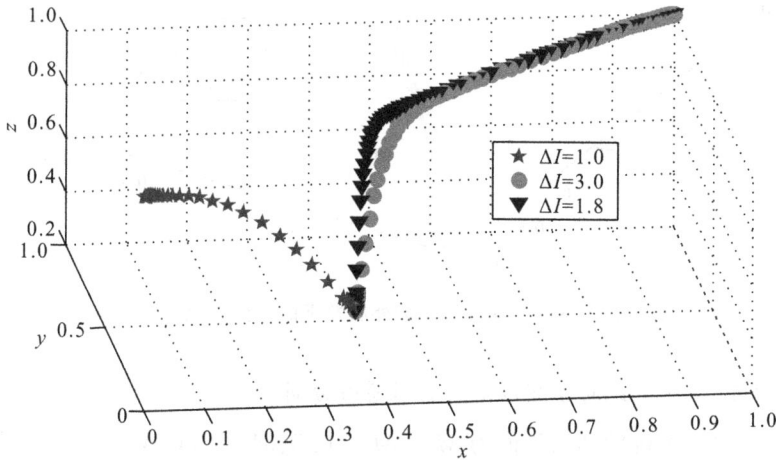

图 4-13　不同产学研协同额外成本下的博弈系统演化仿真

(四)博弈系统对额外收益的敏感性分析

在 LCEFT 产学研协同额外收益为 0.1、0.4 和 10 时进行博弈系统的敏感性仿真分析,仿真结果如图 4-14 所示。由图 4-14 可知,产学研协同额外收益越高,各方选择自主创新的概率越大,企业 A、企业 B 和金融机构分别会选择协同创新、绿色支持 LCEFT 创新的策略,并成为最终的稳定策略(稳定点为 M_8)。协同创新相对于自主创新的优势在于整合了各方的创新资源,包括资金、智力、人力资源等,提升了创新成功的概率和市场总价值,特别在缩短技术创新周期上优势明显,不仅符合应对和适应气候变化的紧迫性需求,还能够帮助企业优先占领市场获取收益。这种在资源和能力上的互补性正是 LCEFT 协同创新联盟形成的关键动力,也是企业获取额外收益的关键来源。[①] 因此,在协同创新过程中的关键还是各方资源优势的发挥,共同提升技术创新的市场价值,这就必须要更加合理有效的协同创新机制

---

① 雷永,徐飞.基于不完全信息博弈的产学研联盟形成机理研究[J].科技进步与对策,2009 (8):28-31.

作为引导和辅助。

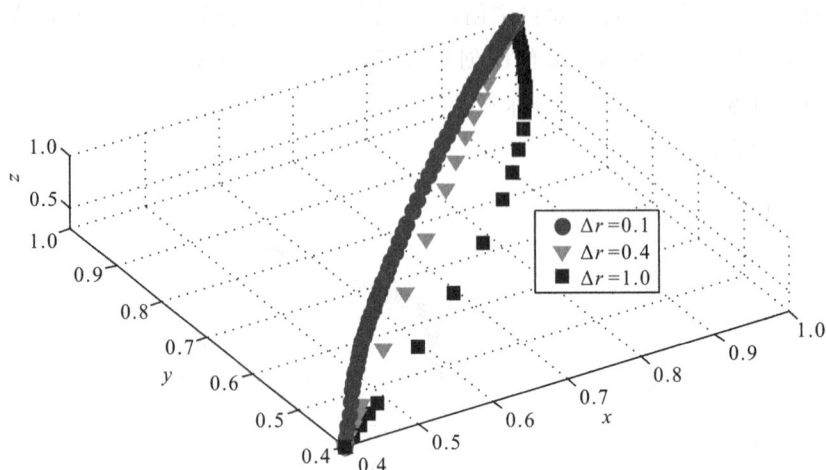

图 4-14 不同产学研协同额外收益下的博弈系统演化仿真

（五）博弈系统对于碳权质押的敏感性分析

在初始碳权质押总价值为 $M_1=M_2=0.5$、$M_1=2.0$、$M_2=3.0$ 和 $M_1=4.0$、$M_2=3.0$ 时进行博弈系统的敏感性仿真分析,仿真结果如图 4-15 所示。由图 4-15 可知,企业能够通过碳权质押获取的信贷额度越高,各方选择协同创新的概率越大,企业 A、企业 B 和金融机构分别会选择协同创新、绿色支持 LCEFT 创新的策略,并成为最终的稳定策略（稳定点为 M_8）。企业通过碳权能够获得信贷进行创新,而创新又能够提升企业竞争力和企业收益,企业必然加大投入进行 LCEFT 创新,以便获取更多的信贷支持和收益;同时,通过与自主创新的演化博弈对比,碳权质押的金融创新为企业进行创新提供了金融支持,降低了企业创新的成本压力,促进了 LCEFT 协同创新合作机制的形成。另外,金融机构在创新中获得了一定的投资回报比,发挥了金融在社会经济建设中的杠杆作用,引导经济向着循环经济、可持续发展的方向进行,从而为金融行业打造更好的信贷生态系统,金融机构也有更强烈支持 LCEFT 创新的动力和意愿。综合来看,金融机构进行碳权质押的金融创新能够促进企业协同创新,并且形成良好的创新生态环境。现实中,我国政府还没有相关制度,本仿真结论证明了金融机构的确能够通过其杠杆作用引导企业进行 LCEFT 协同创新,阐释了碳权质押金融创新制度的有效性。

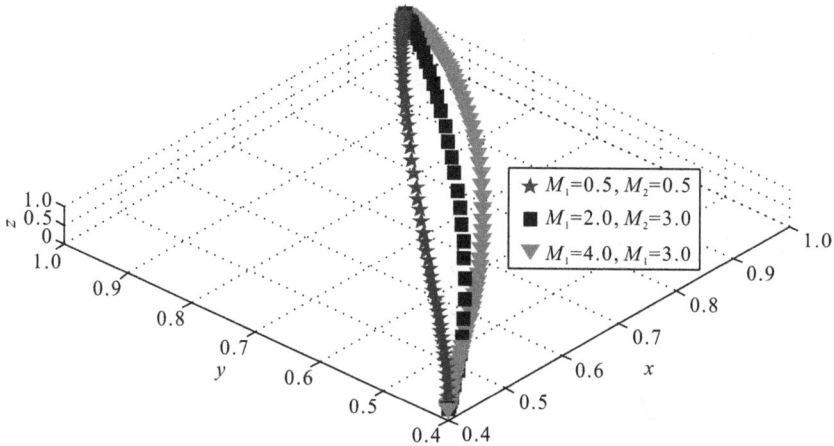

图 4-15 不同碳权质押下的博弈系统演化仿真

（六）博弈系统对于政府惩罚强度系数的敏感性分析

在政府惩罚强度为 $\xi=2.0$、$\xi=1.0$ 和 $\xi=0.5$ 时进行博弈系统的敏感性仿真分析，仿真结果如图 4-16 所示。根据图 4-16 可知，政府部门对金融机构不支持创新行为的惩罚力度越大，各方选择协同创新的概率越大，企业 A、企业 B 和金融机构分别会选择协同创新、绿色支持 LCEFT 创新的策略，并成为最终的稳定策略（稳定点为 M_8）。在政府惩罚—激励政策引导下，金融机构参与低碳、绿色和环保项目也有较好的营利性，并扩展了金融机构的客户群体，同时还能承担社会环境保护责任，获得良好的社会声誉，从而提升金融机构的竞争力。因此，长期来看，金融机构有参与 LCEFT 创新、推进绿色信贷发展的动力。现实中，金融机构支持 LCEFT 协同创新项目最大的障碍来自协同创新项目的风险性：（1）科学的绿色信贷评级体系缺失；（2）LCEFT 协同创新信贷项目收益具有不确定性。在科学的绿色信贷评级体系缺失的条件下，如果金融机构支持的 LCEFT 协同创新项目失败，那么金融机构将承受巨大的经济损失，容易形成坏账和烂账，金融机构管理人员也会因此需要承担责任；LCEFT 协同创新项目收益的不确定性也增大了金融机构的风险。因此，如果不解决上述问题，博弈系统难以达到假设条件，即使惩罚力度加大，系统也难以收敛于 M_8。综合上述分析，政府部门不仅要加强对绿色金融的监管力度，同时需要完善绿色信贷体系，帮助金融机构降低信贷风险，否则金融机构难以采取绿色信贷支持 LCEFT 协同创新项目。

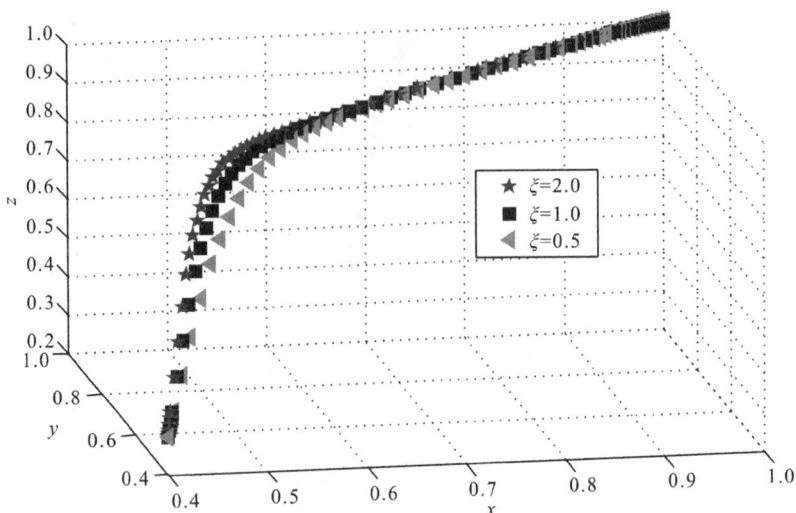

图 4-16 不同政府惩罚强度下的博弈系统演化仿真

（七）博弈系统对于信用等级评估系数的敏感性分析

在信用等级为 $\pi_1 = 10$、$\pi_2 = 5$，$\pi_1 = 2$、$\pi_2 = 2$ 和 $\pi_1 = 1$、$\pi_2 = 1$ 时进行博弈系统的敏感性仿真分析，仿真结果如图 4-17 所示。由图 4-17 可知，企业的信用等级越高，各方选择协同创新的概率越大，企业 A、企业 B 和金融机构分别会选择协同创新、绿色支持 LCEFT 创新的策略，并成为最终的稳定策略（稳定点为 M_8）。在现有信贷评估体系下，信用评估结果直接影响企业能否获得金融支持，但在现实中很多企业无法从商业银行获得信贷，主要是由其财务制度不完善、可抵押资产有限等原因造成。在本书假设体系下，企业可以通过抵押初始碳权获取绿色信贷支持，降低了企业获取信贷支持的难度，同时也降低了金融机构的信贷风险，即打破了传统信贷体系，催生新的信用评估体系，促进企业方、学研方合作开展 LCEFT 创新项目。绿色信贷的信用催化机制实质是通过货币量的扩大，即信用创造，加速资本形成，促进生产中资源的节约和使用效率的提高，从而把潜在的资源现实化，推动产业结构调整与经济总量增长。在信用催化机制作用下，资金投向不限于已经存在明显效益的产业或项目，往往以资金的增值返还为出发点，选择具有超前性以及有广泛的前向、后向和旁侧扩散效应的产业项目进行投资，催化绿色产业、主导产业及其合理的产业结构体系的构建与调整更迭。[1] 因此，政府部门需要为金融机构建立有效的碳

---

[1] 陈伟光，胡当. 绿色信贷对产业升级的作用机理与效应分析[J]. 江西财经大学学报，2011(4)：12-20.

权质押评估和管理制度,并且要建设碳信用体系,从而发挥绿色信贷的信用催化作用,促进 LCEFT 协同创新项目的开展。

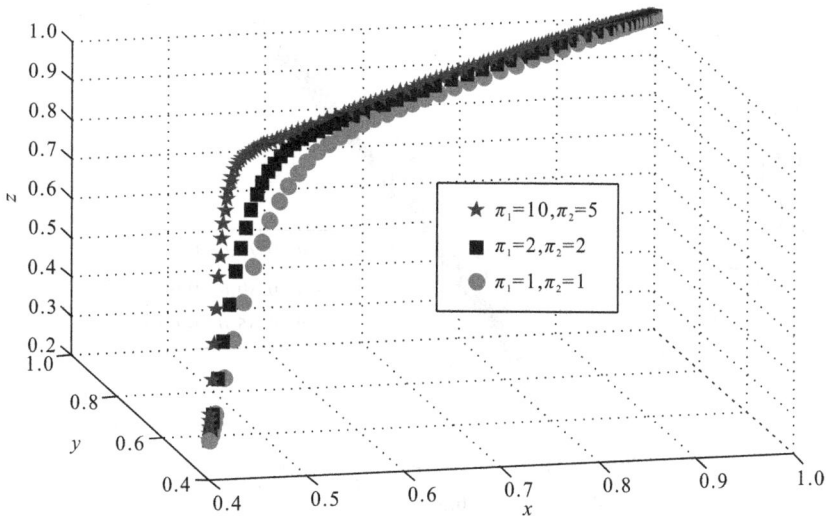

图 4-17　不同信用等级评估下的博弈系统演化仿真

(八)博弈系统对于 LCEFT 创新项目投资风险的敏感性分析

在创新项目风险系数为 $\theta_s=0.90$、$\theta_c=0.10$,$\theta_s=0.80$、$\theta_c=0.60$ 和 $\theta_s=0.65$、$\theta_c=0.60$ 时进行博弈系统的敏感性仿真分析,仿真结果如图 4-18 所示。由图 4-18 可知,企业进行的创新项目风险越低,各方选择协同创新的概率越大,企业 A、企业 B 和金融机构分别会选择协同创新、绿色支持 LCEFT 创新的策略,并成为最终的稳定策略(稳定点为 M_8)。目前中国商业银行还没有建立起绿色信贷评级指标体系,在国外通行的绿色信贷评级指标主要有定量指标与定性指标,在没有第三方参与的情况下,受专业知识所限,银行难以通过评估报告掌握企业的 LCEFT 协同创新项目的风险等级。由于在 LCEFT 协同创新项目信贷投放决策阶段,企业尚未暴露的环境风险难以评估,一旦风险等级评估失效,绿色信贷项目资金安全将会面临巨大风险。绿色信贷的推动离不开政府监管部门与金融机构的共同努力,但还需要引入相应的中介服务机构来予以支撑。[①] 中介机构为金融机构提供专业的风险评估服务,为 LCEFT 协同创新项目信贷提供决策参考。因此,综合上述分析,在 LCEFT 协同创

---

① 陈立铭,郭丽华,张伟伟.我国绿色信贷政策的运行机制及实施路径[J].当代经济研究,2016(1):91-96.

新项目的信贷过程中,有必要引入第三方中介对 LCEFT 协同创新项目进行评估,从而为金融机构实施绿色信贷支持 LCEFT 协同创新提供决策依据。

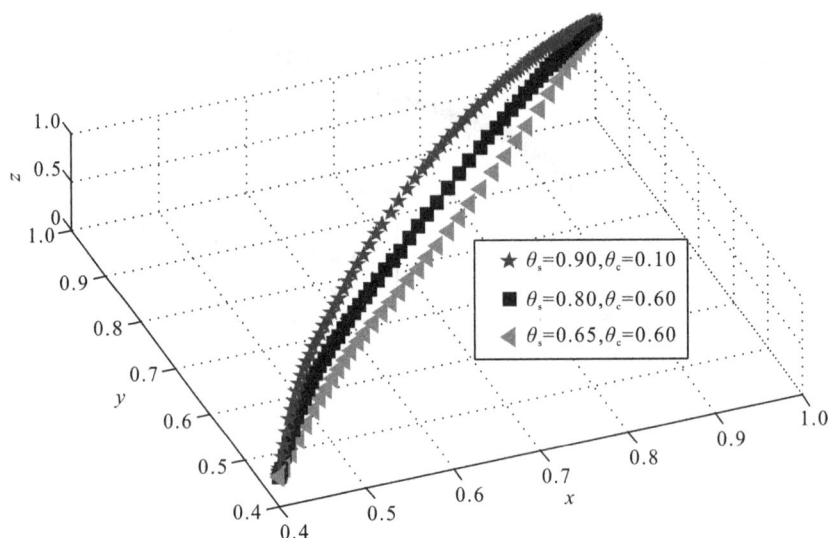

图 4-18　不同创新项目风险评估下的博弈系统演化仿真

(九)博弈系统对于 LCEFT 创新投资回报比的敏感性分析

在金融机构的协同创新项目投资回报比为 $\varepsilon=9.0$、$\varepsilon=1.5$ 和 $\varepsilon=1.0$ 时进行博弈系统的敏感性仿真分析,仿真结果如图 4-19 所示。由图 4-19 可知,金融机构在协同创新项目中投资回报比越高,各方选择协同创新的概率越大,企业 A、企业 B 和金融机构分别会选择协同创新、绿色支持 LCEFT 创新的策略,并成为最终的稳定策略(稳定点为 M_8)。LCEFT 协同创新项目的主要收益来自环境收益,但在现实中,政府对企业污染的监管力度过小,企业缺乏 LCEFT 创新的动力。在理想情况下,由于政府环境管制日益严格,如果贷款企业不遵守环保政策,就会面临罚款、支付治理成本、暂时或永久停业。[①] 高额的罚款必将影响企业的营利能力,进而影响企业偿还贷款的能力,造成金融机构的信贷风险。这一方面迫使企业进行 LCEFT 协同创新;另一方面使金融机构在投放贷款时不得不对自身所面临的环境风险做详尽评估,切实落实绿色信贷政策。然而,在我国环境违法的成本太低,而守法成本过高,导致违法能够获得更好的收益,我国环境违法成本平均不及

---

① 蔡海静,汪祥耀,谭超.绿色信贷政策、企业新增银行借款与环保效应[J].会计研究,2019(3):88-95.

治理成本的 10％,不及危害代价的 2％。[①] 在这种情况下,企业方、金融机构都缺乏参与 LCEFT 协同创新的动力。企业环境风险损失得不到应有的承担,极大影响了 LCEFT 协同创新项目的价值,金融机构采取绿色信贷的激励便会大打折扣。另外,群众对低碳、绿色和环保产品的认知和价值判断都处于发展阶段,增加了 LCEFT 创新产品的市场价值等的不确定性,也影响了企业还贷能力,这进一步阻碍了企业方、学研方和金融机构进行 LCEFT 协同创新。

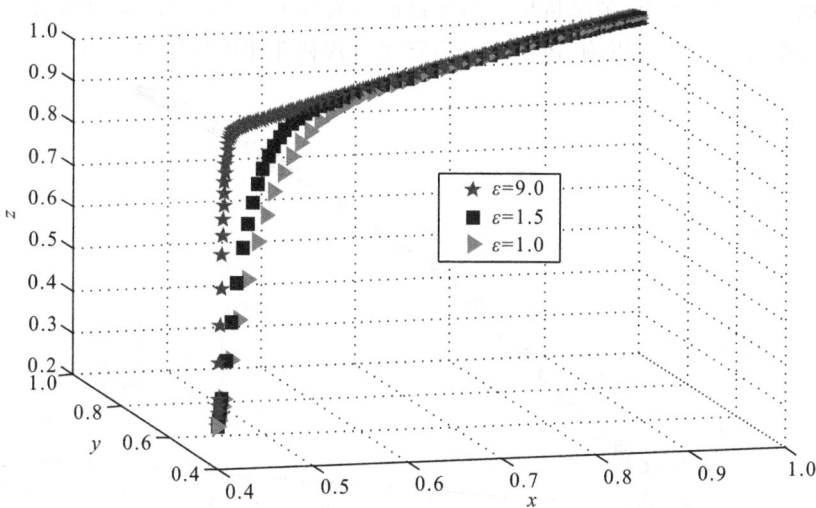

图 4-19　不同创新项目投资回报比下的博弈系统演化仿真

（十）博弈系统对于其他非低碳项目投资回报比的敏感性分析

在金融机构的非低碳项目投资回报比为 $\pi_1＝10$、$\pi_2＝5$,$\pi_1＝2$、$\pi_2＝2$ 和 $\pi_1＝1$、$\pi_2＝1$ 时进行博弈系统的敏感性仿真分析,仿真结果如图 4-20 所示。根据图 4-20 可知,金融机构进行非低碳项目投资获得的回报比越低,各方选择协同创新的概率越大,企业 A、企业 B 和金融机构分别会选择协同创新、绿色支持 LCEFT 创新策略,并成为最终的稳定策略(稳定点为 M_8)。如果金融机构在非低碳项目能够获得超额收益,例如信贷给"三高"企业,不仅信贷风险小,且金融机构的收益稳定且可观,金融机构不会采取支持 LCEFT 创新的信贷政策,此时,系统可能收敛于 M_1。企业方和金融机构进行 LCEFT 创新

---

① 杨朝飞.环境污染损害鉴定与评估是根治"违法成本低和守法成本高"顽疾的重要举措[J].
环境保护,2012(5):17-24.

的目的是获得更好的市场收益和环境收益。但企业在绿色金融支持下进行协同创新转变生产方式，生产方式的转变是否能够成功存在风险，同时转变成功后是否能够为金融机构带来收益也存在一定的风险，例如新产品是否被市场接受。另外，"三高"产业一般也是"高利润、高回报"的产业，金融机构逐步退出对"三高"产业的信贷市场，这会使得其信贷规模缩小，对金融机构的整体营利性造成影响。[①] 金融机构基于自身利益最大化，可能在政府监管缺失的条件下支持"两高"企业项目而不支持 LCEFT 协同创新，形成劣币驱逐良币的市场现象。综合来看，金融机构参与绿色信贷支持 LCEFT 协同创新的动机不仅仅受政府政策的影响，还受绿色信贷项目营利性和风险性的影响。

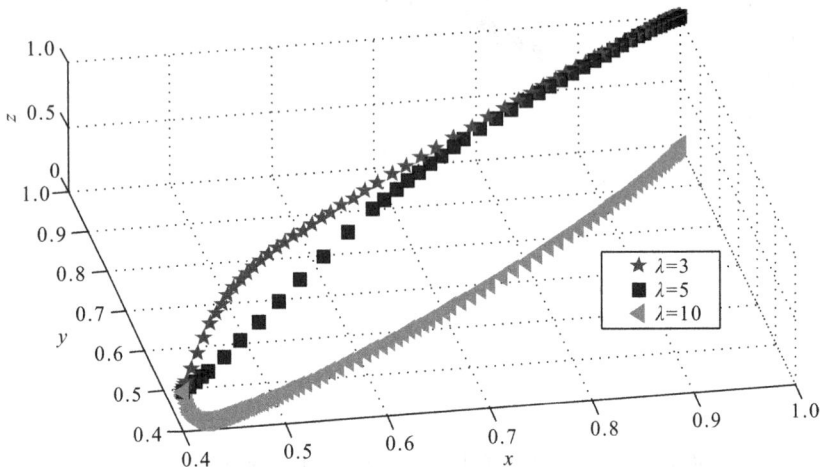

图 4-20 不同非低碳项目投资回报比下的博弈系统演化仿真

（十一）博弈系统对于政府补贴强度系数的敏感性分析

在政府对于 LCEFT 创新行为的补贴强度为 $t=0.5$、$t=2$、$t=9$ 时进行博弈系统的敏感性仿真分析，仿真结果如图 4-21 所示。根据图 4-21 可知，金融机构在协同创新项目中投资回报比越高，各方选择协同创新的概率越大，企业 A、企业 B 和金融机构分别会选择协同创新、绿色支持 LCEFT 创新的策略，并成为最终的稳定策略（稳定点为 M_8）。基于 R&D 的外部性，以及 R&D 在协同创新中的重要作用，寻求 R&D 成本在协同创新内部的纵向协调以及外部的政府补贴，应是有效推动协同创新良性发展的重要途径。政府补贴通过外部力量的引入，对学研方 R&D 投入产生更强的正向引导作

---

① 苏冬蔚，连莉莉.绿色信贷是否影响重污染企业的投融资行为？[J].金融研究，2018(12)：123-137.

用,从而进一步改善协同创新的整体绩效。[①] 因此,政府 R&D 补贴是推进协同创新的一种有效方式。很多学者也持相同的观点,本书通过数值模拟仿真验证了其观点,但本书认为,政府对企业的 LCEFT 创新补贴能够促进企业加大创新投入,但成效预计较差,政府部门应该制定补贴政策鼓励消费者购买低碳、绿色产品,大幅度提升 LCEFT 创新的市场价值,降低其市场收益不确定性,从而降低金融机构信贷的风险和企业创新收益的不确定性,增大博弈主体参与的动机。[②] 新能源汽车的补贴政策已经证明了该项结论。新能源补贴政策虽然极大影响了消费者对于新能源汽车的消费热度,但是其在引导消费者低碳、绿色产品消费方面的作用显而易见。这也说明引导消费者购买低碳、绿色产品不能单单依靠政府部门的补贴机制,政府部门无法支付高额的补贴成本,需要社会其他力量的加入。

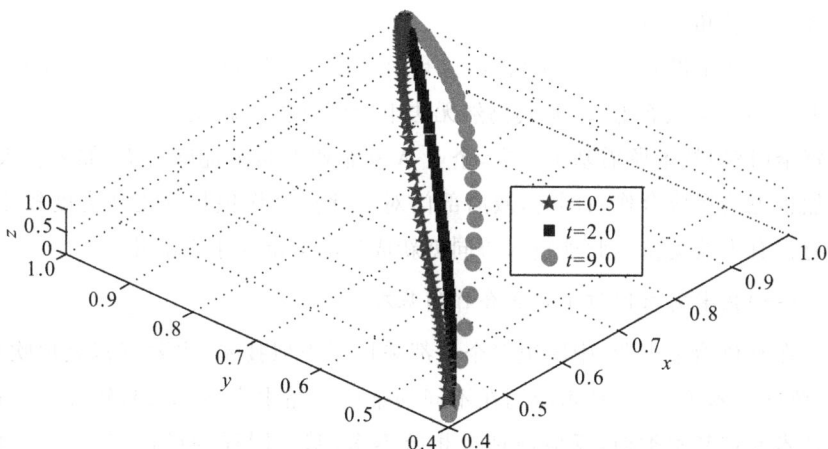

图 4-21 不同创新行为政府补贴下的博弈系统演化仿真

第四节 个案分析与对策探讨

一、个案分析

发展中国家,以中国为例,企业 A 和企业 B 协同创新的背景资料以及详

① 吴晨,武良鹏,吕辉.绿色信贷对企业生态创新的影响机理研究[J].软科学,2019(4):53-56.
② 张一晨,孙英隽.绿色信贷政策有效性分析——基于政府和银行的博弈视角[J].生产力研究,2017(10):40-43.

细策略分析过程详见附录B。企业A和企业B采用柴油气液混合顶吹技术后,节能减排效益十分明显,具体如下。

以企业A电炉渣年产量最大(年产45万吨电炉渣)的生产环节来看,2016年全年相较于2015年节省了104.4万升柴油,相当于节能1247.38吨标准煤当量,减少碳排放量为3353.63吨CO_2,节能效益十分明显。企业B同样的炉型,但生产规模小,2016年全年相较于2015年节省了70.8万升柴油,节能相当于845.92吨标准煤当量,减少了2274.28吨CO_2,节能减排的效益十分明显。此外,经济效益也十分明显,采用柴油气液混合顶吹技术后弃渣含铜降低了11.67%,企业A全年可多回收405吨铜,多回收1.44吨银和15.75千克金;企业B全年可多回收385吨铜,多回收1.01吨银和9.08千克金。综合来看,柴油气液混合顶吹技术的创新应用给企业带来了巨大的经济效益和环境效益。

本案例中没有涉及金融机构,这是由于在当前信贷体系下,企业A和企业B虽然作为大企业,但是其仍然无法申请到此类贷款支持,只能由企业自筹资金(该项技术所需基金较少,企业A和企业B自筹能够解决,如果较大,显然也无法形成合作);同时,政府部门对于此类合作项目的支持力度较小,没有强有力的支持。此项技术协同创新成功的关键在于以下几点。

(一)技术需求同质是企业合作的基础

在有色冶金行业,中国很多企业都采用了类似技术,主要有富氧顶吹技术、侧吹技术等,这些技术应用在不同的金属产品生产,例如铝、铅和铜。这些技术原理基本类似,反应原理也相差不多,基于同样的矿产资源品质,例如铜矿品位较低的现实背景下,企业在生产环节的LCEFT技术很多同质,只是存在较小的差别。这是企业进行合作的基础,也是企业降低协同创新成本的现实条件,案例中的合作模式值得很多企业进行学习。

(二)技术市场经济价值是企业关注的焦点

本案例中,企业A和企业B都十分关注弃渣中铜含量问题,其关注的重点并非生产过程中能耗和污染物排放问题,这一方面和有色行业污染物排放量较小有关;另一方面是因为解决弃渣中铜回收问题能够降低企业生产成本,获得更好的经济效益。企业重视技术市场经济价值,对环境效益不够重视的现实原因是企业排放违法成本较低,虽然企业重视环境保护问题,但是企业不重视环境保护效益,其进行技术创新的根本目的是提升经济效益。

（三）学研方是企业创新生产的重要服务力量

企业智力资源有限，需要坚持"产学研"联合，结合生产开展试验研究，使学研方成为企业技术创新的重要服务力量。学研方参与协同创新主要是能够弥补企业智力资源不足，但智力资源的价值难以衡量，为此，学研方和企业方在合作过程中对知识的价值认知不同就难免出现消极合作的现象。在知识经济时代，知识在市场竞争中的价值日益凸显，甚至能够影响国家竞争力，而知识的市场化和规模化一直是知识价值转化最为关键的环节，为此，单独依赖企业方和学研方通过漫长的合作逐步达到知识价值认同统一，显然效率十分低下，只有在外部力量推动和治理机制优化的前提下才能够更好地发挥学研方的力量。

二、研究结论与对策探讨

综合 LCEFT 协同创新 2×2 演化博弈和政产学研金多群体演化博弈稳定性分析结果、数值模拟仿真和个案分析结果，所得主要研究结论和对策如下。

（一）产学研协同创新的博弈结果分析与对策讨论

（1）面对气候变化，企业进行协同创新是当前技术和市场环境下技术创新的合理选择。企业协同创新时，由于创新资源集中能够提升 LCEFT 创新成功的概率，减少 LCEFT 创新风险和收益的不确定性，有利于企业利润的积累，为今后的 LCEFT 再创新、提升企业核心竞争力奠定更坚实的资金基础和智力人才队伍。

（2）产学研协同创新的额外成本高低直接影响企业 LCEFT 创新策略选择。如果产学研协同额外成本过高，企业双方都不会与学研方进行合作，从而产学研的创新模式无法形成。对于政府部门来讲，构建产学研平台、科技企业孵化器，制定有效的激励机制，降低双方合作创新成本，对于 LCEFT 创新非常重要，政府 R&D 补贴资金是促进产学研合作、降低产学研合作成本的重要途径。

（3）企业可以通过协同创新获得技术创新所需的知识、技术和仪器设备等共享资源，降低创新成本，提高企业的技术创新能力。一方面，企业 A 和企业 B 或者与学研方能够在合作中互补优势资源，从而形成"$1+1>2$"的功能放大作用，产生"协同剩余"效应，为合作各方提供更好的收益，是博弈主体进行协同创新的直接动力；另一方面，合作企业对 LCEFT 协同剩余的预期越高,在协同过程中的积极性将越强。促进协同剩余最大化的形成,需要充分发挥政府、金融机构与中介机构等辅助创新主体在协同创新过程中的作用。

(二)政产学研金多群体演化博弈分析与对策讨论

(1)金融机构的参与的确能够促进企业进行协同创新。金融机构支持协同创新的基本动力是金融机构在政府的激励和惩罚机制下支持 LCEFT 创新能够获得的收益比进行其他投资更大。金融机构支持 LCEFT 创新的动机不仅仅受到政府政策的影响,还受到绿色信贷项目营利性和风险性的影响。

(2)企业与企业、学研方在资源和能力上的互补性正是 LCEFT 协同创新联盟形成的关键动力,也是企业获取额外收益的关键来源。协同创新过程中的关键因素还是各方资源优势的发挥,共同提升技术创新的市场价值,但 LCEFT 市场价值受到政府环境规制政策和市场环境的影响,我国政府需要进一步强化环境规制,同时需要优化低碳、绿色产品的市场环境,引导消费者对低碳、绿色产品的认同。

(3)搭建协同创新中心、平台,支持中介市场发展以及创新补贴等政策都将积极地促进 LCEFT 协同创新,但这并非整体最优的策略,还需要发挥政府部门的关键引导作用以及金融机构的杠杆作用:一方面,需要政府部门完善立法体系,提高环境污染和排放企业违法成本,为企业创造良好的 LCEFT 创新环境;另一方面,需要金融机构进行积极的金融创新,支持企业通过碳权质押等方式获取绿色信贷支持,为企业创造良好的信贷生态环境,从而引导系统向着政府部门主动加强监管、优化创新环境的方向发展。企业与企业、学研方积极协同创新,金融机构积极主动实施绿色信贷政策支持 LCEFT 创新,最终实现通过技术创新应对和适应气候环境,并提升国家核心竞争力的目标。

(4)政府部门引导各方协同创新,需要在以下两个方面进行完善:一是政府部门不仅需要完善激励和惩罚机制、加强对绿色金融的监管力度,同时需要完善绿色信贷评估体系,创新引入第三方评估机构,帮助金融机构降低信贷风险,还需要建立有效的碳权质押评估和管理制度,并且要建设碳信用体系,发挥绿色信贷的信用催化作用,促进 LCEFT 协同创新。二是政府部门应该制定补贴政策鼓励消费者购买低碳、绿色产品,强化绿色理念宣传,大幅度提升 LCEFT 协同创新的市场价值,降低创新市场收益的不确定性,激发各主体参与 LCEFT 协同创新的动力。此外,政府部门应强化环境保护法治建设,加大对企业违法行为的惩戒力度,提升企业违法成本,并需要完善补贴激励机制,引导发展中国家企业进行 LCEFT 创新。

第五节 本章小结

本章研究了发展中国家企业创新策略选择问题。首先,分析了发展中国家企业创新模式,得到了模仿创新不符合应对气候变化现状的原因,确定发展中国家企业的创新策略选择范围;然后构建了 LCEFT 协同创新模型,分析了技术总价值、创新成本投入、成功概率等因素对企业协同创新的影响,并通过数值模拟仿真分析了各参数对协同创新演化系统的影响机理。其次,分析了政府部门主导下,金融机构执行绿色信贷对 LCEFT 协同创新的影响,构建了政产学研金多群体演化博弈模型,分析了初始碳权质押、信用等级评估、投资回报比等参数对金融机构和创新企业策略选择的影响,得到了金融机构、创新企业和政府部门在绿色金融创新、创新环境优化等方面的对策与建议。

第五章　低碳环境友好技术创新扩散中企业扩散演化博弈研究

　　本章针对 LCEFT 创新扩散中扩散企业间的矛盾与利益冲突，根据 LCEFT 应用中的协同效益，引入了协同效益、技术互补性、技术溢出以及行业惩罚参数等，构建了 LCEFT 创新扩散过程中扩散企业间的两群体非对称演化博弈模型，借助 Matlab 进行数值模拟仿真，分析了各参数对 LCEFT 创新扩散系统的影响，进而探讨促进企业主动进行 LCEFT 创新扩散的对策与建议；在此基础上，鉴于中介机构的重要作用，引入了中介服务成本、协同效益强化系数和风险规避等参数，构建了中介机构参与下的 LCEFT 创新扩散多群体演化博弈模型，借助 Matlab 进行数值模拟仿真，分析了各参数对中介机构介入 LCEFT 创新扩散多群体演化博弈系统的影响，探讨了政府部门监管中介机构促进 LCEFT 创新扩散的对策。

第一节　低碳环境友好技术创新扩散中企业扩散决策困境

一、低碳环境友好技术创新扩散现状

　　低碳环境友好技术创新固然非常重要，但就发展中国家现有的技术水平以及技术创新能力来看，最大限度地利用现有的 LCEFT 显得更加务实，能够更加快速地满足发展中国家减缓和适应气候变化的需求。

　　发展中国家 LCEFT 难以流动的主要原因是技术市场服务体系不健全，交易平台建设落后，LCEFT 信息交换速度慢、质量不高，致使 LCEFT 创新

信息难以快速地被需求方掌握,LCEFT 的大规模应用就难以实现。[①] 以中国为例,中国的科研资源积蓄在高等院校和科研院所,这些科研机构研发的 LCEFT 难以被技术需求方搜索获得,创新系统中各类市场主体之间难以交流与沟通,技术创新产品和市场需求产品可能脱钩;同时,由于创新系统管理机制不完善,技术扩散导致的技术溢出损失较大,创新方的技术扩散受到了很大制约;发展中国家的低碳产品市场价值不确定,市场需求不明显,低碳产品和绿色产品的推广渠道狭窄,造成技术创新动力不足,创新扩散的影响范围就十分有限。[②] 另外,发展中国家很多企业发展需要依赖大量的煤作为基础能源,企业关注的是投资回报比,对于生态环境的重视程度不够,导致企业主动采纳 LCEFT 的动力不足,LCEFT 创新扩散市场规模较小。更为重要的是,很多发展中国家低碳经济发展战略推行存在很多障碍,由于地区发展不均衡,LCEFT 创新扩散成本只有在部分地区才能转化为收益,而很多地方无法消纳成本,地方政府就会消极执行上级政府的低碳政策,使得 LCEFT 创新扩散受到区域经济发展水平的限制。[③] 以小排量汽车为例。早在 1996 年,中国就在鼓励发展小排量汽车,有关资料显示,截至 2020 年底,中国很多地方的小排量汽车歧视政策仍然存在;以钢铁行业为例,钢铁行业是能源消耗密集行业,高污染、高排放。 近年来,我国钢铁行业节能环保虽然取得了显著成效,部分先进钢企的部分能耗指标已接近或达到国际先进水平,但与美、日、韩等国相比,国内重点钢铁企业吨钢可比能耗与国外先进企业相比差距很大,我国吨钢可比能耗高于国外 64.4kgce(能源消耗量)。[④] 近年我国在钢铁领域取得了长足进步,吨钢可比能耗高并不是技术差距造成,更多是因为先进技术集中在少数钢厂,例如宝钢集团,由于国内竞争,企业之间的技术没有实现共享,技术扩散难以推行。 近年国家在探索以并购和重组的方式提高 LCEFT 的应用规模,降低 LCEFT 创新扩散的市场和制度阻碍。另外,中国在有色冶炼技术上的发展也较为先进,但先进技术扩散有限,大部分地区技术较为落后,主要以顶吹熔池熔炼技术为主,在余热利

---

①　吕一博,聂婧斐,刘泉山,等.产业技术群体分化对创新扩散的影响研究[J].科研管理,2020(5):78-88.

②　胡文玉,王文举,刘用.技术创新扩散动力机制及测度研究——基于 5 类城市(288 个地级以上城市)ICT 实证分析[J].技术经济,2020(9):89-100.

③　徐国军,刘澄.多维距离视角的技术创新扩散特征分析[J].科技管理研究,2019(23):1-7.

④　刘贞,蒲刚清,施於人,等.钢铁行业碳减排情景仿真分析及评价研究[J].中国人口·资源与环境,2012(3):77-81.

用、烟气治理等方面较为落后。[①] 熔池熔炼是炉料在液态熔池（熔渣、熔锍）中迅速完成气—液—固相间主要反应的熔炼方法，适用于有色金属原料熔化、硫化、氧化、还原、造锍和烟化等冶金过程。铜冶炼富氧熔池熔炼技术一直受到国内大、中型铜冶炼厂普遍重视，中国在艾萨熔炼技术方面基本已经实现了部分赶超，在技术专利的国际化上也取得了长足的进步，但目前在国内技术普及率不如顶吹高，适合我国矿产资源特质的技术创新扩散比率较低，在冶金领域具有很高的节能减排潜力。从新闻媒体的报道来看，有很多媒体对新能源汽车的推广一直偏好于负面报道，这些都不利于 LCEFT 创新扩散。总之，发展中国家企业现有的 LCEFT 创新扩散难，现有技术创新只在局部地区发挥了节能降耗的作用，减缓气候变化的作用和成效十分有限。

二、低碳环境友好技术创新扩散困境

气候变化的科学研究逐步揭示了全球气候变暖威胁到人类可持续发展的客观事实。适应和应对气候变化成为人类的共同议题，LCEFT 创新扩散能够扩大清洁技术利用率和覆盖范围，不仅对中国经济社会实现可持续发展具有重要意义，还对世界各国协同应对气候变化具有重要意义，LCEFT 创新扩散是人类共同应对和适应气候变化的共同选择。[②] 低碳环境友好技术扩散风险和需求矛盾对立。在碳交易市场逐步完善的背景下，企业未来对于低碳环境友好技术的需求十分旺盛，但低碳技术创新扩散仍然困难重重。

（一）政府困境

发展中国家存在很多难以调和的经济发展与环境保护之间的矛盾。很多国家当前正处于工业化过程中，经济底子薄，单纯依靠政府的实力难以大范围地推进 LCEFT 创新。政府部门通常采用补贴的方式激励企业扩散和采纳 LCEFT，但补贴的额度较小，相较于企业的研发和技术采纳应用成本，其吸引力不足；政府部门即使采用多种组合激励政策和工具，例如减免税收、名誉奖励等方式，企业所能获得的收益仍然十分有限，政府部门不可能

---

① 肖汉杰，王华，王仕博. 中国有色行业节能减排技术先进适用性的可变模糊测度与评价[J]. 科技管理研究，2016(15)：57-62.

② Hoffmann A A, Sgrò C M. Climate change and evolutionary adaptation[J]. Nature, 2011 (7335)：479-485.

将过多的资源应用于 LCEFT 创新扩散,其还需要兼顾经济社会发展的整体需求和供给之间的政策平衡。[①] 为此,发展中国家政府部门只能通过深化改革,优化市场经济机制,例如通过制定碳交易和碳税制度,但由于这些制度一旦实行就会增加企业的生产和运行成本,有可能会影响企业正常经营,甚至影响企业的创新投入,导致创新效率进一步降低。同时,很多地方政府为了确保地方经济的发展,在环保方面的支持力度一直处于较低水平,使得国家政策的公平性和有效性受到较大影响。中央政府部门为了确保区域稳定发展,LCEFT 创新扩散的相关政策制度也难以全面展开。[②]

（二）企业困境

企业进行 LCEFT 创新扩散的目的是在市场竞争中获取最大的收益,但 LCEFT 通常属于技术创新,而采用创新技术需要潜在采纳者投入大量资金和人力资源,并且效益通常不确定,而这种不确定性将使企业在采用 LCEFT 时需承担一定的风险;同时,企业可能因为扩散 LCEFT 而失去在未来碳交易中的竞争优势,企业也不愿意透露高成本低碳环境友好技术 Know-how(Know-how 技术有别于技术硬件设备本身,具有知识性和经验性,并具有一定隐蔽性)的信息而被采纳方低价支付或者被模仿遭受损失。[③]另外,LCEFT 创新扩散中的温室气体排放 GHGs 减排及其带来的附带利益都具有"公共物品"的性质。同时,LCEFT 技术创新扩散过程中总是存在技术溢出。为此,企业都有"搭便车"、让对方采取行动的动机。作为有限理性人,合作企业之间为了防范合作方的"搭便车"和机会主义行为,在 LCEFT 创新扩散合作过程中相互提防、互设障碍,则创新扩散合作必然无法深入,从而导致合作失败。[④] 另外,信息不对称增大了潜在采纳企业"搭便车"和机会主义的行为动机,常常给 LCEFT 采用企业带来损失,造成其他潜在采纳企业采用意愿不强,最终导致 LCEFT 创新扩散陷入"囚徒困境"。[⑤]

---

① 曾小平.我国政府环境规制在低碳经济发展中作用的实证分析[J].工业技术经济,2016(6):140-146.

② 胡颖梅,江玉国,范莉莉.论政府低碳规制体系构建[J].企业经济,2016(4):41-46.

③ 蒋佳妮,王灿.气候有益技术 Know-how 转让之知识产权立法障碍及应对[J].兰州大学学报(社会科学版),2015(1):147-156.

④ 郑晖智.环境规制下的企业绿色技术创新与扩散动力研究[J].科学管理研究,2016(5):77-80,88.

⑤ 马文.后巴黎时代环境友好技术转让研究[J].中国海洋大学学报(社会科学版),2017(4):107-114.

（三）中介机构困境

在 LCEFT 创新扩散过程中,创新提供者与潜在采纳企业间存在着第三方参与人——中介机构。中介机构是连接创新提供者和潜在采纳企业间不可缺少的重要环节,是连接技术提供者与使用者的桥梁,是促进创新的催化剂。[①] 为了解决当前 LCEFT 创新扩散过程中信息不对称问题,很多发展中国家大力支持中介机构市场的繁荣发展。中介机构在信息扩散和传播方面具有独特的优势,能够通过自身的信息平台和关系网络,将 LCEFT 需求信息和供方创新信息进行快速扩散,是 LCEFT 创新扩散过程中的重要参与主体。发展中国家中介机构多属政府机构,市场制度管理不健全,中介机构本身质量参差不齐,市场竞争不正当现象时有发生,技术转移中介机构的管理体制需要逐步完善。[②] 发展中国家中介机构在 LCEFT 创新扩散中发挥的作用无法确定。如果中介机构在扩散过程中隐匿 LCEFT 创新关键知识和信息,使得合作方任何一方遭受损失,中介机构在 LCEFT 创新过程中就会发挥副作用,长期来看并不利于 LCEFT 创新扩散。反之,中介机构如果能够使得双方在 LCEFT 创新扩散获得收益,中介机构将发挥正向作用。中介机构作为服务主体,其生产经营的主要目的是获取经济收益,对于 LCEFT 本身的正外部性收益并不关心,其决策过程就是获取收益的过程,在市场机制不完善的条件下,其"欺诈"和"不诚信"行为没有有效的机制约束,为了获得更多的收益,很可能采取不利于 LCEFT 创新扩散的决策;中介机构采取有利于 LCEFT 的决策,需要花费更多的成本去搜寻和调查供给双方的诚信、实力以及技术本身知识价值,从而降低了自身收益,这和中介机构经营的本质目的相违背。

第二节　低碳环境友好技术创新扩散的两两演化博弈

一、模型假设

从发展中国家企业的角度来看,企业进行 LCEFT 创新扩散的目的是在

---

① 杜洪旭,莫小波,鲁若愚. 中介机构在技术创新扩散中的作用研究[J]. 软科学,2003(1):47-49.

② 和金生,司云波. 促进我国技术转移中介机构发展的途径研究——美日法技术转移实践的启示[J]. 中国科技论坛,2010(1):157-160.

市场竞争中获取最大的收益,但扩散 LCEFT 存在技术溢出风险,企业可能因此失去市场竞争力。同时,LCEFT 创新扩散中带来的温室气体排放 GHGs 减排及其附带利益都具有"公共物品"的属性,扩散企业都有"搭便车"、让对方采取行动的动机。因此,扩散企业作为有限理性人,为了防范合作方的"搭便车"和机会主义行为,扩散企业在 LCEFT 创新扩散合作过程中相互提防、互设障碍,导致合作无法深入。同时,现有创新扩散博弈研究中很少有学者注意到 LCEFT 技术之间的协同效益,关注减排协同效应的学者主要从减排技术本身及其产生的效果测量减排的协同效应,如姜晓群等[①]、王薇和邢智仓[②]。根据上述现实情况,研究假设如下。

假设1:在发展中国家某行业 LCEFT 创新扩散系统中存在两类有差别的有限理性群体1和群体2。群体1中随机抽取的企业称为企业 A;群体2中随机抽取的企业称为企业 B。企业 A 和企业 B 在某行业的某些生产环节都拥有 LCEFT,企业 A 和企业 B 的差异性主要体现在拥有的 LCEFT 种类不同和市场价值不同,且企业对于 LCEFT 创新消化吸收能力存在差异性。企业 A 和企业 B 可以采用的策略有{扩散(S_1)、不扩散(S_2)}两种,双方博弈行为是重复且动态的,二者不断根据对方策略的变化调整策略,直至达到"演化稳定策略"。假设群体1中选择 S_1 策略的概率为 x,选择策略 S_2 的概率为 $1-x$;群体2中选择 S_1 策略的概率为 y,选择策略 S_2 的概率为 $1-y$。x、y 均是关于时间 t 的函数。

假设2:企业 A 和企业 B 拥有的 LCEFT 能够为对方带来的收益存在差异性。企业 A、企业 B 拥有的 LCEFT 在节能降耗、减少碳排放的水平方面有差异,其带来的应对气候变化总效益(经济、社会和环境等)存在差异。C_A、C_B 分别表示企业 A、企业 B 采用 LCEFT 所能带来的总收益(碳排放、社会声誉、碳税、核心竞争力等)。假设企业 A 拥有的 LCEFT 总收益高于企业 B,即 $C_A > C_B$。

假设3:LCEFT 种类繁多,在同一生产环节可能采用不同技术,技术水平存在差异,如果技术间没有互补性或者异质性,技术存在重叠,那么企业间就没有必要进行 LCEFT 创新扩散。μ 表示企业 A、企业 B 的 LCEFT 互补性比例。企业只有将互补性 LCEFT 加以消化和吸收才能将其转化为自身节能降耗能力的一部分,从而增加收益。但由于企业人才、技术水平、管

---

① 姜晓群,王力,周泽宇,等.关于温室气体控制与大气污染物减排协同效应研究的建议[J].环境保护,2019(19):31-35.

② 王薇,邢智仓.内蒙古清洁发展机制项目协同减排效应研究[J].前沿,2020(4):96-102,124.

理能力等多方面的差异,企业消化和转化技术的能力存在差异。令 φ_A、φ_B 分别代表企业 A、企业 B 的技术转化能力系数。根据文献[1]可知,LCEFT 间具有协同效益,表明相互技术扩散将能够创造出"1+1>2"的协同效益,这也是企业愿意进行技术扩散的原因之一,协同效益系数为 δ_A、δ_B。根据上述假设,那么企业 A 选择扩散 LCEFT 时给企业 B 带来的收益为 $C_A\mu\delta_B\varphi_B$;企业 B 选择扩散 LCEFT 时给企业 A 带来的收益为 $C_B\mu\delta_A\varphi_A$。

假设 4:LCEFT 创新扩散存在技术溢出风险。假设令 γ_A、γ_B 分别为企业 A、企业 B 采用创新扩散策略时的风险损益系数。那么,企业 A 和企业 B 采取创新扩散策略时的风险损益分别为 $C_A\gamma_A$ 和 $C_B\gamma_B$。同时,企业 A、企业 B 采用创新扩散策略时,一方采取不扩散策略,从而实现"搭便车"和投机行为,不扩散企业将会在行业内失去信誉,且可能按照契约赔偿扩散方企业损失。令 K 为企业 A、企业 B"搭便车"和投机行为受到行业内惩罚的损益。

假设 5:政府部门通过建立环境规制鼓励企业扩散 LCEFT。为了激励企业间进行 LCEFT 扩散,减少企业在扩散中的经济损失,考虑加入一个激励系数 ϑ。因此,企业 A、企业 B 在选择扩散时得到的损失补偿分别为 $C_B\mu\varphi_A\vartheta$、$C_A\mu\varphi_B\vartheta$。

二、复制动态方程与稳定策略分析

(一)复制动态方程

根据上述假设,企业 A 和企业 B 选择 LCEFT 创新扩散策略对应的组合收益如下:

(1)企业 A 和企业 B 的组合策略为 $\{S_1, S_1\}$ 时,双方都选择 LCEFT 扩散策略。企业 A 和企业 B 此时既是扩散企业又是采纳企业,从而形成 LCEFT 创新扩散的协同效益。在该策略组合下,企业 A 和企业 B 的收益分别为:$[C_A+C_B\mu\varphi_A(\delta_A+\vartheta)-C_A\gamma_A, C_B+C_A\mu\varphi_B(\delta_B+\vartheta)-C_B\gamma_B]$。

(2)企业 A 和企业 B 的组合策略为 $\{S_1, S_2\}$ 时,由于只有企业 A 选择了扩散策略,而企业 B 选择了策略 S_2。根据假设,在此组合策略下,企业 A 和企业 B 的收益分别为:$(C_A+C_B\mu\varphi_A\vartheta-C_A\gamma_A, C_B+C_A\mu\delta_B\varphi_B-K)$。

(3)企业 A 和企业 B 的组合策略为 $\{S_2, S_1\}$ 时,由于只有企业 B 选择了扩散策略,而企业 A 选择了策略 S_2。根据假设,在此组合策略下,企业 A 和

① 郑季良,王希希.高耗能企业节能减排协同效应演变及预测研究[J].科技管理研究,2018(4):254-259.

企业 B 的收益分别为：$(C_A+C_B\mu\delta_A\varphi_A-K, C_B+C_A\mu\varphi_B\vartheta-C_B\gamma_B)$。

（4）企业 A 和企业 B 的组合策略为 $\{S_2, S_2\}$ 时，此时双方都选择不扩散策略。根据假设，在此组合策略下，企业 A 和企业 B 的收益分别为：(C_A, C_B)。

根据上述分析博弈主体的收益矩阵如表 5-1 所示。

表 5-1 博弈主体的收益矩阵

策略选择		企业 B	
		扩散(S_1)	不扩散(S_2)
企业 A	扩散(S_1)	$C_A+C_B\mu\varphi_A(\delta_A+\vartheta)-C_A\gamma_A,$ $C_B+C_A\mu\varphi_B(\delta_B+\vartheta)-C_B\gamma_B$	$C_A+C_B\mu\varphi_A\vartheta-C_A\gamma_A,$ $C_B+C_A\mu\delta_B\varphi_B-K$
	不扩散(S_2)	$C_A+C_B\mu\delta_A\varphi_A-K, C_B+C_A\mu\varphi_B\vartheta-C_B\gamma_B$	C_A, C_B

分析表 5-1 中博弈主体的收益矩阵，可得到各策略的收益和混合策略的收益。企业 A 的收益和企业 B 的收益分别如式（5-1）和式（5-2）所示。

$$\left.\begin{aligned}U_{A1} &= y(C_A+C_B\mu\varphi_A(\delta_A+\vartheta)-C_A\gamma_A)+(1-y)(C_A+C_B\mu\varphi_A\vartheta-C_A\gamma_A)\\ U_{A2} &= y(C_A+C_B\mu\delta_A\varphi_A-K)+(1-y)C_A\\ \overline{U}_A &= xU_{A1}+(1-x)U_{A2}\end{aligned}\right\} \quad (5\text{-}1)$$

$$\left.\begin{aligned}U_{B1} &= x(C_B+C_A\mu\bar\omega_B(\delta_B+\vartheta)-C_B\gamma_B)+(1-x)(C_B+C_A\mu\bar\omega_B\vartheta-C_B\gamma_B)\\ U_{B2} &= x(C_B+C_A\mu\delta_B\bar\omega_B-K)+(1-x)C_B\\ \overline{U}_B &= yU_{B1}+(1-y)U_{B2}\end{aligned}\right\} \quad (5\text{-}2)$$

运用非对称复制动态演化方式，得到低碳环境友好技术创新扩散系统的演化复制动态方程为：

$$F(x)=\frac{\mathrm{d}x}{\mathrm{d}t}=x(U_{A1}-\overline{U}_A)=x(1-x)(yK+C_B\mu\psi_A\vartheta-C_A\gamma_A) \quad (5\text{-}3)$$

$$G(y)=\frac{\mathrm{d}y}{\mathrm{d}t}=x(U_{B1}-\overline{U}_B)=y(1-y)(xK+C_A\mu\psi_B\vartheta-C_B\gamma_B) \quad (5\text{-}4)$$

式（5-3）表明，仅当 $x=0,1$ 或 $y=\dfrac{C_A\gamma_A-C_B\mu\psi_A\vartheta}{K}$，企业 A 选择扩散策略的比例是局部稳定的；式（5-4）表明，仅当 $y=0,1$，$x=\dfrac{C_B\gamma_B-C_A\mu\psi_B\vartheta}{K}$，企业 B 选择扩散策略的比例是局部稳定的。因此 LCEFT 创新扩散系统有 $O(0,0)$、$M(1,0)$、$N(0,1)$、$G(1,1)$ 和 $H\left(\dfrac{C_B\gamma_B-C_A\mu\psi_B\vartheta}{K}, \dfrac{C_A\gamma_A-C_B\mu\psi_A\vartheta}{K}\right)$ 五个局部均衡点。按照 Friedman 提出的方法，微分方程系统的演化稳定策略（ESS）可由该系统的雅可比矩阵的局部稳定性分析得到。由式（5-3）和式

(5-4)构成方程组,其雅可比矩阵为

$$J = \begin{bmatrix} (1-2x)(yK+C_B\mu\varphi_A\vartheta-C_A\gamma_A) & x(1-x)\cdot K \\ y(1-y)K & (1-2y)(xK+C_A\mu\varphi_B\vartheta-C_B\gamma_B) \end{bmatrix}$$

(二)稳定性分析

J 的行列式的值为 $\det J = \dfrac{\partial F(x)}{\partial x}\dfrac{\partial G(y)}{\partial y} - \dfrac{\partial F(x)}{\partial y}\dfrac{\partial G(y)}{\partial x}$,迹为 $\mathrm{tr} J = \dfrac{\partial F(x)}{\partial x} + \dfrac{\partial G(y)}{\partial y}$,当平衡点使得 $\det J > 0$ 且 $\mathrm{tr} J < 0$ 时,平衡点就处于局部稳定状态。以此为判定依据得出稳定点及其所对应系统演化状态的推论。

推论 1 当 $C_B\mu\varphi_A\vartheta < C_A\gamma_A$ 且 $C_A\mu\varphi_B\vartheta < C_B\gamma_B$ 时,$O(0,0)$ 是系统的演化稳定点。企业选择技术扩散策略时的风险损益大于政府部门的损失补偿,由于企业"收益大于成本"作为其参与技术扩散的有限理性选择,企业基于自身利益最大化将会选择不扩散策略。实际中,政府部门常常采用碳税补偿、排污税和排放许可证等市场规制工具引导企业进行技术扩散。从国内外先进技术扩散经验来看,企业采用技术扩散所带来的损失(竞争优势、市场份额、消费者认同等)巨大,且难以直接测算。有很多文献证明了环境规制在技术扩散中的重要性,但绿色、低碳等先进技术扩散和采纳与政策之间的关系十分复杂,可能呈现"倒 W 形"或锯齿状。[①] 因此,单纯依赖政府部门制定环境规制促进企业进行技术扩散是一个值得反思的问题。

推论 2 当 $C_B\mu\varphi_A\vartheta > C_A\gamma_A$ 且 $K+C_A\mu\varphi_B\vartheta < C_B\gamma_B$ 时,$M(1,0)$ 是系统的演化稳定点。企业 A 从政府部门得到的损失补偿大于其选择技术扩散策略时的风险损益,同时企业 B 获得技术扩散策略时的风险损益大于其行业内惩罚的损益和政府部门的损失补偿。这表明政府部门对企业 A 的补偿机制严重倾斜,此时,企业 B 必将不会选择扩散策略。这显然与政府部门环境规制的公平原则不相符。因此,$M(1,0)$ 是系统的不稳定点。同理可以推论点 $N(1,0)$ 为系统不稳定点。

推论 3 $C_B\mu\varphi_A\vartheta+K > C_A\gamma_A$ 且 $C_B\mu\varphi_A\vartheta+K > C_B\gamma_B$ 时,$G(1,1)$ 是系统的演化稳定点。企业选择技术扩散时所带来的收益与"搭便车"和机会主义行为的行业内惩罚损益之和大于企业选择技术扩散策略时的风险损益。企业双方基于"收益大于成本"的策略选择原则将会积极选择技术扩散。这是

---

① 张倩,曲世友.环境规制对企业绿色技术创新的影响研究及政策启示[J].中国科技论坛,2013(7):11-17.

一种理想情况,是最符合市场需求的,也是扩散最快的一种情景。但是,由于碳交易市场刚刚建立,很多政策措施正在完善当中,同时行业内部就低碳环境友好技术扩散共识和信誉制度等都在完善当中,就目前而言这种理想情况很难在现实中实现。因此,低碳环境友好技术的扩散不仅需要政府部门优化环境规制,行业内部对于技术扩散过程中的"搭便车"行为、机会主义行为等应该采取"黑名单""信誉评级"等措施来净化行业内部环境。只有内外部环境同时不断优化,才能帮助整个行业获得最大收益。

推论 4　根据推论 1 可以判断点 $H\left(\dfrac{C_B\gamma_B-C_A\mu\psi_B\vartheta}{K},\dfrac{C_A\gamma_A-C_B\mu\psi_A\vartheta}{K}\right)$ 为不稳定点。

结合上述推论,可以绘制技术扩散演化博弈系统的系统动态演化相位图,具体如图 5-1 所示。

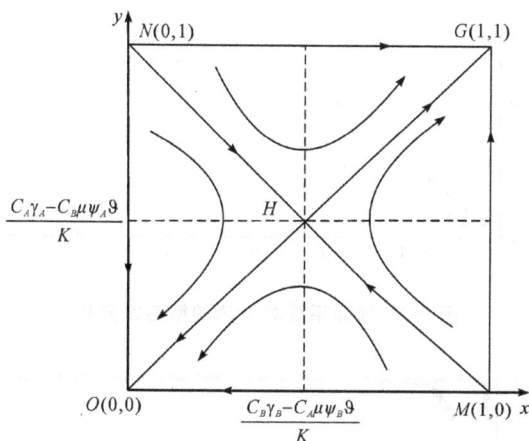

图 5-1　系统动态演化相位图

三、两两演化博弈的数值模拟仿真

从 LCEFT 创新博弈系统动态演化相位图来看,博弈模型中的 μ、K、ϑ 等参数会影响企业策略选择,从而影响演化动态过程。本书利用 Matlab 软件以某项 LCEFT 创新扩散情形为例,模拟某行业 LCEFT 创新扩散中不同扩散企业双方策略选择的动态演化过程。鉴于中国碳排放交易市场正在逐步建立和完善,博弈双方对碳排放和节能所带来效益的认识是逐渐深化的,技术扩散开始前博弈双方重视 LCEFT 创新扩散企业所占比例均较低(因此假设 x,y 初始值均为 0.4)。其余各参数的初始值设置为:LCEFT 所带来总

效益的初始值设为 $C_A=100$、$C_B=80$（单位，万元）；技术互补性参数的初始值设为 $\mu=0.5$；技术转化能力系数的初始值设为 $\varphi_A=0.8$、$\varphi_B=0.6$；企业风险态度系数的初始值设为 $\gamma_A=0.6$、$\gamma_B=0.8$。企业受到行业内惩罚损益的初始值设为 $K=20$。政府部门激励系数的初始值为 $\vartheta=1.5$。

（一）博弈系统对技术互补性参数 μ 值的敏感性分析

为了分析博弈系统对技术互补性参数 μ 值的敏感性，令 $\mu=0.5$、0.7、0.9，博弈系统演化情况如图 5-2、图 5-3 和图 5-4 所示。

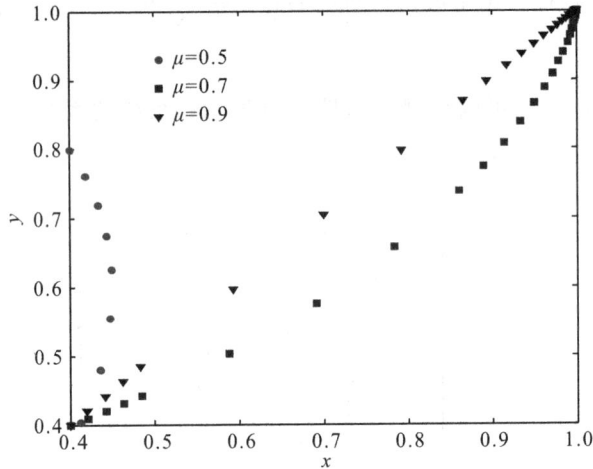

图 5-2　博弈系统对 μ 值的敏感性分析

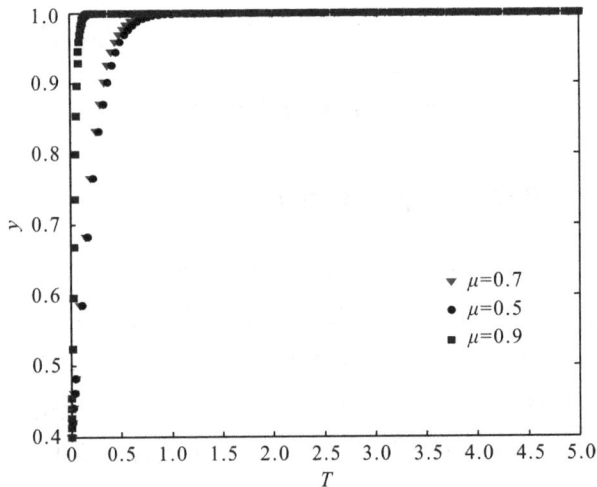

图 5-3　企业 A 对 μ 值的敏感性分析

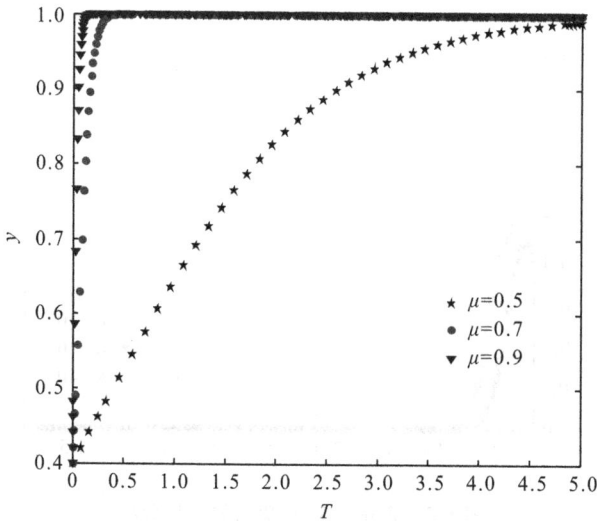

图 5-4　企业 B 对 μ 值的敏感性分析

从图 5-2、图 5-3 和图 5-4 中可知,当 $\mu=0.5$、0.7、0.9,此时企业双方技术互补性越强,则博弈系统越容易趋于稳定,越容易收敛于 $G(1,1)$,即博弈双方更趋向于进行技术扩散策略。当 $\mu=0.5$ 时,扩散系统明显处于非稳定状态,系统不存在演化稳定点。这显然不利于企业间技术进行扩散。因此,数值仿真表明,技术互补性是影响企业间进行 LCEFT 创新扩散的重要因素。结合数值仿真结果来看,技术间互补性越强,博弈主体双方选择 LCEFT 创新扩散策略的比例越大,系统越容易收敛于稳定点。在实际中,企业常常受限于技术采纳成本和自身技术水平,技术采纳无力,阻碍了 LCEFT 创新扩散。但在日益严格的环境规制下,企业基于自身利益最大化,选择采纳 LCEFT 的动机巨大,但是受限于成本因素和技术因素,形成了较为尖锐的矛盾。因此,在 LCEFT 创新扩散的政策制定中,必须重视这一现象。政府必须采用税收、财政等多种政策降低企业采纳成本,同时政府不能单向进行激励,防止技术采纳无力企业的投机行为,造成激励制度失效。

(二)企业双方对行业内惩罚损益 K 值的敏感性分析

"搭便车"和机会主义行为所带来的行业内惩罚损益是企业必须考虑的因素之一。令 $K=20$、30 和 40,LCEFT 创新扩散博弈系统演化情况如图 5-5 和图 5-6 所示。

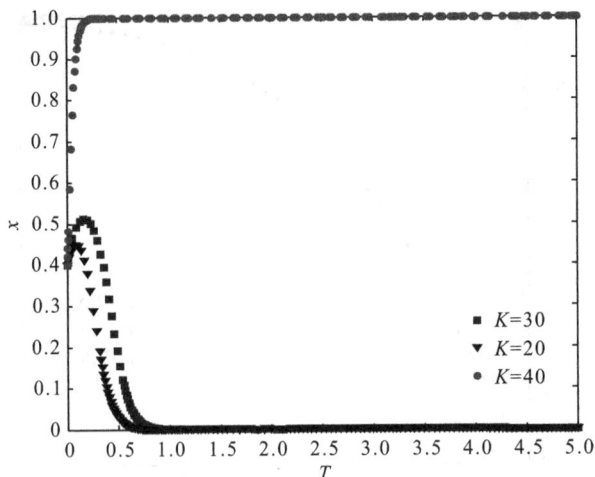

图 5-5 企业 A 对 K 值的敏感性分析

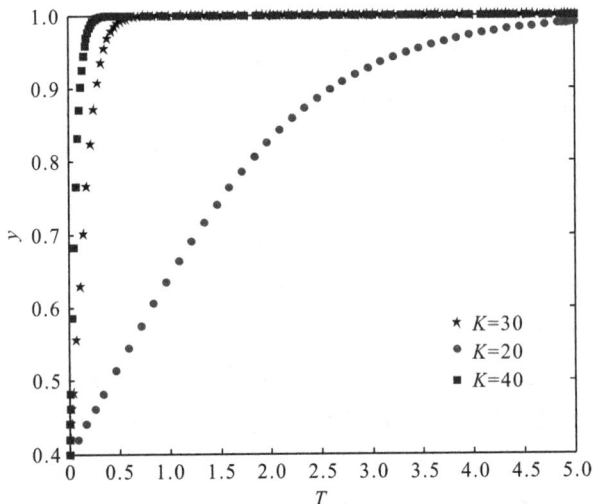

图 5-6 企业 B 对 K 值的敏感性分析

由图 5-5 和图 5-6 可知,当 $K=20$ 和 30 时,LCEFT 创新扩散系统先向稳定点 $G(1,1)$ 收敛,但很快失去稳定趋势,短时间内扩散企业会选择策略 S_2,从而系统不存在稳定点,不利于 LCEFT 创新扩散。当 $K=40$ 时,企业 A 群体中企业选择扩散策略的比例不断增加,最后趋向于稳定,收敛于系统稳定点 $G(1,1)$。因此,从数值仿真的结果来看,LCEFT 创新扩散需要整个行业共同制定严格的约束机制,形成信誉联盟,共同打击 LCEFT 创新扩散中"搭便车"和机会主义行为;否则,拥有 LCEFT 优势的企业很难选择创新扩散策略,往往会在短时间内扩散(见图 5-5),但是不扩散企业比例开始增加。因此,企业信誉和诚信机制的建设对于企业采取创新扩散策略的影响重大。在实际中,博弈主体都是基于自身利益最大化进行策略选择。企业为了降低环境保护成本获取更大经济效益,其虽然具备了LCEFT,但是仍然可能进行偷排,这种现象常见报道。因此,信誉联盟机制不仅要涉及技术扩散过程,还要涉及技术应用环节,促使企业积极应用LCEFT。同时,政府部门因执法成本、政府绩效和自身利益等问题无法实现对企业的有效管制,从而导致环境保护机制失灵。自媒体时代的到来,给社会个体创造了参与环境保护更大的空间,同时降低了参与环境保护的成本,基于自身环境利益,社会个体参与环境保护的动机明显增强。因此,结合推论 1,信誉联盟机制不仅要在行业内部建立,还需要发动和激励社会群众参与,形成政府主导、企业主体、群众广泛参与的 LCEFT 创新扩散信誉联盟机制。

(三)企业对政府激励系数的敏感性分析

政府部门为了激励企业采取扩散策略,常常会采取一些激励政策激励企业部门进行技术扩散,这将影响企业的策略选择。令 $\vartheta=1$、1.5 和 2.0 时,博弈系统演化动态如图 5-7 和图 5-8 所示。

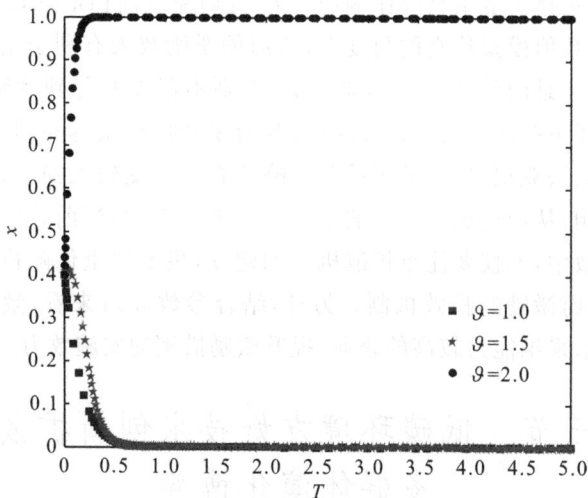

图 5-7　企业 A 对 ϑ 值的敏感性分析

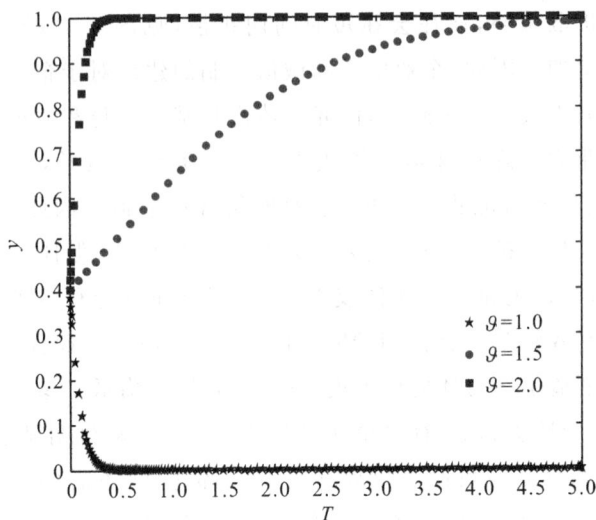

图 5-8　企业 B 对 ϑ 值的敏感性分析

由图 5-7 和图 5-8 可知,企业间技术扩散受政府激励政策的影响。当 $\vartheta=1$ 时,显然企业 A 采取不扩散策略,而企业 B 也不采取扩散策略,此时系统向稳定点 $O(0,0)$ 进行演化,这是政府部门最不愿意看到的情景,此时所有企业都不进行 LCEFT 创新扩散。当 $\vartheta=1.5$ 时企业 A 群体仍然选择不扩散策略,而企业 B 选择扩散策略,此时博弈系统向 $M(0,1)$ 稳定进行演化;当 $\vartheta=2$ 时,企业选择扩散策略的比例均增大,此时系统向稳定点 $G(1,1)$ 进行演化。因此,从数值模拟仿真的角度看,政府的激励政策有利于企业进行扩散策略的选择,但是激励的力度不能过低,否则不仅没有起到激励作用,反而使企业均选择不扩散策略。在实际中,政府激励措施很容易因为财政、领导环节等问题无法兑现,造成采用扩散策略的企业承受较大损失,政府的公信力也受到影响,从而造成整个扩散系统的失效。因此,当前政府在低碳环境友好技术扩散中,不仅要注重扩散机制的建立,更要注重保障机制的建立和完善,形成政府激励的长效机制。另外,结合参数 μ 值来看,激励措施要着重倾向于技术采纳能力较高的企业,提升激励措施的实施效力。

第三节　低碳环境友好技术创新扩散的多群体演化博弈

一、模型假设

中介机构能够为发展中国家扩散企业和采纳企业在合同签订、讨价还价和法律咨询等方面提供专业服务。[①] LCEFT 创新扩散是一个双向选择的过程,中介机构在扩散中处于中立地位,具有相关服务方面专业特长,能够为 LCEFT 创新扩散实施主体提供良好的评价、咨询、谈判等方面的软环境,帮助双方有效地规避 LCEFT 创新扩散中的技术溢出风险,并且减少信息不对称,从而强化技术扩散协同效益,从而起到促进 LCEFT 创新扩散的桥梁作用,但与此同时,中介机构也可能与 LCEFT 创新扩散中任何一方进行"合谋",获取更大的收益,而给 LCEFT 创新扩散系统中各主体带来不可挽回的损失。因此,中介机构市场行为需要政府部门的监管,特别是发展中国家中介市场发展还不够完善,中介的媒介行为需要进一步规范现实条件,中介机构需要有效的政府规制引导。[②] 当中介机构不参与 LCEFT 创新扩散时,LCEFT 创新扩散示意图可以简化为如图 5-9 所示。当中介机构参与时,LCEFT 创新扩散示意图如图 5-10 所示。为了更好地贴近现实,促进LCEFT 创新扩散,引入中介机构到 LCEFT 创新扩散系统中,中介机构的介入使得 LCEFT 创新博弈系统的初始条件发生了变化,博弈系统中的博弈主体由两个主体变为三个,为此需要进行重新假设。

假设 1:为方便分析,假设发展中国家 LCEFT 创新扩散系统由群体 1、群体 2 和中介机构群体 3 组成,各群体中所有个体都是有限理性的博弈方,博弈策略的选择都是基于自身利益最大化。群体 1 中随机抽取的企业称为扩散企业 A、群体 2 中随机抽取的企业称为扩散企业 B 和中介机构群体 3 中随机抽取的机构称为中介机构。

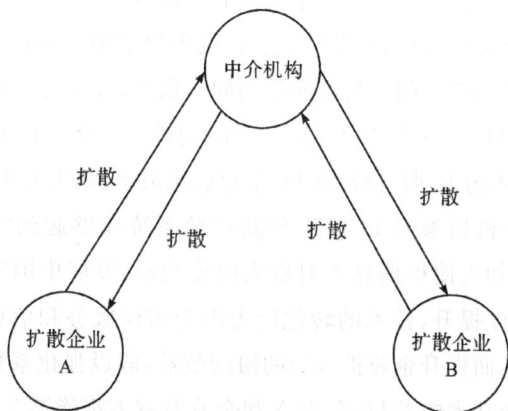

图 5-9　中介机构介入时 LCEFT 创新扩散博弈主体联系

---

①　杜洪旭,莫小波,鲁若愚.中介机构在技术创新扩散中的作用研究[J].软科学,2003(1):47-49.
②　和金生,姜秀莲,汪晓华.技术中介机构运行模式探讨[J].天津大学学报(社会科学版),2001(4):350-355.

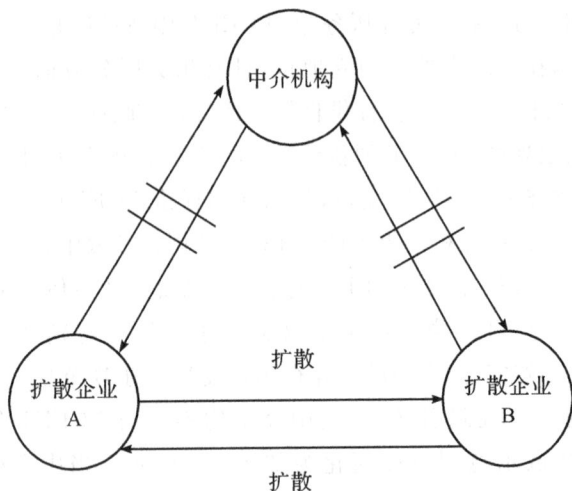

图 5-10 中介机构未介入时 LCEFT 创新扩散博弈主体联系

假设 2：从三个群体中随机抽取一个主体，组建成 $2\times2\times2$ 的三方博弈系统，博弈主体分别为企业 A、企业 B 和中介机构。每个博弈主体都有两种策略选择，企业 A 和企业 B 的策略选择组合为｛扩散（S_1），不扩散（S_2）｝，中介机构的策略选择组合为｛参与（E_1）、不参与（E_2）｝。假设企业 A 选择 S_1 策略的概率为 x，选择策略 S_2 的概率为 $1-x$；企业 B 选择 S_1 策略的概率为 y，选择策略 S_2 的概率为 $1-y$；中介机构选择策略 E_1 的概率为 z，选择策略 E_2 的概率为 $1-z$。x、y 和 z 均为关于时间 t 的函数。

假设 3：中介机构参与 LCEFT 创新扩散中处于中立地位。中介机构着眼于长远发展，提供给双方的都是高质量的同等服务，在服务过程中处于中立地位，不会因为短期利益损害其中任何一方的利益。中介机构为企业 A 和企业 B 提供服务的成本为 R，服务成本包括信息收集成本、培训成本和人力成本等。

假设 4：中介机构参与 LCEFT 创新扩散系统能够起到"一举多得"的效果。中介机构的加入使得信息不对称大幅度减小，发展中国家企业间扩散技术的互补性大幅度提升，技术的转化能力因为培训服务和信息不对称的减弱也会得到提升，从而提升企业扩散后的协同效益，假设强化系数为 $\tau,\tau>1$。同时，假设由于中介技术的参与，企业 A 和企业 B 双方都能够有效地减少技术溢出带来的风险损失，此时溢出风险成本分别为 $\rho C_A\gamma_A$ 和 $\rho C_B\gamma_B$，ρ 为风险规避系数，$0<\rho<1$。另外，中介机构参与后，LCEFT 创新扩散环境得到优化，选择不扩散企业无法通过"搭便车"或者投机行为获得 LCEFT，技术溢出风险大幅度降低。

假设 5：企业通过中介机构进行 LCEFT 创新扩散需要支付中介成本，

且中介成本由采纳企业支付给中介机构。中介机构在 LCEFT 转移中为促成双方形成合作所耗费的时间、精力和信息资源等，扩散过程中采纳企业需要支付费用，形成 LCEFT 中介成本，不同企业需要的服务存在一定的差异性，成本系数分别为 π_A 和 π_B，$\pi_A>1$，$\pi_B>1$。企业 A 和企业 B 采纳 LCEFT 时需要支付给中介机构的成本分别为 $\pi_A R$ 和 $\pi_B R$。

假设 6：假设企业 A 拥有的 LCEFT 总收益高于企业 B，即 $C_A>C_B$。企业 A 选择扩散技术时给企业 B 带来的收益为 $C_A\mu\delta_B\varphi_B$；企业 B 选择扩散技术时给企业 A 带来的收益为 $C_B\mu\delta_A\varphi_A$。μ 表示企业 A、B 的 LCEFT 互补性比例。φ_A、φ_B 分别为企业 A、B 的技术转化能力系数，δ_A、δ_B 为协同效益系数。上述参数与本章第二节两两博弈模型的假设含义一致，那么企业 A 选择扩散技术时给企业 B 带来的收益为 $C_A\mu\delta_B\varphi_B$；令 γ_A、γ_B 分别为企业 A、B 采用创新扩散策略时的风险损益系数；ϑ 为政府激励系数。企业 A 和企业 B 采取创新扩散策略时的风险损益分别为 $C_A\gamma_A$ 和 $C_B\gamma_B$。根据现实情况很容易判断 $C_A\gamma_A>C_B\mu\delta_A\vartheta$，$C_B\gamma_B>C_A\mu\delta_B\vartheta$，否则企业必然选择创新扩散策略。

二、复制动态方程与稳定策略分析

（一）复制动态方程

按照研究假设，分为中介机构参与和不参与两种情景进行分析，具体如下。

1. 中介机构的策略为 E_1 时

根据上述假设，在中介机构选择策略 E_1 时，群体 1 和群体 2 中的企业都面临两种策略选择，即扩散和不扩散。因此，在不同群体中的企业随机配对进行博弈的过程中，将会出现四种策略组合。

（1）企业 A 和企业 B 的组合策略为 $\{S_1,S_1\}$ 时，双方都选择 LCEFT 扩散策略。企业 A 和企业 B 双方此时既是扩散企业又是采纳企业，从而形成 LCEFT 创新扩散的协同效益。在该策略组合下，企业 A、企业 B 和中介机构的收益分别为：$[C_A+C_B\mu\varphi_A(\tau\delta_A+\vartheta)-\rho C_A\gamma_A-\pi_A R,C_B+C_A\mu\varphi_B(\tau\delta_B+\vartheta)-\rho C_B\gamma_B-\pi_B R,\pi_A R+\pi_B R-2R]$。

（2）企业 A 和企业 B 的组合策略为 $\{S_1,S_2\}$ 时，由于只有企业 A 选择了扩散策略，而企业 B 选择了策略 S_2。根据假设，在此组合策略下，企业 A、企业 B 和中介机构的收益分别为：$(C_A+C_B\mu\varphi_A\vartheta-\rho C_A\gamma_A,C_B+C_A\mu\delta_B\varphi_B-\pi_B R,\pi_B R-R)$。

（3）企业 A 和企业 B 的组合策略为 $\{S_2,S_1\}$ 时，由于只有企业 B 选择了扩散策略,而企业 A 选择了策略 S_2。根据研究假设,在此组合策略下,企业 A、企业 B 和中介机构的收益分别为:$(C_A + C_B\mu\delta_A\varphi_A - \pi_A R, C_B + C_A\mu\varphi_B\vartheta - \rho C_B\gamma_B, \pi_A R - R)$。

(4)企业 A 和企业 B 的组合策略为 $\{S_2, S_2\}$ 时,此时双方都选择不扩散策略。根据假设,在此组合策略下,企业 A、企业 B 和中介机构的收益分别为:$(C_A, C_B, -R)$。

2.当中介机构选择策略 E_2 时

中介机构不参与 LCEFT 创新扩散系统时,其在企业 A 和企业 B 所有策略组合下的收益和成本都为 0。为此,策略组合的收益如下。

(1)企业 A 和企业 B 的组合策略为 $\{S_1, S_1\}$ 时,双方都选择 LCEFT 扩散策略。企业 A 和企业 B 此时既是扩散企业又是采纳企业,从而形成 LCEFT 创新扩散的协同效应。在该策略组合下,企业 A 和企业 B 的收益分别为:$[C_A + C_B\mu\varphi_A(\delta_A + \vartheta) - C_A\gamma_A, C_B + C_A\mu\varphi_B(\delta_B + \vartheta) - C_B\gamma_B, 0]$。

(2)企业 A 和企业 B 的组合策略为 $\{S_1, S_2\}$ 时,由于只有企业 A 选择了扩散策略,而企业 B 选择了策略 S_2。根据假设,在此组合策略下,企业 A 和企业 B 的收益分别为:$(C_A + C_B\mu\varphi_A\vartheta - C_A\gamma_A, C_B + C_A\mu\delta_B\varphi_B, 0)$。

(3)企业 A 和企业 B 的组合策略为 $\{S_2, S_1\}$ 时,由于只有企业 B 选择了扩散策略,而企业 A 选择了策略 S_2。根据假设,在此组合策略下,企业 A 和企业 B 的收益分别为:$(C_A + C_B\mu\delta_A\varphi_A, C_B + C_A\mu\varphi_B\vartheta - C_B\gamma_B, 0)$。

(4)企业 A 和企业 B 的组合策略为 $\{S_2, S_2\}$ 时,此时双方都选择不扩散策略。根据假设,在此组合策略下,企业 A 和企业 B 的收益分别为:$(C_A, C_B, 0)$。

综合上述策略选择组合,企业 A、企业 B 和中介机构收益矩阵如表 5-2 所示。

表 5-2 博弈主体的收益矩阵

策略选择			企业 B	
			扩散(S_1)	不扩散(S_2)
中介机构	参与(E_1)	企业 A	扩散(S_1)	$C_A + C_B\mu\varphi_A(\tau\delta_A + \vartheta) - \rho C_A\gamma_A - \pi_A R, C_B + C_A\mu\varphi_B(\tau\delta_B + \vartheta) - \rho C_B\gamma_B - \pi_B R, \pi_A R + \pi_B R - 2R$	$C_A + C_B\mu\varphi_A\vartheta - \rho C_A\gamma_A, C_B + C_A\mu\delta_B\varphi_B - \pi_B R, \pi_B R - R$
			不扩散(S_2)	$C_A + C_B\mu\delta_A\varphi_A - \pi_A R, C_B + C_A\mu\varphi_B\vartheta - \rho C_B\gamma_B, \pi_A R - R$	$C_A, C_B, -R$
	不参与(E_2)	企业 A	扩散(S_1)	$C_A + C_B\mu\varphi_A(\delta_A + \vartheta) - C_A\gamma_A, C_B + C_A\mu\varphi_B(\delta_B + \vartheta) - C_B\gamma_B, 0$	$C_A + C_B\mu\varphi_A\vartheta - C_A\gamma_A, C_B + C_A\mu\delta_B\varphi_B, 0$
			不扩散(S_2)	$C_A + C_B\mu\delta_A\varphi_A, C_B + C_A\mu\varphi_B\vartheta - C_B\gamma_B, 0$	$C_A, C_B, 0$

分析表 5-2 中博弈主体的收益矩阵,可得到各策略的收益和混合策略的收益。

企业 A 的期望收益为:

$$
\left.
\begin{aligned}
U_{A1} &= (1-z)y(C_A+C_B\mu\varphi_A(\delta_A+\vartheta)-C_A\gamma_A)+(1-y)z(C_A+ \\
&\quad C_B\mu\varphi_A\vartheta-\rho C_A\gamma_A)+yz(C_A+C_B\mu\varphi_A(\delta_A+\vartheta)-\rho C_A\gamma_A- \\
&\quad \pi_A R)+(1-z)(1-y)(C_A+C_B\mu\varphi_A\vartheta-C_A\gamma_A) \\
U_{A2} &= yz(C_A+C_B\mu\delta_A\varphi_A-\pi_A R)+(1-y)zC_A+ \\
&\quad (1-z)y(C_A+C_B\mu\delta_A\varphi_A)+(1-z)(1-y)C_A \\
\overline{U}_A &= xU_{A1}+(1-x)U_{A2}
\end{aligned}
\right\} \quad (5\text{-}4)
$$

企业 B 的期望收益为:

$$
\left.
\begin{aligned}
U_{B1} &= (1-x)z(C_B+C_A\mu\bar{\omega}_B\vartheta-\rho C_B\gamma_B)+xz[C_B+C_A\mu\bar{\omega}_B(\tau\delta_B+\vartheta)-\rho C_B\gamma_B- \\
&\quad \pi_B R_B]+(1-z)x[C_B+C_A\mu\bar{\omega}_B(\delta_B+\vartheta)-C_B\gamma_B]+(1-z)(1-x) \\
&\quad (C_B+C_A\mu\bar{\omega}_B\vartheta-C_B\gamma_B) \\
U_{B2} &= xz(C_B+C_A\mu\delta_B\bar{\omega}_B-\pi BR)+(1-x)zC_B+(1-z)x(C_B+C_A\mu\delta_B\bar{\omega}_B) \\
&\quad +(1-z)(1-x)C_B \\
\overline{U}_B &= yU_{B1}+(1-y)U_{B2}
\end{aligned}
\right\}
$$

$$(5\text{-}5)$$

中介机构的期望收益为:

$$
\left.
\begin{aligned}
U_{E1} &= xy(\pi_A R+\pi_B R-2R)+x(1-y)(\pi_B R-R)+(1-x) \\
&\quad y(\pi_A R-R)+(1-x)(1-y)(-R)U_{E2}=0 \\
\overline{U}_E &= zU_{E1}+(1-z)U_{E2}
\end{aligned}
\right\} \quad (5\text{-}6)
$$

根据式(5-4)、式(5-5)和式(5-6)可以得到 LCEFT 创新扩散系统中各博弈主体的复制动态方程,具体如式(5-7)、式(5-8)和式(5-9)所示:

$$
\begin{aligned}
F(x) &= \frac{\mathrm{d}x}{\mathrm{d}t} \\
&= x(1-x)[zyC_B\mu\varphi_A(\tau-1)\delta_A+z(1-\rho)C_A\gamma_A+C_B\mu\varphi_A\vartheta-C_A\gamma_A] \quad (5\text{-}7)
\end{aligned}
$$

$$
\begin{aligned}
G(y) &= \frac{\mathrm{d}y}{\mathrm{d}t} \\
&= y(1-y)[zxC_A\mu\varphi_B(\tau-1)\delta_B+z(1-\rho)C_B\gamma_B+C_A\mu\varphi_B\vartheta-C_B\gamma_B] \quad (5\text{-}8)
\end{aligned}
$$

$$
E(z)=\frac{\mathrm{d}z}{\mathrm{d}t}=z(1-z)[-Rxy+\pi_A Ry+\pi_B Rx-R] \quad (5\text{-}9)
$$

由式(5-4)知,当 $z=0,1$ 时,中介机构采取参与策略的比例是平衡的;同理可得到 $x=0,1$, $y=0,1$ 时,企业 A 和企业 B 采取扩散策略的比例是平衡

的;因此,中介介入下的 LCEFT 创新扩散系统的局部存在八个特殊均衡点:
$M_1(0,0,0)$、$M_2(1,0,0)$、$M_3(1,0,1)$、$M_4(1,1,1)$、$M_5(0,0,1)$、$M_6(0,1,0)$、
$M_7(1,1,0)$、$M_8(0,1,1)$,构成了演化博弈解域的边界。由此围成的区域 Ω
可以称为 LCEFT 创新扩散博弈系统的均衡解域,即有:

$$\Omega=\{(x,y,z)\,|\,0<x<1,0<y<1,0<z<1\} \tag{5-10}$$

在此解域内存在一个满足式(5-10)的均衡点 $M_9(x^*,y^*,z^*)$。M_9 的
位置显然和各参数直接相关,也将影响系统的演化轨迹。

(二)稳定性分析

若 LCEFT 创新扩散演化博弈均衡是渐进稳定状态,则一定是严格纳什
均衡,而严格纳什均衡又是纯策略均衡。[1] 因此,对于上述 LCEFT 创新扩散
复制动态系统,只需要讨论其在平衡点的稳定性即可。[2] 根据演化博弈论理
论以及李雅普诺夫第一法(间接法)可知,判断的依据就是各均衡点处雅可
比矩阵特征值的正负关系[3],具体判断方法是:所有特征值 $\lambda<0$ 时,那么该
均衡点是渐进稳定的,即为汇;所有特征值 $\lambda>0$,该均衡点是不稳定的,此时
为源;所有特征值不同号,该均衡点是鞍点[4]。LCEFT 创新扩散的多群体博
弈动态复制系统均衡点有八个,以均衡点 $M_1(0,0,0)$ 处的雅可比矩阵为例,
矩阵如式(5-11)所示:

$$J=\begin{bmatrix} \dfrac{\partial F(x)}{\partial x} & \dfrac{\partial F(x)}{\partial y} & \dfrac{\partial F(x)}{\partial z} \\ \dfrac{\partial F(y)}{\partial x} & \dfrac{\partial F(y)}{\partial y} & \dfrac{\partial F(y)}{\partial z} \\ \dfrac{\partial F(z)}{\partial x} & \dfrac{\partial F(z)}{\partial y} & \dfrac{\partial F(z)}{\partial z} \end{bmatrix}=\begin{bmatrix} C_B\mu\varphi_A\vartheta-C_A\gamma_A & 0 & 0 \\ 0 & C_A\mu\varphi_B\vartheta-C_B\gamma_B & 0 \\ 0 & 0 & -R \end{bmatrix}$$

$$\tag{5-11}$$

根据式(5-11)所示雅可比矩阵很容易得到雅可比矩阵的所有特征值为
$\lambda_1=C_B\mu\varphi_A\vartheta-C_A\gamma_A$,$\lambda_2=C_A\mu\varphi_B\vartheta-C_B\gamma_B$,$\lambda_3=-R$。根据研究假设可知

① Iyer G, Hultman N, Eom J, et al. Diffusion of low-carbon technologies and the feasibility of long-term climate targets[J]. Technological Forecasting and Social Change,2015(90):103-118.

② Shevitz D, Paden B. Lyapunov stability theory of nonsmooth systems[J]. IEEE Transactions on Automatic Control,1994(9):1910-1914.

③ Lyapunov A M. The general problem of the stability of motion[J]. International Journal of Control,1992(3):531-534.

④ Tylor P D, Jonker L B. Evolutionary stable strategies and game dynamics[J]. Mathematical Biosciences,1978(1-2):145-156.

$C_B\mu\varphi_A\vartheta < C_A\gamma_A$，$C_A\mu\varphi_B\vartheta < C_B\gamma_B$，则可以判断均衡点 $M_1(0,0,0)$ 为稳定点；剩余的七个特殊均衡点（$M_2 \sim M_8$）的稳定性也可以采用李雅普诺夫第一法进行判断分析，特征值计算结果如表 5-3 所示。

表 5-3　均衡点稳定性分析

均衡点	特征值		
	λ_1	λ_2	λ_3
M_1	$C_B\mu\varphi_A\vartheta - C_A\gamma_A$	$C_A\mu\varphi_B\vartheta - C_B\gamma_B$	$-R$
M_2	$C_A\gamma_A - C_B\mu\varphi_A\vartheta$	$C_A\mu\varphi_B\vartheta - C_B\gamma_B$	$\pi_B R - R$
M_3	$\rho C_A\gamma_A - C_B\mu\varphi_A\vartheta$	$C_A\mu\varphi_B(\tau-1)\delta_B + C_A\mu\varphi_B\vartheta - \rho C_B\gamma_B$	$R - \pi_B R$
M_4	$\rho C_A\gamma_A - C_B\mu\varphi_A\vartheta - C_B\mu\varphi_A(\tau-1)\delta_A$	$\rho C_B\gamma_B - C_A\mu\varphi_B(\tau-1)\delta_B - C_A\mu\varphi_B\vartheta$	$(2-\pi_A-\pi_B)R$
M_5	$C_B\mu\varphi_A\vartheta - \rho C_A\gamma_A$	$C_A\mu\varphi_B\vartheta - \rho C_B\gamma_B$	R
M_6	$C_B\mu\varphi_A\vartheta - C_A\gamma_A$	$C_B\gamma_B - C_A\mu\varphi_B\vartheta$	$\pi_A R - R$
M_7	$C_A\gamma_A - C_B\mu\varphi_A\vartheta$	$C_B\gamma_B - C_A\mu\varphi_B\vartheta$	$(\pi_A+\pi_B-2)R$
M_8	$C_B\mu\varphi_A(\tau-1)\delta_A + C_B\mu\varphi_A\vartheta - \rho C_A\gamma_A$	$\rho C_B\gamma_B - C_A\mu\varphi_B\vartheta$	$R - \pi_A R$

根据研究假设可知 $C_B\mu\varphi_A\vartheta < C_A\gamma_A$，$C_A\mu\varphi_B\vartheta < C_B\gamma_B$，可以得到表 5-3 中点 M_1、M_2、M_6 和 M_7 四个点的稳定性分别为稳定点、鞍点、鞍点和不稳定点；M_3、M_4、M_5 和 M_8 的稳定性显然和参数 τ、ρ 直接相关。根据参数 τ、ρ 的大小判断所有特征值的正负情况，进而可以判定剩余均衡点的稳定性情况及其所对应系统演化状态的推论，具体如表 5-4、表 5-5、表 5-6 所示。

推论 1：当 $C_B\mu\varphi_A\vartheta < \rho C_A\gamma_A < C_A\mu\varphi_B(\tau-1)\delta_B + C_A\mu\varphi_B\vartheta$，且 $C_A\mu\varphi_B\vartheta < \rho C_B\gamma_B < C_A\mu\varphi_B(\tau-1)\delta_B + C_A\mu\varphi_B\vartheta$ 时，点 M_1、M_4 是稳定点。点 M_3、M_5、M_7 和 M_8 的稳定性分析结果分别为鞍点、鞍点、不稳定点、鞍点（见表 5-4）。中介机构参与 LCEFT 扩散，企业扩散策略的风险损益虽会减小，但仍比政府的损失补偿要高，由于中介机构在 LCEFT 创新扩散中能够有效地减少信息不对称，帮助企业掌握更多的技术信息，企业能够采纳更适合自身的 LCEFT，从而获得更好的协同效益，因此，风险损益小于损失补偿与强化的协同效益之和，博弈系统将会向 M_1、M_4 进行演化，最后演化的结果显然取决于点 M_9 的初始位置（如果其初始位置处于 $M_3M_7M_8$ 分界面的上方，系统将收敛于 M_4；如果在下方，则收敛于 M_1）。因此，中介机构参与 LCEFT 创新扩散能够极大促进 LCEFT 创新扩散。根据表 5-4 可以得到推论 1 条件下的演化博弈系统相位图，如图 5-11 所示。

表 5-4　特征值正负及均衡点稳定情况分析

均衡点	特征值判断			稳定性判定
	λ_1	λ_2	λ_3	
M_1	−	−	−	稳定点
M_2	+	−	+	鞍点
M_3	+	−	−	鞍点
M_4	−	−	−	稳定点
M_5	−	−	+	鞍点
M_6	−	+	+	鞍点
M_7	+	+	+	不稳定点
M_8	+	+	−	鞍点

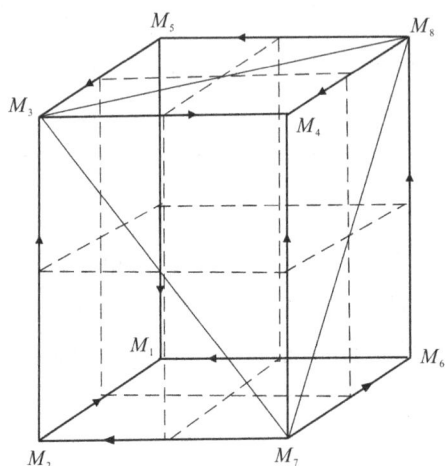

图 5-11　推论 1 情景系统相位图

推论 2: 当 $C_B\mu\varphi_A\vartheta > \rho C_A\gamma_A$，且 $C_A\mu\varphi_B\vartheta > \rho C_B\gamma_B$，点 M_1、M_4 是稳定点。点 M_3、M_5、M_7 和 M_8 的稳定性分析结果分别为鞍点、不稳定点、不稳定点、鞍点(见表 5-5)。发展中国家扩散企业通过中介机构扩散 LCEFT 创新后,企业创新扩散风险损益大幅度减小,政府部门的损失补偿就能够弥补企业扩散 LCEFT 的损失;同时,扩散企业通过中介机构采纳其他企业扩散的 LCEFT,能够获取更多的技术 Know-how 信息,不仅降低了信息不对称带来的损失,还能够提升技术协同效益,进一步获取更大的收益。在此条件下,作为有限理性人,企业选取创新扩散策略的意愿最为强烈。

表 5-5　特征值正负及均衡点稳定情况分析

均衡点	特征值判断			稳定性判定
	λ_1	λ_2	λ_3	
M_1	−	−	−	稳定点
M_2	+	−	+	鞍点
M_3	−	+	−	鞍点
M_4	−	−	−	稳定点
M_5	+	+	+	不稳定点
M_6	−	+	+	鞍点
M_7	+	+	+	不稳定点
M_8	+	−	−	鞍点

根据表 5-5 可以得到推论 2 条件下 LCEFT 多群体演化博弈系统相位图，如图 5-12 所示。

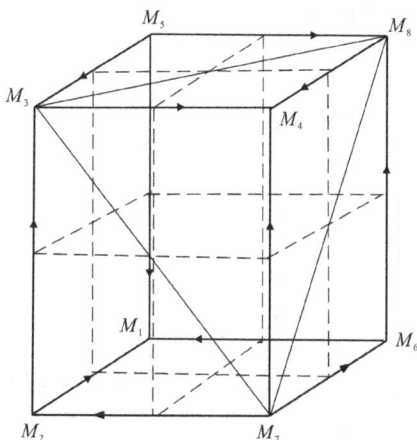

图 5-12　推论 2 情景系统相位图

推论 3：当 $\rho C_A \gamma_A > C_A \mu \varphi_B (\tau-1) \delta_B + C_A \mu \varphi_B \vartheta$，且 $\rho C_B \gamma_B > C_A \mu \varphi_B (\tau-1) \delta_B + C_A \mu \varphi_B \vartheta$ 时，点 M_1 是稳定点。点 M_3、M_4、M_5、M_7 和 M_8 的稳定性分析结果分别为鞍点、鞍点、鞍点、不稳定点、鞍点（见表 5-6）。在此条件下，中介机构在 LCEFT 创新扩散系统中并没有起到促进 LCEFT 创新扩散的作用，反而增大了企业进行 LCEFT 创新扩散的风险，此时中介机构成为 LCEFT 创新扩散系统中的障碍主体。博弈系统演化最后的结果是政府部门补偿机制失效，中介机构参与失去市场价值，阻碍了 LCEFT 创新扩散的完成。此时，发展中国家企业选择创新扩散将面临巨大的风险损失，所有企业最终都不会选择 LCEFT 创新扩散，那么通过 LCEFT 引进和再创新获得的 LCEFT 在应对气候变化方面的意义大幅下降，减缓气候变化的目标难以实现。

表 5-6　特征值正负及均衡点稳定情况分析

均衡点	特征值判断			稳定性判定
	λ_1	λ_2	λ_3	
M_1	−	−	−	稳定点
M_2	+	−	+	鞍点
M_3	+	−	−	鞍点
M_4	+	+	−	鞍点
M_5	−	−	+	鞍点
M_6	−	+	+	鞍点
M_7	+	+	+	不稳定点
M_8	−	+	−	鞍点

根据表 5-6 可以得到推论 3 条件下的 LCEFT 创新扩散多群体演化博弈系统相位图,如图 5-13 所示。

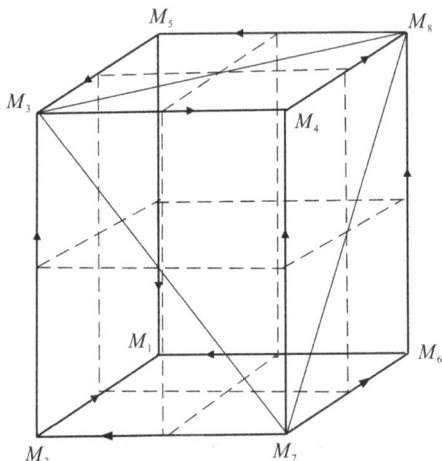

图 5-13　推论 3 情景系统相位图

综合上述推论和现实情况来看,中介机构的参与并不一定能够促进 LCEFT 创新扩散,是一把"双刃剑"。"双刃剑"的作用关键是中介机构能否在 LCEFT 创新扩散中起到降低风险、增加收益、减少信息不对称的作用,如果中介机构在扩散中无论是与买方合谋还是与卖方合谋都可能导致 LCEFT 创新扩散"流产";如果中介机构能够规范经营,提供高质量的服务给扩散双方,并且降低扩散企业扩散风险,增大采纳企业协同效益,将会起到很好的促进作用,从而达到最理想的演化博弈均衡,即到达演化稳定点 M_4。因此,政府部门要加强中介市场的建设,但同时要规范中介市场行为,发挥中介市场这把"双刃剑"作用积极的一面,促进 LCEFT 创新扩散。

三、多群体演化博弈数值模拟仿真

根据博弈模型稳定性分析的结果来看，μ、ϑ、R、ρ 和 τ 等参数直接影响 LCEFT 创新扩散系统中博弈主体策略选择，从而影响演化动态过程。本书利用 Matlab 软件以某项 LCEFT 创新的扩散情形为例，模拟发展中国家企业扩散双方策略选择的动态演化过程。鉴于目前企业对 LCEFT 创新扩散的社会效益和经济效益的认识是逐步深入的，假设技术扩散开始前博弈主体重视技术扩散企业所占比例均较低，x,y,z 初始值均为 0.4。初始值设置具体为：LCEFT 所带来总效益的初始值设为 $C_A=100$、$C_B=80$（单位：万元）；技术互补性参数的初始值设为 $\mu=0.5$；技术转化能力系数的初始值设为 $\varphi_A=0.8$，$\varphi_B=0.6$；企业风险态度系数的初始值设为 $\gamma_A=0.6$、$\gamma_B=0.8$。政府部门激励补偿系数的初始值为 $\vartheta=0.5$。扩散企业支付给中介机构成本系数的初始值 $\pi_A=1.5$，$\pi_B=1.2$。中介机构参与时扩散企业风险规避系数的初始值 $\rho=0.2$。中介机构参与时协同效益强化系数的初始值 $\tau=1.5$，中介机构提供服务成本的初始值为 $R=10$。关于博弈系统对于各参数变化的敏感性分析结果详见图 5-14～图 5-20。

（一）博弈系统对风险规避系数 ρ 的敏感性分析

在风险规避系数分别为 0.2、0.5、0.9 时进行仿真分析，LCEFT 创新扩散演化轨迹如图 5-14 所示。

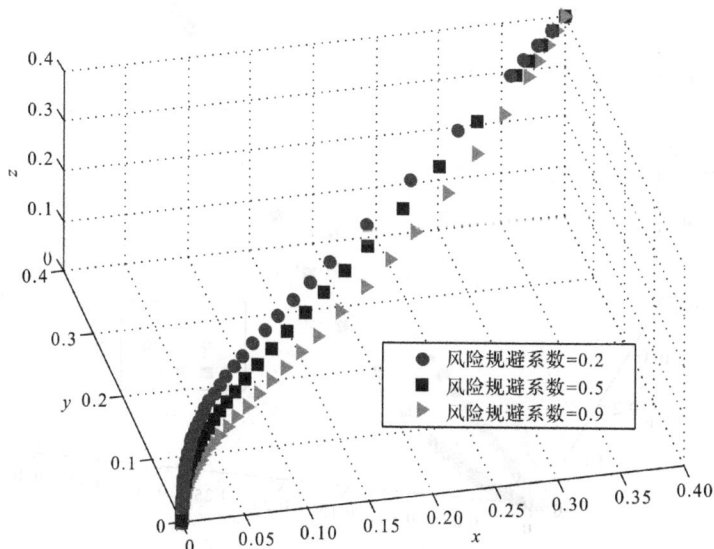

图 5-14　风险规避系数 ρ 对 LCEFT 创新扩散系统演化轨迹的影响

根据图 5-14 可知,在中介机构介入时,风险规避系数的变化显然对扩散企业的策略选择有直接的影响,如果风险规避系数越大,扩散企业进行技术扩散的概率越大,博弈系统越容易收敛于点 M_4。因此,中介机构能否降低企业 LCEFT 创新扩散的风险损益至关重要。现实中,中介机构可能为了短期的利益,会和采纳企业合谋,采用故意压低价格、泄露技术信息等策略帮助采纳企业获取超额利益,中介机构从中谋求超额收益。虽然从技术转移本身看,技术完成了转移和扩散,但是从长期来看,损害 LCEFT 创新主体利益,必然严重损害企业创新的动力和积极性,LCEFT 创新将会受到影响。为此,政府部门不仅需要采取激励措施引导企业进行扩散,还需要制定惩罚措施和奖励机制引导中介机构提供优质的 LCEFT 创新扩散服务,帮助企业以合适的模式进行扩散,既要维护 LCEFT 创新者的利益,又要帮助 LCEFT 需求企业获取技术后能够获得较好的收益。同时,鉴于 LCEFT 转移扩散的重要性和紧迫性,中介机构在保护创新者知识产权的基础上最大限度地推广 LCEFT,减少其技术溢出风险和损失。因此,LCEFT 创新扩散的基本原则依旧是在保护的基础上进行技术创新扩散。

(二)博弈系统对于中介服务成本 R 的敏感性分析

在中介服务成本 R 分别为 10、20、60 时进行仿真分析,LCEFT 创新扩散演化轨迹如图 5-15 所示。

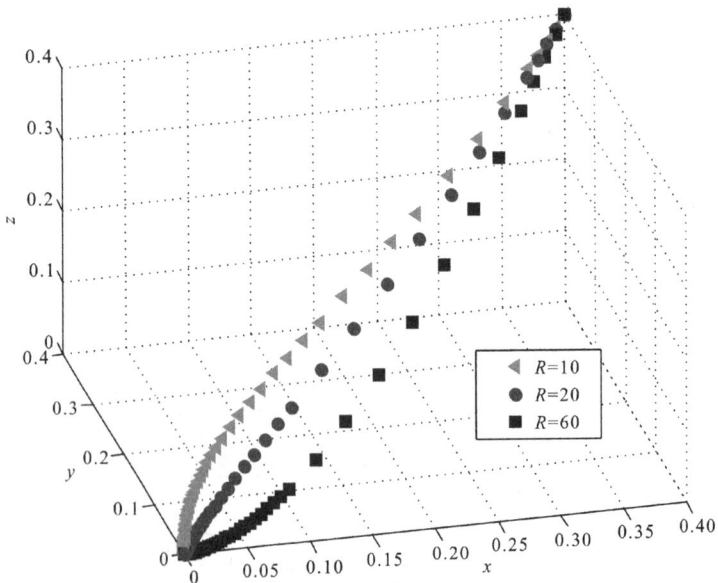

图 5-15 中介服务成本 R 对 LCEFT 创新扩散系统演化轨迹的影响

从中介服务成本来看,如果 R 过高,中介机构基于自身利益最大化将不会选择参与策略,LCEFT 创新扩散受到阻碍,系统难以收敛于点 M_4。中介机构所需支付服务成本较低时,中介机构参与度强,企业通过中介机构进行技术创新扩散。在现实中,较低的服务成本难以保障服务质量,服务质量又会影响发展中国家企业在创新扩散中是否选择通过中介机构完成创新扩散,从而影响 LCEFT 创新扩散完成的成效和进度。因此,较高的服务质量必须有较高的服务成本作为保障,为此有学者提出了对中介机构进行补偿的机制,例如税收、政策补贴等。这些策略能够在短期内解决服务质量和服务成本匹配的问题,但是从长期来看,势必增加政府的管理成本,同时影响中介机构的策略选择,例如投机取巧、中介和企业合谋等。本书认为,发展中国家政府部门对中介机构的管理一方面需要加强"门槛管理",强化市场准入和退出机制;另一方面需要在企业诚信、企业品牌方面加大管理,实行黑名单制度,引导企业诚信经营,保障服务质量。最后,政府部门还需要制定有效的环境规制措施引导企业采纳并扩散 LCEFT 创新,例如碳权交易、混合碳减排机制以及碳税等。

(三)博弈系统对于协同效益强化系数 τ 的敏感性分析

在协同效益强化系数 τ 分别为 1.5、2.5、3.5 时进行仿真分析,LCEFT 创新扩散演化轨迹如图 5-16 所示。

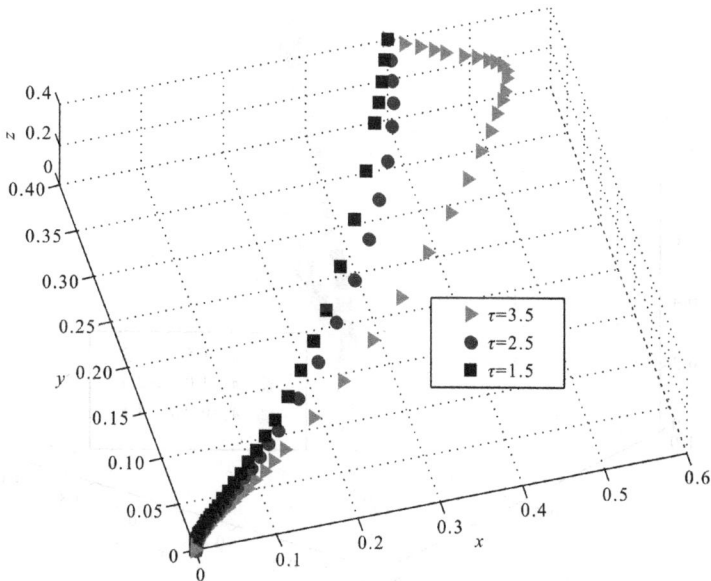

图 5-16 协同效益强化系数 τ 对 LCEFT 创新扩散系统演化轨迹的影响

根据图 5-16 可知,协同效益强化系数越大,博弈系统越容易收敛于点 M_4。在 LCEFT 创新实现扩散中,技术信息、隐性知识和 Know-how 等都直接影响协同效益强化系数。中介机构参与时,由于中介机构的专业性和信息优势等,其对于 LCEFT 的价值和作用能够进行有效评估,一方面,能够降低采纳企业的采纳风险,同时也能够降低扩散企业的扩散风险;另一方面,中介机构能够有效地消除部分信息不对称,能够更好地帮助企业发挥 LCEFT 的功能和价值,从而实现"1+1>2"的协同效益。在现实中,中介机构可能因为短期利益在 LCEFT 创新扩散中存在欺瞒行为,将价值或者互补性有限的 LCEFT 创新推荐给采纳企业;采纳企业常常对新技术的识别能力和评价能力有限,采纳 LCEFT 后难以实现协同效益,从而减少了技术带来的收益。虽然 LCEFT 创新实现了短暂的扩散,但是长期来看,损害了中介机构自身信誉和品牌;最为重要的是,不利于扩散企业和采纳企业的长期合作,最终导致 LCEFT 扩散市场机制失灵。因此,在 LCEFT 创新扩散中,中介机构的作用需要政府部门制定相应的激励机制和惩罚制度进行市场管理,优化市场中介环境对于 LCEFT 创新扩散至关重要。

(四)博弈系统对于中介服务成本系数 π_A 和 π_B 的敏感性分析

在中介服务成本系数 π_A、π_B 分别为 1.5、1.2、3.0、2.4 和 6.0、4.8 时进行仿真分析,LCEFT 创新扩散演化轨迹如图 5-17 所示。

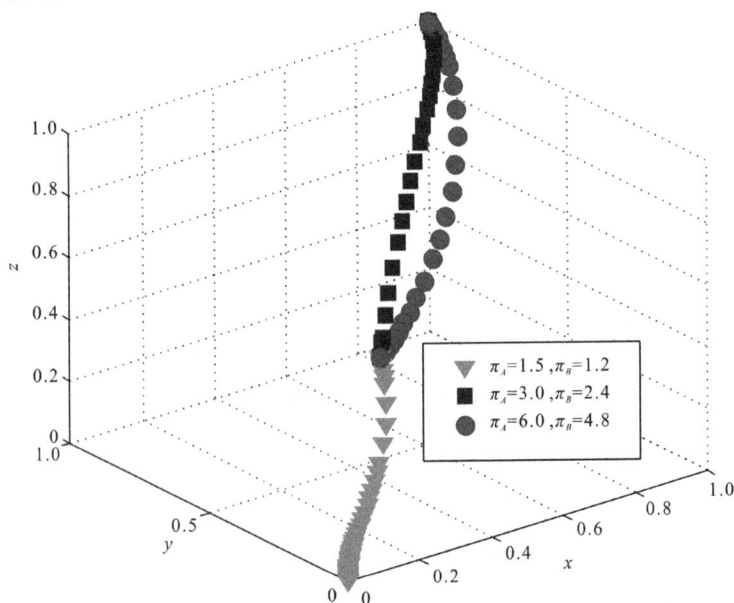

图 5-17　中介服务成本系数 π_A 和 π_B 对 LCEFT 创新扩散系统演化轨迹的影响

根据图 5-17 可知,中介服务成本系数对于创新扩散系统有着直接影响。中介机构提供服务的费用越低,系统收敛于点 M_1 越容易;反之,当成本较高时($\pi_A=6$、$\pi_B=4.8$),系统将收敛于 $M_1(0,0,0)$。从仿真的结果来看,中介机构的参与确实能够有效地促进 LCEFT 创新扩散,但如果中介机构的收益太低其不会参与支持 LCEFT 创新扩散,只有达到一定期望收益才会参与。在现实中,扩散企业通过中介机构进行 LCEFT 创新扩散的优势在于:一方面能够降低搜索成本;另一方面能够降低技术溢出风险,并提高 LCEFT 创新扩散的互补性比例和协同效益,为扩散双方都带来更好的效益,其劣势在于需要向中介机构提供服务费用,且存在一定的欺诈风险;另外,中介机构对于双方的信息掌握程度相对较高,容易根据双方的信息影响 LCEFT 转移市场的成本和价值,从而最终影响企业双方的采纳决策。因此,政府部门需要加强对中介机构的评估和管理,引导其发挥在 LCEFT 创新扩散市场中的积极作用,将其消极的一面关在政策的牢笼中。

（五）博弈系统对技术互补性参数 μ 值的敏感性分析

为了分析博弈主体对技术互补性参数 μ 值敏感性,令 $\mu=0.2$、0.5、0.9,博弈系统演化情况如图 5-18 所示。

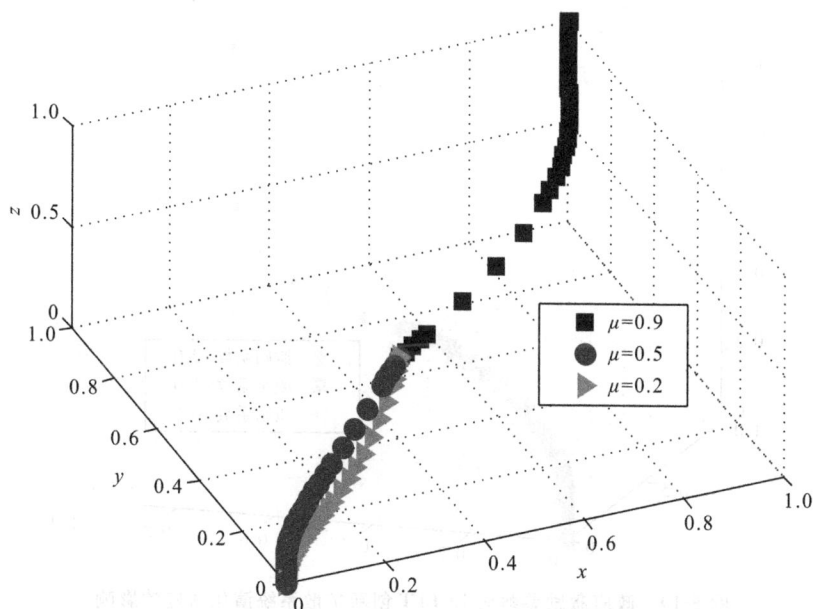

图 5-18　μ 值对 LCEFT 创新扩散系统演化轨迹的影响

由图 5-18 可知,从技术互补性参数 μ 值来看,如果 μ 越大,企业 A 和企业 B 进行合作获得收益越大,中介机构介入的比例越大,LCEFT 创新扩散系统越容易收敛于点 $M_4(1,1,1)$;如果 μ 越小,LCEFT 创新扩散系统越容易收敛于点 $M_1(0,0,0)$。中介机构参与时,介绍给企业 A 和企业 B 的技术越互补,双方通过中介机构进行技术扩散的概率越大。通过中介机构信息不对称和技术 Know-how 问题能够得到较好解决,同时能够达成双方均满意的合作收益,并且能够更好地享受政府激励政策,虽然要支付一定的成本,若无中介机构时,由于信息不对称,双方合作中技术价值无法被正确地评估,双方在合作过程中的信任度就会降低,彼此之间采取投机行为的概率增大,技术溢出风险增大,因此,双方在合作中障碍会不断增加,创新扩散的合作难以形成。在现实中,中介机构可能为了自身收益,通过其转移的技术互补性可能不强,从而给技术扩散双方带来损益。因此,行业内部对于中介机构的评估以及政府部门对于中介机构的认证和评估体系的建设必须在中介市场建立之初就有所强化。

（六）博弈系统对政府激励系数 ϑ 的敏感性分析

为了分析博弈主体对政府激励系数的敏感性。令 $\vartheta=0.5$、1.0 和 2.0 时,博弈系统演化动态如图 5-19 所示。

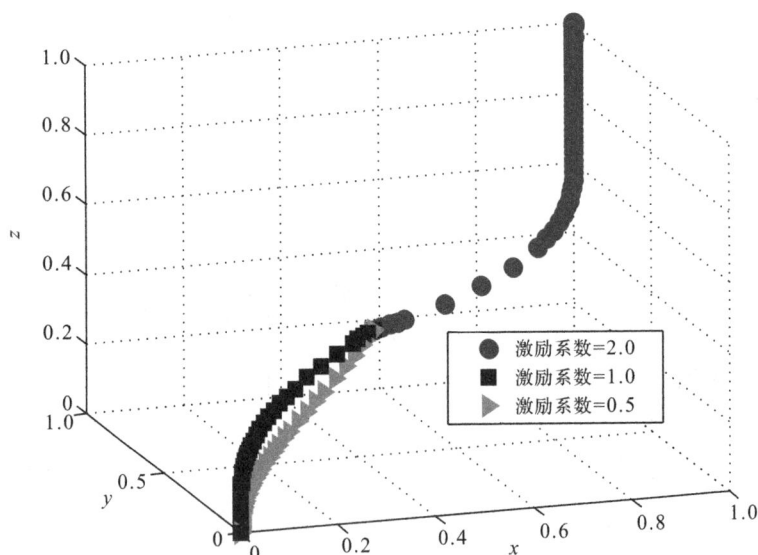

图 5-19　政府激励参数对 LCEFT 创新扩散系统演化轨迹的影响

从政府激励参数 φ_A、φ_B 来看,如果 φ_A、φ_B 越大,企业 A 和企业 B 进行合作获得的收益越大,中介机构介入的比例越大,LCEFT 创新扩散系统越容易收敛于点 M_4。政府部门的激励或者补贴对于企业吸引力的大小对创新扩散系统的演化有着显著的影响,但是激励强度不宜过小。中介机构对于政府部门政策的解读更加详细,能够更好地为企业进行服务,争取让企业获得最大的奖励额度。实际中,政府部门的激励机制建设还不够系统和健全,例如质监部门有对产品质量提升的激励,环保部门有对环境保护的激励,同时科技部门对于创新有一定的激励机制,而这些激励都是分散的,相互之间没有协同,各单位的奖励额度激励效果十分有限,且容易造成奖励评价体系的矛盾,给创新扩散企业和采纳企业带来战略矛盾。为此,在政府激励制度的建设中,应该实行多部门联动的激励机制,联合对 LCEFT 创新扩散企业进行激励,一方面能够降低政府部门的财政压力,另一方面联合激励使得奖励的额度增大,更能引起企业的重视,引导企业进行 LCEFT 创新扩散,中介机构也容易介入 LCEFT 创新。

第四节　低碳环境友好技术创新扩散个案分析与对策探讨

一、个案分析

发展中国家,以中国为例,企业 A 和企业 B 作为扩散企业扩散各自优势技术的背景资料以及详细策略分析过程详见附录 C。企业 A 采用企业 B 的技术后,解决了其生产实践中存在的选矿问题,该问题解决了铜矿渣筛选问题。从实际生产的情况来看,企业 A 在 2016 年成功处理铜浮渣等复杂物料6801 吨,比 2015 年能耗同期下降了 3579.12 吨标准煤当量,减少碳排放量为 9622.60 吨 CO_2,接近减少 1 万吨 CO_2 的排放量。企业 B 使用企业 A 的氧枪技术后,企业 B 原来使用不到 1 天的喷枪使用寿命逐步提高到 2 天以上,仅此一项每年可节省成本 200 余万元。同时,由于熔炼过程中的搅拌作用强化,企业 B 柴油单耗有了进一步大幅降低,2016 年 9 月份已经降至67.41 千克/吨,比同期节约了 5 万升柴油,比同期节能 845.92 吨标准煤当量,减少了 2274.28 吨 CO_2。

从个案分析和减排成效来看,所构建演化博弈模型能够解释现实中中介机构对 LCEFT 创新扩散的作用和价值,特别是在消除信息不对称的功能上,中介机构能够帮助双方在良好的信誉环境下进行技术扩散合作,双方在扩散过程中能够保持在合作前提下的最大收益,符合双方基于自身利益最大化的决策假设。归纳双方案例成功的条件如下。

1. LCEFT 具有互补性

LCEFT 具有互补性是双方合作的基本条件,在技术扩散中,并非技术越先进越好。例如在此案例中,双方都可以从国外引进更先进的技术,但是双方技术本身存在较大差距,引进的先进技术不仅成本高,还可能存在适应的问题。中介机构经过专业评估,认为双方的技术互补性很强,且企业 A 和企业 B 技术差距不明显,在技术优势方面能够很好地适用,不存在"水土不服"的问题。正是这些因素的作用,再加上环境规制的影响,促使企业 A 和企业 B 具有合作和协商的意愿。

2. 中介机构筑造的良好合作环境

中介机构为双方提供了良好的合作环境,不仅降低了双方的搜索成本,还有效地确保双方在合作中由于信息不对称导致的风险,双方合作的收益增大,且风险减小,良好的合作环境进一步提升了双方进行技术扩散的意愿。

3. 政府政策的关键辅助作用

政府在 LCEFT 的激励政策有效地引导企业进行技术创新扩散,同时政府的环境规制极大地推动了企业进行技术创新和技术改造的步伐,政府一系列政策的综合实施有效地引导 LCEFT 创新扩散中各主体朝着有利于经济建设和环境保护的方向前进。

二、研究结论与对策探讨

综合 LCEFT 创新扩散演化博弈和中介机构参与的 LCEFT 创新扩散多群体演化博弈稳定性分析结果、数值模拟仿真和个案分析结果主要如下。

(一)中介机构未介入时的 LCEFT 创新扩散博弈结果与探讨

(1)技术互补比例参数对 LCEFT 创新扩散有正向作用;技术间互补性越强,企业之间进行创新扩散的动力越大。互补性的信息掌握在企业自身,其他企业难以获得全部的关键信息,因此,关于技术互补性的评估需要专业的机构进行,为扩散企业和采纳企业提供专业的建议。

(2)LCEFT 创新的扩散需要整个行业共同制定严格的约束机制,形成信誉联盟,共同打击 LCEFT 创新扩散中"搭便车"和机会主义行为。否则,拥有 LCEFT 创新优势企业很难选择扩散策略,往往会在短时间内扩散,但是不扩散企业比例会开始增加。企业信誉和诚信机制的建设对于企业采取扩散策略的影响重大。因此,LCEFT 技术创新扩散需要政府部门优化环境规制,同时需要行业自身净化行业内部环境。

(3)政府部门的激励制度难以促进企业间进行技术扩散,在行业内部建立企业信誉和诚信机制对于企业策略选择影响重大。政府的激励政策有利于企业进行扩散策略的选择,但是激励的力度不能过低,否则不仅无法起到激励作用,反而使企业均选择不扩散策略。因此,政府部门的激励制度需要改进,单一的激励机制难以实现促进企业扩散 LCEFT 的目的。

(二)中介机构介入时的 LCEFT 创新扩散博弈结果与探讨

(1)中介机构介入时,风险规避系数的变化显然对扩散企业的策略选择有直接的影响,中介机构能否降低企业 LCEFT 创新扩散的风险损益至关重要。政府部门不仅需要采取激励措施引导企业进行扩散,还需要制定惩罚措施和奖励机制规范中介市场,引导中介机构提供优质的 LCEFT 创新扩散服务,从而达到各方共赢的最佳局面。

(2)中介机构所需支付服务成本较低时,中介机构参与度强,企业通过中介机构进行技术创新扩散。如果中介机构的收益太低其不会参与支持 LCEFT 创新扩散,只有达到一定期望收益才会参与。政府部门对于中介机构的管理一方面需要加强"门槛管理",强化市场准入和退出机制;另一方面需要在企业诚信、企业品牌方面加大管理,实行黑名单制度,引导企业诚信经营,保障服务质量。与此同时,政府部门需要加强对中介机构的评估和管理,发挥其在 LCEFT 创新扩散市场中的积极作用,将其消极的一面关在政策的牢笼中。

(3)中介机构参与时,由于中介机构的专业性和信息优势等,其对于 LCEFT 的价值和作用能够进行有效评估,不仅能够降低采纳企业的采纳风险,同时也能够降低扩散企业的扩散风险,还能够更好地帮助企业发挥 LCEFT 的功能和价值,从而实现"$1+1>2$"的协同效益。中介机构的作用需要政府部门制定相应的激励机制和惩罚制度进行市场管理,优化市场中介环境对于 LCEFT 创新扩散至关重要。

(4)政府部门的激励或者补贴对于企业吸引力的大小对创新扩散系统的演化有着显著的影响,但是激励强度不宜过小。政府激励制度的建设中,应该实行多部门联动激励机制,联合对 LCEFT 创新扩散企业进行激励,一方面能够降低政府部门的财政压力;另一方面联合激励使得奖励的额度增大,更能引起企业的重视,引导企业进行 LCEFT 创新扩散,中介机构也越容易介入 LCEFT 创新。

综合上述分析来看,中介机构的确能够起到促进 LCEFT 创新扩散的桥梁作用,但是如果没有有效的监管机制,中介机构可能成为 LCEFT 创新扩散的阻碍因素。"双刃剑"的作用关键是中介机构能否在 LCEFT 创新扩散中起到其在降低风险、增加收益、减少信息不对称方面的作用,如果中介机构在扩散中无论是与买方合谋还是与卖方合谋都可能导致 LCEFT 创新扩散"流产";如果中介机构能够规范经营,提供高质量的服务给扩散双方,并且降低扩散企业扩散风险,增大采纳企业协同效益,将会起到很好的促进作用。

第五节　本章小结

本章开展了 LCEFT 创新扩散中多群体的演化博弈研究,首先分析了中介机构未介入时发展中国家扩散企业的策略选择问题,引入了协同效益、互补性比例以及政府激励系数等;借助 Matlab 进行数值模拟仿真,分析了各因素对于发展中国家企业扩散策略选择的影响机理,得到了关于政府激励强度和行业约束机制设计等重要结论。鉴于中介机构在 LCEFT 创新扩散中的作用,本章引入中介机构,构建了 LCEFT 创新扩散多群体演化博弈模型,并引入了协同效益强化系数、成本系数以及风险规避系数,借助 Matlab 进行数值模拟仿真,分析了各参数对于 LCEFT 创新扩散的影响机理和作用机制。

第六章　低碳环境友好技术创新扩散中企业采用演化博弈研究

针对 LCEFT 创新扩散难的问题,本章以发展中国家潜在采纳企业为研究对象,将研究在市场机制下和政府混合碳减排规制下潜在采纳企业的 LCEFT 采用问题。首先构建了纯市场机制下潜在采纳企业采用 LCEFT 创新的非对称演化博弈模型,借助 Matlab 软件进行数值模拟仿真,分析了采纳成本、技术价值、采纳风险等参数对潜在采纳企业采用决策的影响;然后以中国为例,基于中国碳交易试点的现实背景,构建了混合碳减排机制下潜在采纳企业采用 LCEFT 创新的非对称演化博弈模型,借助 Matlab 软件进行数值模拟仿真,重点分析了政府补贴、初始碳权、碳配额和碳税等参数对潜在采纳企业采用 LCEFT 创新的影响,并探讨了混合碳减排机制的科学性和公平性。

第一节　低碳环境友好技术创新采纳决策困境

一、低碳环境友好技术创新采纳现状

在全球极端天气引发的自然灾害和卫生安全事故频发的背景下,人类的发展方式和生活方式变革问题引起了人们的反思。绿色、低碳等环境友好技术的创新与应用在世界各国政府和社会层面受到了更多的重视。[①] 企业采纳 LCEFT 成果并进一步实现规模性应用,LCEFT 才能实现扩散。《京都议定书》提出将二氧化碳气体排放量作为一种商品,建立二氧化碳的排放权交易制度,促进全球碳交易市场机制的形成,从而激发 LCEFT 创新及其

---

① 奚旺,莫菲菲."十四五"应对气候变化南南合作形势分析与对策建议[J].环境保护,2020(16):65-67.

大规模应用,最终实现减缓气候变化的目的。

当前,发展中国家碳交易市场大多数不成熟,LCEFT 转移过程中相关主体的利益和冲突难以调和,转移风险和不确定性难以控制,因而 LCEFT 转移进程十分缓慢。以中国为例,中国自 2011 年开始先后在北京、天津等七地设立碳交易试点;2016 年在全国范围内启动了碳排放权交易市场;2017 年底全国统一的碳排放权交易市场正式运行;从其后三年的运行来看,碳交易机制能够对全国商品市场进行调节,促进企业采纳 LCEFT,助推产业转型升级。截至 2019 年 6 月,全国碳交易市场交易额达 3.36 亿元[①],碳交易机制确实能够起到降低碳排放、改善环境的作用。由于碳交易机制不完善,其在促进 LCEFT 应用方面的效用有限但风险较大。另外,在碳交易机制建设过程中关于初始碳权分配公平性问题一直存在争议,其直接影响碳排放依赖型企业的 LCEFT 采用决策。当前发展中国家对于 LCEFT 创新扩散的政策法规支持力度还不强。企业采纳 LCEFT 需要得到财政投入政策、税费征收政策、配套服务政策和银行信贷等支持,企业难以凭借自身实力完成 LCEFT 采纳,但目前发展中国家都没有建立完善的支持政策体系;同时,发展中国家对于高碳技术应用的惩罚性制度执行不到位,未能形成促进企业采纳 LCEFT 的外部动力。总之,从目前技术创新和应用推广来看,发展中国家不仅 LCEFT 创新少,且 LCEFT 创新大规模采纳应用也非常罕见。

二、低碳环境友好技术创新采纳困境

LCEFT 转移过程影响与减缓气候变化相关的成本和经济效益。政府部门和采纳企业在 LCEFT 转移过程中扮演着关键角色。政府部门支持采纳企业面临的困境和支持扩散企业类似,但采纳企业和扩散企业面临的问题存在不同的困境。

从全球经济竞争格局来看,未来低碳产品在全球市场中竞争力远高于高碳产品,且在全球流动阻力更小,交易价值更高。发展中国家企业为了生存和发展,采纳 LCEFT 助力企业转型升级是企业必经的战略环节。发展中国家企业面临当前国内外市场竞争,考虑到短期收益和长期收益的均衡性问题,在当前新型冠状病毒疫情冲击下,企业更是难以承担短期收益减少带来的经营风险,承担收益减少甚至亏损的能力下降,很多企业不得不放弃未

① 陈涵.碳交易环境下供应链低碳技术采纳决策研究综述[J].中国资源综合利用,2020(2):89-91.

来可持续竞争的优势。① 虽然企业采纳 LCEFT 能够获得更多的社会效益，能够优化企业内部能源结构，提升能源利用率，但 LCEFT 采纳成本导致部分制造企业望而却步。在采纳 LCEFT 过程中除了机械设施设备的购置费用外，企业还需要承担人员培训、人才引进等方面的费用，且费用的高低受限于企业自身人力资源的能力，使得 LCEFT 采纳成本具有不确定性。LCEFT 创新采纳的高成本障碍导致 LCEFT 创新采纳行为效益的降低，减弱了企业采纳的意愿。发展中国家低碳产品市场尚未完全打开，低碳产品和绿色产品未来市场空间和价值具有不确定性，企业采纳 LCEFT 的收益具有不确定性。总之，企业采纳 LCEFT 主要面临的困境是：成本困境和收益不确定困境、节能减排外部压力与自身发展需求错位的困境、政府支持力度与企业需求不匹配的困境，还面临失去现有市场份额和竞争地位的风险。同时，为了保持自身的竞争力，总是期待采用跟随策略，减少创新应用带来的风险，为此，在没有政府规制引导时，企业难以采用 LCEFT。

第二节 市场机制下的企业采纳决策演化博弈

一、模型假设

在 LCEFT 创新扩散中，发展中国家潜在采纳企业的采用行为是决定创新扩散效率和成效的关键因素。潜在采纳企业在决定采用 LCEFT 创新过程中，其需要分析同为潜在采纳企业（竞争对手）的策略选择，如何采用 LCEFT 创新带来的收益大于维持现状的收益，那么企业基于自身利益最大化将会选择采用 LCEFT。同时，其竞争对手也会如此进行决策，这样双方就在不断观察和学习中进行 LCEFT 创新采用动态博弈。采用 LCEFT 创新收益的大小既与采用成本有关，也与所采用的 LCEFT 创新市场价值有关，同时由于 LCEFT 创新扩散的环境属性，潜在采用企业在纯市场环境下都有采取"搭便车"和投机行为的动机。根据上述背景和分析，研究假设如下。

假设 1：在市场机制下，发展中国家企业群体可以看作一个没有其他外

① Lippi G, Plebani M. The novel coronavirus (2019-nCoV) outbreak：think the unthinkable and be prepared to face the challenge[J]. Diagnosis,2020(2)：79-81.

力扰动的独立系统,将其分为两个有异质的有限理性群体:企业群体 1 和企业群体 2,企业群体 1 相较于企业群体 2 在市场规模和营利能力上具有优势,但群体 1 的排放水平高于群体 2,且认为两个群体均由学习速度很慢的成员组成,在博弈过程中反复随机从两个群体各抽取一个成员配对进行博弈,从群体 1 中抽取的称为企业 A,从群体 2 中抽取的称为企业 B。

假设 2:企业 A 和企业 B 都有两种选择:采纳 LCEFT 策略(S_1)和维持现状策略(S_2)。博弈双方在学习和模仿中经过不断试错和选择来寻找较好的策略直至达到均衡。每个企业都在不断调整策略,当企业发现采纳 LCEFT 所带来的收益低于维持现有技术生产收益时,企业将不会采纳 LCEFT;反之,当企业观测到采纳 LCEFT 能够带来更高的收益时,企业必然会采纳 LCEFT。

假设 3:发展中国家企业采用 LCEFT 创新过程是在一个具有不确定性和有限理性的空间进行,同时企业之间的策略又是相互影响的,企业 A 和企业 B 会根据其他成员的策略选择,考虑在自身群体中的相对适应性,来选择和调整各自的策略。假设企业 A 选择 S_1 策略的概率为 x,选择策略 S_2 的概率为 $1-x$;企业 B 选择 S_1 策略的概率为 y,选择策略 S_2 的概率为 $1-y$。x、y 均为关于时间 t 的函数。

假设 4:技术需求基本同质。企业 A 和企业 B 在技术工艺、技术消化能力方面异质,技术需求程度不可能完全一致,企业采纳 LCEFT 创新的目的是一致的,都是为了提升技术能力减缓气候变化。因此,本书不考虑在技术需求方面的差异性。假定发展中国家某企业通过协同创新研发成果具有独立知识产权的 LCEFT,LCEFT 生产实践表明其在提高能源效率和节能减排方面具有很大优势,企业采纳该项 LCEFT 创新需要向扩散企业支付的成本包括设备、技术、人力等投入,企业 A 和企业 B 的成本投入分别为 $C_i(i=1,2)$,$C_i > 0$,采纳 LCEFT 创新后至少具有和原来相同的生产能力。

假设 5:LCEFT 能够提升市场整体收益。假设消费者对于低碳环境友好产品消费具有偏好性,当企业 A 和企业 B 采用维持现状策略进行生产时,市场的总价值为 I[企业 A 的收益为 kI,企业 B 为 $(1-k)I$],双方均采纳 LCEFT 后,市场整体收益增加为 ΔI。企业 A 和企业 B 采纳 LCEFT 增益的大小取决于其自身对技术的消化吸收能力,用参数 $\lambda_i(i=1,2)$ 表示,则企业 A 和企业 B 采纳 LCEFT 的增益分别为 $\lambda_i \Delta I(i=1,2)$。根据假设 1 可知,$\lambda_1 > \lambda_2 > 0$。

假设 6:企业总是有投机和"搭便车"行为。由于一旦技术发生转移,技术溢出总是无法避免的,同时由于 LCEFT 创新扩散的环境外部性,企业总是希望在此过程中通过"搭便车"行为和投机行为获得收益。这种行为将会给采用企业带来风险和损益,假设企业 A 和企业 B 采取投机和"搭便车"行为的概率系数(简称投机概率)为 $\mu_i(i=1,2)$,企业 A 采用 LCEFT 创新而企业 B 采用维持现状策略时,企业 A 面临的风险损失为 $\mu_2\lambda_1\Delta I$,企业 B 面临风险损失为 $\mu_1\lambda_2\Delta I$。根据智猪博弈的思想,可以假设 $0<\mu_1<\mu_2$。

二、复制动态方程及稳定策略分析

(一)复制动态方程

根据上述假设和分析可以得到四种策略组合:

(1)当企业双方都采纳 S_1 策略时,企业 A 和企业 B 获得收益分别为: $kI-C_1+\lambda_1\Delta I,(1-k)I-C_2+\lambda_2\Delta I$。

(2)当有且仅有一方采纳 LCEFT(只有企业 A 采用 LCEFT 创新)时,企业 A 的收益为: $kI-C_1+\lambda_1\Delta I-\mu_2\lambda_1\Delta I$,企业 B 的收益为 $(1-k)I+\mu_2\lambda_1\Delta I$;

(3)当有且仅有一方采用 LCEFT 创新(只有企业 B 采用 LCEFT 创新)时,企业 A 的收益为 $kI+\mu_1\lambda_2\Delta I$,企业 B 的收益为 $(1-k)I-C_2+\lambda_2\Delta I-\mu_1\lambda_2\Delta I$。

(4)当双方均不采用 LCEFT 创新时,企业 A 和企业 B 获得的收益分别为 $kI-L_A,(1-k)I-L_B$。

根据上述组合策略分析,博弈双方的支付函数矩阵如表 6-1 所示。

表 6-1　博弈双方的支付函数矩阵

策略选择		企业 B	
		采纳(S_1)	维持(S_2)
企业 A	采纳(S_1)	$kI-C_1+\lambda_1\Delta I,(1-k)I-C_2+\lambda_2\Delta I$	$kI-C_1+\lambda_1\Delta I-\mu_2\lambda_1\Delta I,(1-k)I+\mu_2\lambda_1\Delta I$
	维持(S_2)	$kI+\mu_1\lambda_2\Delta I,(1-k)I-C_2+\lambda_2\Delta I-\mu_1\lambda_2\Delta I$	$kI,(1-k)I$

根据表 6-1 中博弈双方的支付函数矩阵,可得到混合策略的收益。企业 A 和企业 B 的收益分别如式(6-1)和式(6-2)所示。

$$\left.\begin{aligned} U_{A1} &= y(kI-C_1+\lambda_1\Delta I)+(1-y)(kI-C_1+\lambda_1\Delta I-\mu_2\lambda_1\Delta I) \\ U_{A2} &= y(kI+\mu_1\lambda_2\Delta I)+(1-y)(kI) \\ \overline{U}_A &= xU_{A1}+(1-x)U_{A2} \end{aligned}\right\}$$

$$(6-1)$$

$$U_{B1} = x((1-k)I - C_2 + \lambda_2 \Delta I) + (1-x)((1-k)I - C_2 + \lambda_2 \Delta I - \mu_1 \lambda_2 \Delta I)$$
$$U_{B2} = x((1-k)I + \mu_2 \lambda_1 \Delta I) + (1-x)((1-k)I)$$
$$\overline{U}_B = yU_{B1} + (1-y)U_{B2}$$

$$(6-2)$$

运用非对称复制动态演化方式,得到 LCEFT 创新扩散中潜在采纳企业采用决策系统的演化复制动态方程为:

$$F(x) = \frac{\mathrm{d}x}{\mathrm{d}t}$$
$$= x(U_{A1} - \overline{U}_A) = x(1-x)[y(\mu_2\lambda_1 - \mu_1\lambda_2)\Delta I - C_1 + \lambda_1\Delta I - \mu_2\lambda_1\Delta I]$$

$$(6-3)$$

$$G(y) = \frac{\mathrm{d}y}{\mathrm{d}t}$$
$$= y(U_{B1} - \overline{U}_B) = y(1-y)[x(\mu_1\lambda_2 - \mu_2\lambda_1)\Delta I - C_2 + \lambda_2\Delta I - \mu_1\lambda_2\Delta I]$$

$$(6-4)$$

式(6-3)表明,仅当 $x = 0,1$ 或 $y^* = \dfrac{C_1 - \lambda_1\Delta I + \mu_2\lambda_1\Delta I}{(\mu_2\lambda_1 - \mu_1\lambda_2)\Delta I}$,企业 B 采纳策略 S_1 的比例是局部稳定的;式(6-4)表明,仅当 $y = 0,1$, $x^* = \dfrac{C_2 - \lambda_2\Delta I + \mu_1\lambda_2\Delta I}{(\mu_1\lambda_2 - \mu_2\lambda_1)\Delta I}$,企业 A 采纳策略 S_1 的比例是局部稳定的。因此博弈系统有 $O(0,0)$、$M(1,0)$、$N(0,1)$、$D(1,1)$ 和 $H(x^*, y^*)$ 五个局部均衡点。按照 Friedman 提出的方法,微分方程系统的演化稳定策略(ESS)可由该系统的雅可比矩阵的局部稳定性分析得到。由式(6-3)和式(6-4)构成方程组,其雅可比矩阵为:

$$J = [(1-2x)(y(\mu_2\lambda_1 - \mu_1\lambda_2)\Delta I - C_1 + \lambda_1\Delta I - \mu_2\lambda_1\Delta I) \quad x(1-x)(\mu_2\lambda_1 - \mu_1\lambda_2)\Delta I \quad y(1-y)(\mu_1\lambda_2 - \mu_2\lambda_1)\Delta I \quad (1-2y)(x(\mu_1\lambda_2 - \mu_2\lambda_1)\Delta I - C_2 + \lambda_2\Delta I - \mu_1\lambda_2\Delta I)]$$

(二)稳定性分析

J 的行列式的值为 $\det J = \dfrac{\partial F(x)}{\partial x}\dfrac{\partial G(y)}{\partial y} - \dfrac{\partial F(x)}{\partial y}\dfrac{\partial G(y)}{\partial x}$,迹为 $\mathrm{tr}J = \dfrac{\partial F(x)}{\partial x} + \dfrac{\partial G(y)}{\partial y}$,当平衡点使得 $\det J > 0$ 且 $\mathrm{tr}J < 0$ 时,平衡点就处于局部稳定状态。以此为判定依据可以得出稳定点及其所对应系统演化状态的推论。各均衡点雅可比矩阵的行列式和迹如表 6-2 所示。

表 6-2 平衡点稳定性分析

平衡点	$\det J$	$\mathrm{tr} J$
$O(0,0)$	$(-C_1 + \lambda_1 \Delta I - \mu_2 \lambda_1 \Delta I) \cdot (-C_2 + \lambda_2 \Delta I - \mu_1 \lambda_2 \Delta I)$	$(-C_1 + \lambda_1 \Delta I - \mu_2 \lambda_1 \Delta I) + (-C_2 + \lambda_2 \Delta I - \mu_1 \lambda_2 \Delta I)$
$M(1,0)$	$-(-C_1 + \lambda_1 \Delta I - \mu_2 \lambda_1 \Delta I) \cdot (-C_2 + \lambda_2 \Delta I - \mu_2 \lambda_1 \Delta I)$	$-(-C_1 + \lambda_1 \Delta I - \mu_2 \lambda_1 \Delta I) + (-C_2 + \lambda_2 \Delta I - \mu_2 \lambda_1 \Delta I)$
$N(0,1)$	$(-C_1 + \lambda_1 \Delta I - \mu_1 \lambda_2 \Delta I) \cdot [-(-C_2 + \lambda_2 \Delta I - \mu_1 \lambda_2 \Delta I)]$	$(-C_1 + \lambda_1 \Delta I - \mu_1 \lambda_2 \Delta I) - (-C_2 + \lambda_2 \Delta I - \mu_1 \lambda_2 \Delta I]$
$D(1,1)$	$-(-C_1 + \lambda_1 \Delta I - \mu_1 \lambda_2 \Delta I) \cdot [-(-C_2 + \lambda_2 \Delta I - \mu_2 \lambda_1 \Delta I)]$	$-(-C_1 + \lambda_1 \Delta I - \mu_1 \lambda_2 \Delta I) - (-C_2 + \lambda_2 \Delta I - \mu_2 \lambda_1 \Delta I]$

由表 6-2 可以明显看出,平衡点为 ESS 稳定的条件与 $t = -C_1 + \lambda_1 \Delta I - \mu_2 \lambda_1 \Delta I$、$s = -C_2 + \lambda_2 \Delta I - \mu_1 \lambda_2 \Delta I$、$h = -C_2 + \lambda_2 \Delta I - \mu_2 \lambda_1 \Delta I$ 和 $l = -C_1 + \lambda_1 \Delta I - \mu_1 \lambda_2 \Delta I$ 的正负关系有关。根据假设 5 和假设 6 显然有:$\mu_1 \lambda_2 < \mu_2 \lambda_1$。在此条件下,容易识别 $t < l$,$s > h$。在同一条件下分析不同正负情景下各均衡点处于稳定性的状态获取对应相位图,具体如表 6-3 所示。

首先分析情景 1 的演化过程。根据情景 1 的条件可知,当满足 $t < 0$、$s < 0$、$h < 0$、$l < 0$ 时,企业 A 面对的情景是采纳 LCEFT 所支付的成本大于采纳 LCEFT 的额外增益与投机收益之差;同时企业 B 面对的情景是采纳 LCEFT 所支付的成本大于采纳 LCEFT 的额外增益与对方投机行为带来的损益之差。显然,在群体中开始选择采纳 LCEFT 的企业随着在博弈过程中的不断学习,基于自身利益最大化,都会选择不采纳 LCEFT,即维持策略(如图 6-1 所示)。这是不利于 LCEFT 扩散的情景,需要政府部门警惕。

分析情景 2 的演化过程,此时满足条件 $t < 0$、$s > 0$、$h < 0$、$l < 0$。企业 A 面对的情景是采纳 LCEFT 所支付的成本大于采纳 LCEFT 的额外增益与投机收益之差;企业 B 面对的情景是采纳 LCEFT 所支付的成本大于采纳 LCEFT 的额外增益与对方投机行为带来的损益之差,但小于采纳 LCEFT 的增益与自身投机收益之差;因此,在此条件下,显然,群体 2 中企业采纳 LCEFT 有利可图,在群体中初始采取策略 S_2 的企业在利益的驱动下都会逐步演化为选择策略 S_1,而群体 1 中的企业基于自身利益最大化都会逐步演化为选择策略 S_2。双方的演化过程如图 6-2 所示。分析情景 2 的演化过程与情景 3 类似,本书不再累述。$t > 0$、$s > 0$、$h > 0$、$l < 0$ 时,双方博弈演化的轨迹如图 6-3 所示。

表 6-3　多种情景下的平衡点稳定性分析

情景	平衡点	条件	detJ 符号	trJ 符号	结论	相位图
情景 1	$O(0,0)$	$t<0$ $s<0$ $h<0$ $l<0$	+	−	稳定点	图 6-1
	$M(1,0)$		+	不确定	鞍点	
	$N(0,1)$		+	不确定	鞍点	
	$D(1,1)$		+	+	不稳定点	
	$H(x^*,y^*)$			0	鞍点	
情景 2	$O(0,0)$	$t<0$ $s>0$ $h<0$ $l<0$	−	不确定	鞍点	图 6-2
	$M(1,0)$		−	不确定	鞍点	
	$N(0,1)$		+	−	稳定点	
	$D(1,1)$		+	+	不稳定点	
情景 3	$O(0,0)$	$t>0$ $s>0$ $h>0$ $l<0$	+	+	不稳定点	图 6-3
	$M(1,0)$		+	−	稳定点	
	$N(0,1)$		−	不确定	鞍点	
	$D(1,1)$		−	不确定	鞍点	
情景 4	$O(0,0)$	$t>0$ $s>0$ $h<0$ $l<0$	+	+	不稳定点	图 6-4
	$M(1,0)$		+	−	稳定点	
	$N(0,1)$		+	−	稳定点	
	$D(1,1)$		+	+	不稳定点	
情景 5	$O(0,0)$	$t>0$ $s>0$ $h>0$ $l>0$	+	+	不稳定点	图 6-5
	$M(1,0)$		−	不确定	鞍点	
	$N(0,1)$		−	不确定	鞍点	
	$D(1,1)$		+	−	稳定点	
情景 6	$O(0,0)$	$t<0$ $s>0$ $h<0$ $l>0$	−	不确定	鞍点	图 6-6
	$M(1,0)$		−	不确定	鞍点	
	$N(0,1)$		−	不确定	鞍点	
	$D(1,1)$		−	不确定	鞍点	

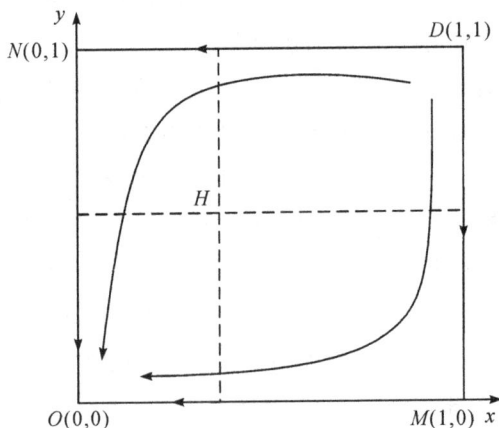

图 6-1　情景 1 系统演化

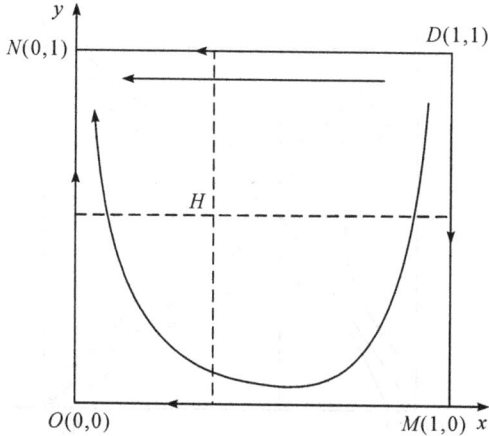

图 6-2 情景 2 系统演化

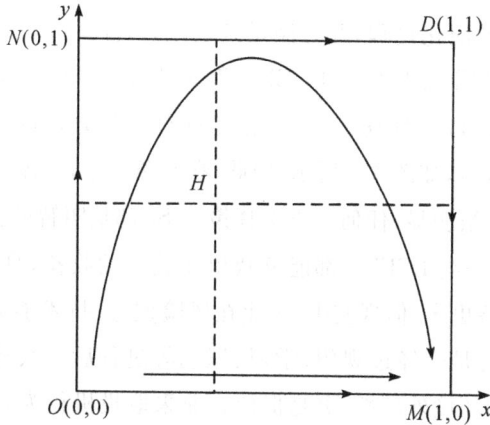

图 6-3 情景 3 系统演化

分析情景 4 的演化过程，此时满足条件 $t > 0$、$s > 0$、$h < 0$、$l < 0$。企业 A 和企业 B 面对的情景都是采纳 LCEFT 所支付的成本大于采纳 LCEFT 的额外增益与自身投机行为收益之差，但小于采纳 LCEFT 的增益与对方投机行为带来损益之差；因此，在此条件下，显然，群体 1 和群体 2 中企业同时采取策略 S_1 或同时采取策略 S_2 的情景不会发生。双方博弈演化的结果必将是某一主体采取策略 S_1 的同时，另一主体必然采取策略 S_2，演化轨迹如图 6-4 所示。至于博弈双方最终谁会采取策略 S_1 或者 S_2，这与点 H 的初始位置有关系，如果点 H 初始位置在 NOHD 区域范围时，系统演化的结果将是企业 A 采取策略 S_2 而企业 B 采取策略 S_1；当初始状态处于 MOHD 围成的区域时，系统最终演化的结果则正好相反。

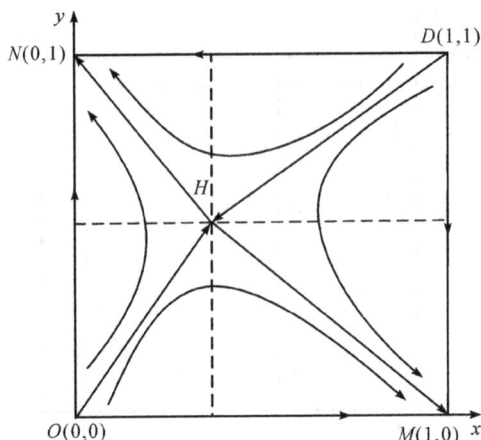

图 6-4　情景 4 系统演化

分析情景 5 的演化过程，此时满足条件 $t>0$、$s>0$、$h>0$、$l>0$。企业 A 和企业 B 面对的情景都是采纳 LCEFT 所支付的成本小于采纳 LCEFT 的额外增益与自身投机行为收益之差。无论点 H 处于何处，所有情况的演化稳定状态点都是 $D(1,1)$，如图 6-5 所示。因此，在此条件下，群体 1 和群体 2 中企业同时采取策略 S_1，很明显，任何一方选择策略 S_1 都是明智的。这种情况比较理想，就是企业通过采纳 LCEFT 都能够获得比较好的收益，且获得的收益比投机行为带来的收益更多。但现实中，企业在风险偏好、技术能力等方面的异质，使企业对新技术总是会经过观望、学习、识别等过程后才会进行技术的应用，特别是 LCEFT 的环境外部性，更是促使企业采取投机行为和"搭便车"行为，因此，企业采纳 LCEFT 总是需要外力驱动，自身演化的过程十分缓慢。

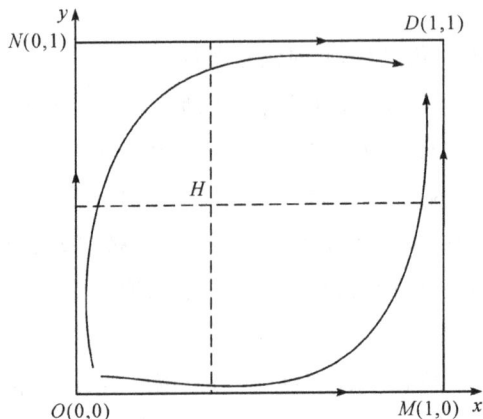

图 6-5　情景 5 系统演化

分析情景 6 的演化过程,此时满足条件 $t<0$、$s>0$、$h<0$、$l>0$。博弈系统的演化过程较为特殊。在某个博弈的时间点,群体 1 中企业能够通过采纳策略 S_1 获得更好的收益,但此时群体 2 中的企业总是采纳策略 S_2。如果群体 2 中的企业采纳策略 S_1 获利,群体 1 中的企业采纳 LCEFT 的技术溢出损失不断增大,因此,群体 1 中的企业会转为采纳策略 S_1。当群体 2 中企业采纳策略 S_2 无法获取收益时,群体 1 中的企业又会决定采用策略 S_1。于是,双方就在策略 S_2 和 S_1 之间不断博弈,形成一个封闭式循环轨道,难以达到稳定。由图 6-6 可知,最终演化轨道必定绕着点 H 螺旋式转动,无法达到稳定状态。

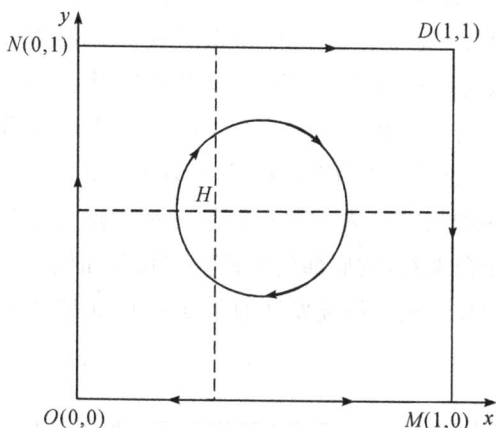

图 6-6　情景 6 系统演化

三、市场机制下的数值模拟仿真

根据上述 6 种情景的条件可知,在市场机制下,发展中国家潜在采纳企业采用 LCEFT 创新的策略会受到 μ_i、λ_i、ΔI 和 C_i 的影响,为了更加明晰各因素对于发展中国家潜在企业采用策略的影响机理,借助 Matlab 软件进行数值模拟仿真分析。本书采用数值模拟仿真的方法,考察在改变系统初始变量的情况下,模拟博弈双方在 LCEFT 创新采用决策上的变动,以验证和分析演化均衡的稳定性。由于企业关于采用 LCEFT 对应对和减缓气候变化的价值认识是逐渐深化的,因此进行如下初始值的设计:x、y 的初始值均为 0.4,投机概率 $\mu_1=0.4$、$\mu_2=0.5$,消化吸收能力系数 $\lambda_1=1.2$、$\lambda_2=1$;采纳 LCEFT 所带来的市场价值增加值 $\Delta I=5$,采纳成本 $C_1=5$、

$C_2 = 6$。

（一）博弈系统对于投机概率 μ_1 的敏感性分析

由图6-7和图6-8可知，投机概率对企业A和企业B采纳LCEFT的决策有直接影响。投机行为发生概率的大小与政府部门知识产权保护、技术转移环境密切相关。在现实中，技术转移过程中不可避免地有技术溢出，这激发了企业采取投机行为的动机。技术的溢出在某种程度上加快了LCEFT的扩散，但是从长远来看并不利于LCEFT的扩散。从仿真的结果来看，群体1中采取投机行为的企业越多，随着时间的推移，采纳LCEFT创新的企业比例越不断下降，最终趋向于零，这显然是不利于LCEFT创新扩散的。鉴于此，政府部门不应该放松对知识产权的保护，要加大对企业投机行为的惩罚力度。有很多研究将知识产权保护制度和专利制度作为LCEFT创新扩散的一种重要不利因素或者障碍因素，在面临气候变化的紧迫威胁下，从短期来看有一定的合理性，但是从长期来看，并不利于发展中国家潜在采纳企业采用LCEFT创新，而现实中减缓气候变化并不是一项短期的工作，在相当时间内人类都必须面对气候变化带来的影响，人类需要长期合作。综合来看，政府部门应该坚持强化和优化LCEFT知识产权保护和专利保护制度，从可持续发展的角度促进LCEFT创新扩散，不能着眼于短期的利益。

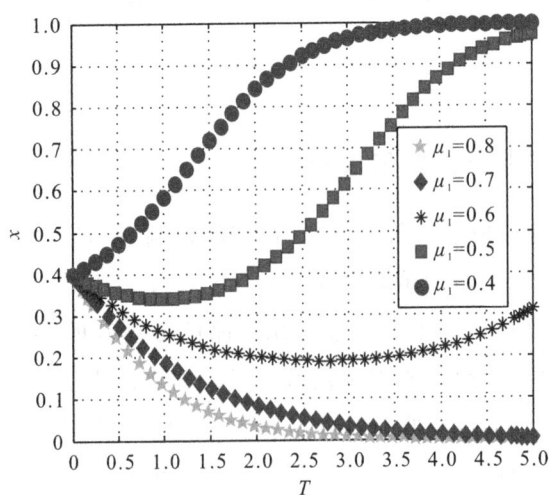

图6-7　投机概率 μ_1 对于企业A采纳决策的影响

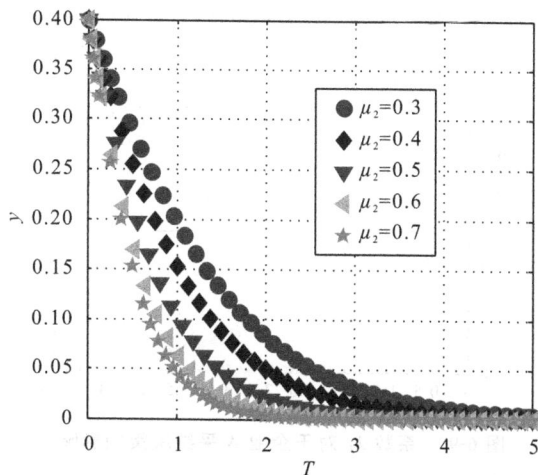

图 6-8　投机概率 μ_2 对于企业 B 采纳决策的影响

（二）博弈主体对消化吸收能力系数 λ_i 的敏感性分析

根据图 6-9 和图 6-10 可知，企业对 LCEFT 的吸收消化能力直接影响其策略选择。LCEFT 一般属于高新技术，通常在行业内具有相当的技术优势，能够帮助企业大幅度降低能耗水平，提高产品质量。但当企业消化吸收能力较小时，企业双方都不愿意采纳 LCEFT 创新，例如，当 $\lambda_1 = 1.2$、$\lambda_2 = 1.0$ 时，此时系统收敛于 $O(0,0)$。当企业对 LCEFT 创新的消化吸收能力增强时，群体 1 和群体 2 中企业采纳 LCEFT 创新的比例将会增大，最终收敛于点 $D(1,1)$。从 LCEFT 创新扩散过程来看，技术需求与实际扩散的 LCEFT 创新匹配程度越高，企业消化吸收的能力越强。在实际技术转移过程中，开展技术需求评估是做好技术创新扩散的前提工作，掌握企业实际需求、提高技术和知识的能力水平是做好 LCEFT 创新扩散工作的必要条件。因此，在 LCEFT 国际转移中，政府部门及机构开展相关转移项目时，必须谨防发达国家转移设备而不转移知识的现象，否则企业在短时间内难以消化技术，无法达到减缓气候变化的目的，从而给发展中国家企业和国家带来损失。同时，在国内创新扩散中也要注重 LCEFT 创新的先进适用性，并非技术越先进，就越能发挥 LCEFT 创新的价值。综合来看，潜在采纳企业采纳 LCEFT 创新最为重要的基础工作就是技术的先进适用性评价，先进适用性越强，企业采用的 LCEFT 创新就越容易消化，创新扩散的效果就越好。

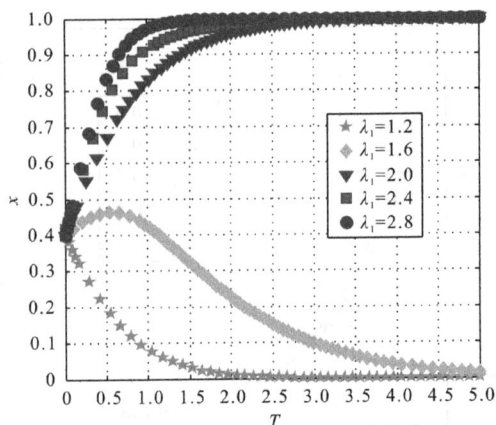

图 6-9　系数 λ_1 对于企业 A 采纳决策的影响

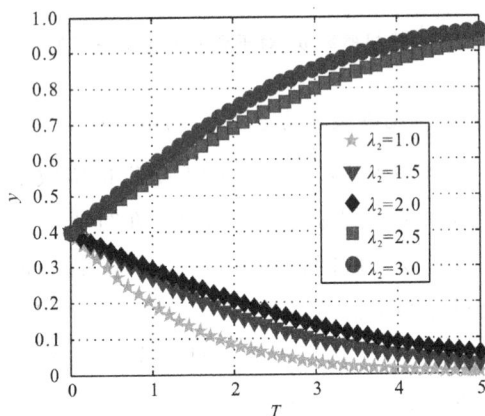

图 6-10　系数 λ_2 对于企业 B 采纳决策的影响

（三）博弈系统对市场价值增加值 ΔI 的敏感性分析

从图 6-11 和图 6-12 可知，LCEFT 市场价值对于潜在采纳企业的采用决策至关重要，采用 LCEFT 带来的市场收益越大，群体 1 和群体 2 中企业采取策略 S_1 的比例越高，博弈系统最终收敛于点 $D(1,1)$。在实际创新扩散中，核心知识一般涉及企业的核心机密，同时也是技术应用价值的关键诀窍、隐性知识以及技术秘密等。发展中国家 LCEFT 创新扩散企业基于自身利益最大化，大多只愿意就技术设备和配套设施进行买卖，而对技术核心知识不愿意进行共享和扩散，大幅度降低了技术设备的价值，也是潜在采纳企业在 LCEFT 创新采纳中面临的不确定性风险之一。为了破解该难题，增加技术转移的价值，国内很多学者提出了较好的建议。张林刚和严广乐[①]认为在交易

---

①　张林刚，严广乐.考虑知识传播的技术转让契约设计[J].科学学研究,2007(2):292-295.

合同中必须包含一个专利税或产品提成的条款,依靠此条款来激励技术转让方转让核心知识。李昆、彭纪生和袁艺[①]推崇的是采用委托代理机制解决这一问题;蒋佳妮和王灿[②]从知识产权保护的视角寻求了核心知识的转让制度完善的空间,并指出在知识产权制度改革和国家层面立法改进的方向都是基于保护而重在公益,本书十分赞同此观点。另外,LCEFT 创新的市场价值与发展中国家消费者对于低碳、绿色产品的消费偏好有关,低碳、绿色产品价格往往较高,发展中国家消费者通常对产品的价格敏感性较高,造成低碳、绿色产品的市场比较低迷,潜在采纳企业采用的风险和收益不确定性较大。

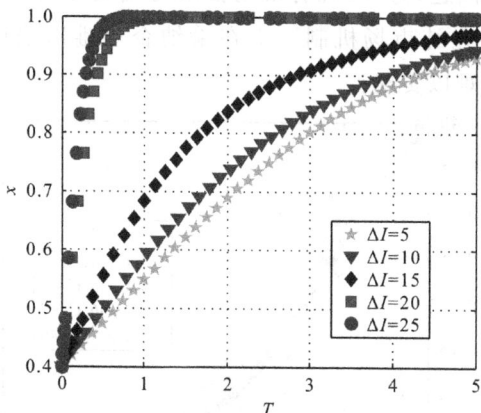

图 6-11　增加值 Δ*I* 对企业 A 采纳决策的影响

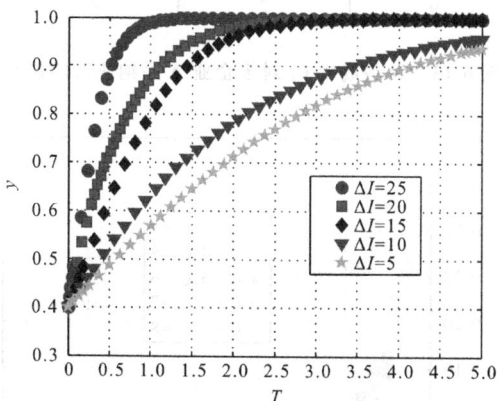

图 6-12　增加值 Δ*I* 对企业 B 采纳决策的影响

---

①　李昆,彭纪生,袁艺.跨国技术转移的次优合约设计:基于信息租补偿机制[J].科学学研究,2010(1):104-109.

②　蒋佳妮,王灿.气候有益技术 Know-how 转让之知识产权立法障碍及应对[J].兰州大学学报(社会科学版),2015,43(1):147-156.

（四）博弈系统对采纳成本 C_i 的敏感性分析

从图 6-13 和图 6-14 中可知，发展中国家潜在企业采用 LCEFT 创新的成本越高，采用 LCEFT 创新企业的比例就会越小，直至收敛于点 $O(0,0)$，这显然不利于发展中国家应对气候变化。现实中，LCEFT 创新推广的初始投入和运行成本较高，发展中国家政府和企业的资金有限，金融体系落后。发展中国家企业在纯市场环境下，企业没有动力采用 LCEFT 创新。综合上述分析来看，发展中国家企业既没有足够的资金采用 LCEFT，也面临着采用风险高、收益不确定等问题，另外，现有市场技术与其实际需求的匹配程度难以评价，这些都导致在纯市场机制下潜在采纳企业难以采用 LCEFT 创新，LCEFT 创新扩散难以实现。

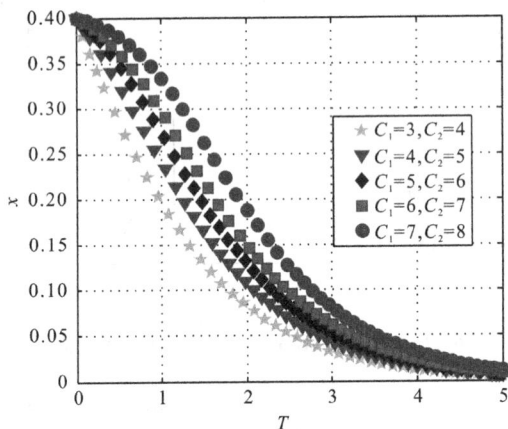

图 6-13　采纳成本 C_i 对于企业 A 采纳决策的影响

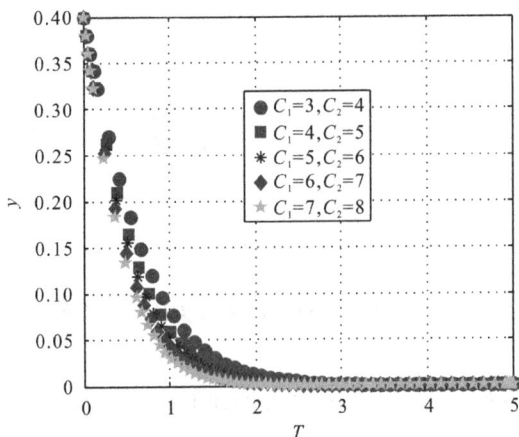

图 6-14　采纳成本 C_i 对于企业 B 采纳决策的影响

第三节　混合碳减排规制下的企业采纳决策演化博弈

一、模型假设

采纳企业之间的策略选择与政府规制引导直接相关,且会影响到政府规制策略的选择。政府和采纳企业策略选择是一个相互影响的相对独立系统,本书不考虑此系统以外因素例如国际竞争、绿色贸易壁垒等的影响。[①] 在 LCEFT 转移过程中,采纳企业需要分析市场竞争对手的策略选择以及政府规制策略,从而进行采纳决策。同时,其竞争对手也会观测其策略选择和政府规制政策,这样双方在不断学习和试错,从而形成动态博弈。碳税制度作为碳交易制度的一种补充,在推行中具有中立性,有助于缩小减排压力差距,提升政策的社会公平性。[②] 在碳交易市场机制下,大企业生产和经营成本将会显著增加,减排压力也会随着国家减排目标的不断调高而快速提升;中小企业不纳入碳交易市场,其减排压力较小,但我国中小企业数量庞大,碳排放总量不可小觑。[③] 目前,中国有"五省两市"七个碳交易试点建立了碳交易平台作为碳交易场所,还没有实行碳税政策,但科斯手段"实施碳交易"和庇古手段"实施碳税"都已在中国政府环境规制政策的考虑范围之内。[④] 有研究表明,在纯市场机制下,由于技术匹配、技术采纳风险和收益不确定等问题,发展中国家潜在采纳企业之间容易形成"合谋",都不采纳 LCEFT 创新而选择采用现有技术,维持现状,从而导致 LCEFT 创新扩散深陷"囚徒困境"。[⑤] 因此,需要发展中国家政府部门发挥其在 LCEFT 创新扩散中的关键辅助作用,采取激励和惩罚机制相结合的方式引导潜在采纳企业采纳

---

① 曹细玉,吴晓志.碳税政策下的双渠道供应链碳减排技术创新协作策略[J].华中师范大学学报(自然科学版),2020(5):898-909.

② 王爱虎,黄凌波,贺裕雁,等.碳税与减排补贴下混合双寡头企业竞合博弈研究[J].工业工程,2020(2):9-18.

③ 唐文广,袁晓晖,郝娜.基于政企博弈的最优碳税比例选择[J].软科学,2020(7):94-100.

④ Zhang X, Guo Z, Zheng Y, et al. A CGE analysis of the impacts of a carbon tax on provincial economy in China[J]. Emerging Markets Finance and Trade,2016(6):1372-1384.

⑤ 黄欣,袁志杰.基于微分博弈理论下的碳税减排策略分析[J].合肥工业大学学报(自然科学版),2019(2):278-283.

LCEFT 创新,促进 LCEFT 创新扩散,从而达到应对气候变化的目的。[①] 为此,本书认为在碳交易市场机制下应同时并行碳税制度以及补贴机制,这样既能控制总体碳排放,又能引导和激励企业积极采纳 LCEFT 创新并实现扩散。为此,引入混合碳减排机制并分析该机制对于发展中国家企业 LCEFT 采纳决策的影响。鉴于上述背景,本书就此展开如下假设。

假设 1:基本假设和本章第二节市场机制下博弈模型假设一致。

假设 2:发展中国家推行以混合碳减排机制为代表的政府环境规制[②],并将大企业和小企业全部纳入该机制下进行考核。企业 A 作为大企业被纳入混合碳减排机制下,企业 A 如果超额排放不仅需要在碳交易市场购买碳权,还需要缴纳碳税;企业 B 作为小企业,直接将其纳入碳税考核体系,企业 B 排放量越少其缴纳的碳税越低,反之则越高,即企业 B 面临的是动态税率。[③]

假设 3:为了简化分析情景,假设发展中国家企业采用 LCEFT 创新刚好能够满足实际生产需求,即采用 LCEFT 创新后,政府分配的初始碳权刚好能满足企业 A 的生产需求,企业 B 刚好不用缴纳碳税。企业 A 不采纳 LCEFT 创新时实际排放量为 E_A,为了保证企业正常生产满足市场需求,其能够在碳交易市场购买获得最大碳权为 ΔE_A,交易价格为 q,同时需要缴纳超额排放碳税,超额排放量为 ΔE_L,碳税税率为 q_A(为了尽可能引导企业进行节能减排活动,假设有 $q_A \geqslant q$),此时企业 A 需要支付的排放成本为 L_A,$L_A = \Delta E_A q + \Delta E_L q_A$;企业 B 的实际超额排放量为 E_B,税率为 q_B,碳排放成本为 L_B,$L_B = E_B q_B$;由于采用 LCEFT 创新后,企业双方均能满足实际需求,企业 A 和企业 B 采纳 LCEFT 后碳排放成本为零。

假设 4:政府部门实行补贴激励机制,补贴的强度与碳排放减量直接相关。设补贴强度系数为 σ,企业 A 和企业 B 获得的政府补贴为 σL_A、σL_B。

二、复制动态方程及稳定策略分析

(一)复制动态方程

根据上述假设和分析可以得到四种策略组合。

① 王文举,姚益家.碳税规制下地方政府与企业减排行为分析[J].财经问题研究,2019(11):39-46.

② 范如国,邢亚敏.考虑合谋和声誉的高能耗企业碳减排主体间博弈分析[J].技术经济,2016(3):81-87,101.

③ 许士春,张文文.不同返还情景下碳税对中国经济影响及减排效果——基于动态 CGE 的模拟分析[J].中国人口·资源与环境,2016(12):46-54.

（1）当企业双方都采纳 S_1 策略时，企业 A 和企业 B 均不需要购买碳权和缴纳碳税，并且能够获得政府激励收益。因此，在此条件下，企业 A 和企业 B 获得收益分别为：$kI - C_1 + \lambda_1 \Delta I + \sigma L_A$，$(1-k)I - C_2 + \lambda_2 \Delta I + \sigma L_B$。

（2）当有且仅有一方采纳 LCEFT（只有企业 A 采用 LCEFT 创新）时，企业 B 不采用，企业 A 的收益为：$kI - C_1 + \lambda_1 \Delta I - \mu_2 \lambda_1 \Delta I + \sigma L_A$，企业 B 的收益为 $(1-k)I + \mu_2 \lambda_1 \Delta I - L_B$。

（3）当有且仅有一方采纳 LCEFT（只有企业 B 采用 LCEFT 创新）时，企业 A 的收益为：$kI + \mu_1 \lambda_2 \Delta I - L_A$，企业 B 的收益为 $(1-k)I - C_2 + \lambda_2 \Delta I - \mu_1 \lambda_2 \Delta I + \sigma L_B$。

（4）当双方均不采纳 LCEFT 创新时，企业 A 和企业 B 获得收益分别为 $kI - L_A$、$(1-k)I - L_B$。

根据上述策略组合可知，各种策略下博弈双方的支付函数矩阵如表6-4所示。

表 6-4　博弈双方的支付函数矩阵

策略选择		企业 B	
		采纳（S_1）	维持（S_2）
企业 A	采纳（S_1）	$kI - C_1 + \lambda_1 \Delta I + \sigma L_A$，$(1-k)I - C_2 + \lambda_2 \Delta I + \sigma L_B$	$kI - C_1 + \lambda_1 \Delta I - \mu_2 \lambda_1 \Delta I + \sigma L_A$，$(1-k)I + \mu_2 \lambda_1 \Delta I - L_B$
	维持（S_2）	$kI + \mu_1 \lambda_2 \Delta I - L_A$，$(1-k)I - C_2 + \lambda_2 \Delta I - \mu_1 \lambda_2 \Delta I + \sigma L_B$	$kI - L_A$，$(1-k)I - L_B$

根据表 6-4 中博弈双方的支付函数矩阵，可得到混合策略的收益。企业 A 和企业 B 的收益分别如式（6-5）和式（6-6）所示。

$$\left.\begin{aligned}
U_{A1} &= y(kI - C_1 + \lambda_1 \Delta I + \sigma L_A) + (1-y)(kI - C_1 + \lambda_1 \Delta I - \mu_2 \lambda_1 \Delta I + \sigma L_A) \\
U_{A2} &= y(kI + \mu_1 \lambda_2 \Delta I - L_A) + (1-y)(kI - L_A) \\
\overline{U}_A &= x U_{A1} + (1-x) U_{A2}
\end{aligned}\right\}$$

$$(6-5)$$

$$\left.\begin{aligned}
U_{B1} &= x((1-k)I - C_2 + \lambda_2 \Delta I + \sigma L_B) + (1-x)((1-k)I - C_2 + \lambda_2 \Delta I - \mu_1 \lambda_2 \Delta I + \sigma L_B) \\
U_{B2} &= x((1-k)I + \mu_2 \lambda_1 \Delta I - L_B) + (1-x)((1-k)I - L_B) \\
\overline{U}_B &= y U_{B1} + (1-y) U_{B2}
\end{aligned}\right\}$$

$$(6-6)$$

运用非对称复制动态演化方式，得到低碳混合碳减排机制下低碳环境友好技术潜在采纳企业采用决策系统的演化复制动态方程为：

$$F(x) = \frac{dx}{dt} = x(U_{A1} - \overline{U}_A)$$

$$= x(1-x)(y(\mu_2\lambda_1 - \mu_1\lambda_2)\Delta I - C_1 + \lambda_1\Delta I - \mu_2\lambda_1\Delta I + (1+\sigma)L_A)$$

$$(6\text{-}7)$$

$$G(y) = \frac{dy}{dt} = y(U_{B1} - \overline{U}_B)$$

$$= y(1-y)(x(\mu_1\lambda_2 - \mu_2\lambda_1)\Delta I - C_2 + \lambda_2\Delta I - \mu_1\lambda_2\Delta I + (1+\sigma)L_B)$$

$$(6\text{-}8)$$

式（6-7）表明，仅当 $x = 0, 1$ 或 $y^* = \dfrac{C_1 - \lambda_1\Delta I + \mu_2\lambda_1\Delta I - (1+\sigma)L_A}{(\mu_2\lambda_1 - \mu_1\lambda_2)\Delta I}$，企业 B 采纳策略 S_1 的比例是局部稳定的；式（6-8）表明，仅当 $y = 0, 1$，$x^* = \dfrac{C_2 - \lambda_2\Delta I + \mu_1\lambda_2\Delta I - (1+\sigma)L_B}{(\mu_1\lambda_2 - \mu_2\lambda_1)\Delta I}$，企业 A 采纳策略 S_1 的比例是局部稳定的。因此博弈系统有 $O(0,0)$、$M(1,0)$、$N(0,1)$、$D(1,1)$ 和 $H(x^*, y^*)$ 五个局部均衡点。按照 Friedman 提出的方法，微分方程系统的演化稳定策略（ESS）可由该系统的雅可比矩阵的局部稳定性分析得到。由式（6-7）和式（6-8）构成方程组，其雅可比矩阵为：

$$J = [(1-2x)(y(\mu_2\lambda_1 - \mu_1\lambda_2)\Delta I - C_1 + \lambda_1\Delta I - \mu_2\lambda_1\Delta I + (1+\sigma)L_A) \quad x(1-x)(\mu_2\lambda_1 - \mu_1\lambda_2)\Delta I \quad y(1-y)(\mu_1\lambda_2 - \mu_2\lambda_1)\Delta I \quad (1-2y)(x(\mu_1\lambda_2 - \mu_2\lambda_1)\Delta I - C_2 + \lambda_2\Delta I - \mu_1\lambda_2\Delta I + (1+\sigma)L_B)]$$

（二）稳定性分析

J 的行列式的值计算式为：$\det J = \dfrac{\partial F(x)}{\partial x}\dfrac{\partial G(y)}{\partial y} - \dfrac{\partial F(x)}{\partial y}\dfrac{\partial G(y)}{\partial x}$，$J$ 的迹为：$\operatorname{tr}J = \dfrac{\partial F(x)}{\partial x} + \dfrac{\partial G(y)}{\partial y}$，当平衡点使得 $\det J > 0$ 且 $\operatorname{tr}J < 0$ 时，平衡点就处于局部稳定状态，ESS 稳定。以此为判定依据得出稳定点及其所对应系统演化状态的推论。各均衡点雅可比矩阵的行列式和迹如表 6-5 所示。

表 6-5　平衡点稳定性分析

平衡点	$\det J$	$\operatorname{tr}J$
$O(0,0)$	$(t + (1+\sigma)L_A) \cdot (s + (1+\sigma)L_B)$	$(t + (1+\sigma)L_A) + (s + (1+\sigma)L_B)$
$M(1,0)$	$-(t + (1+\sigma)L_A) \cdot (h + (1+\sigma)L_B)$	$-(t + (1+\sigma)L_A) + (h + (1+\sigma)L_B)$
$N(0,1)$	$(l + (1+\sigma)L_A) \cdot (-(s + (1+\sigma)L_B))$	$(l + (1+\sigma)L_A) - (s + (1+\sigma)L_B)$
$D(1,1)$	$-(l + (1+\sigma)L_A) \cdot (-(h + (1+\sigma)L_B))$	$-(l + (1+\sigma)L_A) - (h + (1+\sigma)L_B)$

政府部门采用各种规制的目的就是促进各企业采纳 LCEFT,在理想的情况下,企业均采纳 LCEFT,一方面能够大幅度提高技术质量,从而促进企业转型发展;另一方面能够大幅度降低排放水平,帮助政府部门兑现减排承诺。对整个发展中国家政府来说,所有企业都采纳 LCEFT 是最理想的选择。结合市场机制下企业采纳决策博弈模型中情景 5 的分析可知,当 $t' = t + (1+\sigma)L_A$,$s' = s + (1+\sigma)L_B$,$l' = l + (1+\sigma)L_A$ 和 $h' = h + (1+\sigma)L_B$ 均大于零时,此时系统收敛于点 $D(1,1)$,各点均衡情况如表 6-6 所示。此时满足条件 $t' > 0$、$s' > 0$、$l' > 0$、$h' > 0$。为了描述简单,令 $\tau_1 = (1+\sigma)L_A$,$\tau_2 = (1+\sigma)L_B$。τ_1 和 τ_2 的含义可以理解为:混合碳减排机制给企业带来的减排政策收益。在此情景中,企业 A 和企业 B 面对的情景都是采纳 LCEFT 所支付的成本与对方投机行为带来损益之和小于采纳 LCEFT 的额外增益与减排政策收益之和。此时,无论点 H 处于何处,所有情况的演化稳定状态点都是 $D(1,1)$。在此条件下,显然,群体 1 和群体 2 中企业同时采取策略 S_1,很明显,任何一方选择策略 S_1 都是明智的。因此,混合碳减排机制下潜在企业采纳博弈系统演化图如图 6-15 所示。

表 6-6　平衡点稳定性分析

平衡点	条件	detJ 符号	trJ 符号	结论
$O(0,0)$	$t' > 0$	+	+	不稳定点
$M(1,0)$	$s' > 0$	−	不确定	鞍点
$N(0,1)$	$h' > 0$	−	不确定	鞍点
$D(1,1)$	$l' > 0$	+	−	稳定点

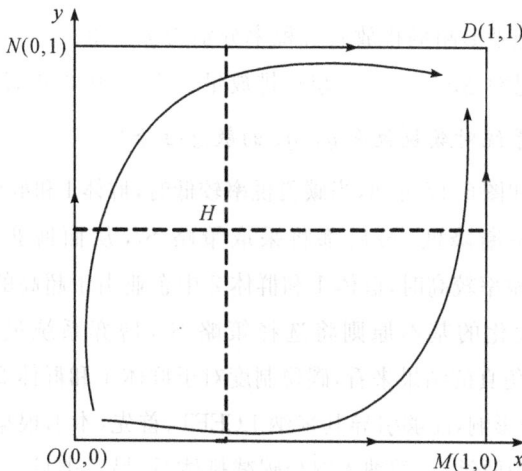

图 6-15　系统演化相位图

根据上述条件分析可知,当满足 $t' > 0$ 和 $h' > 0$ 时,系统将演化至最理想的状态,所有企业均采纳 LCEFT 创新。演化至该状态的前提条件是:企业 A 和企业 B 采用 LCEFT 创新的采纳成本和技术溢出损失之和小于技术增益和减排政策收益之和。对比纯市场机制来看,政府混合碳减排机制对于潜在采纳企业采用 LCEFT 创新决策有直接影响,主要体现在减排政策收益方面。企业 A 的减排政策收益主要受碳价、碳税、碳配额以及超额排放量等因素的影响,企业 B 的减排收益主要受碳税、超额排放量的影响。此外,还和政府的激励强度有关。由此可以看出,混合碳减排机制确实能够起到促进潜在采纳企业采用 LCEFT 创新的作用。由此,政府部门通过综合运用混合碳减排机制和补贴激励机制将有利于促进 LCEFT 创新扩散的形成。

三、混合碳减排规制下的数值模拟仿真

根据复制动态方程的分析可知,发展中国家潜在采纳企业采用 LCEFT 创新的策略会受到 μ_i、λ_i、ΔI、C_i、税率 q_A 和 q_B 及碳价 q 的影响,为了更加明晰各因素对发展中国家潜在企业采用策略的影响机理,借助 Matlab 软件进行数值模拟仿真分析,考察在改变 LCEFT 创新采用博弈系统初始变量的情况下,模拟博弈双方在 LCEFT 创新采用决策上的变动,以验证和分析演化均衡的稳定性。由于企业关于采用 LCEFT 对应对和减缓气候变化的价值认识是逐渐深化的,因此进行如下初始值的设计:x、y 的初始值均为 0.4,投机概率 $\mu_1 = 0.4$、$\mu_2 = 0.5$,消化吸收能力系数 $\lambda_1 = 1.2$、$\lambda_2 = 1$,采用 LCEFT 所带来的市场价值增加值 $\Delta I = 5$、采纳成本 $C_1 = 5$、$C_2 = 6$。补贴参数 $\sigma = 0.3$,企业 A 和企业 B 超额排放碳税税率分别为 $q_A = 3$、$q_B = 4$,碳价 $q = 0.6$、碳交易市场碳配额 $\Delta E_A = 0.5$,超额排放量 $\Delta E_L = 0.3$ 和 $E_B = 0.2$。

（一）博弈系统对碳税税率 q_A、q_B 的敏感性分析

由图 6-16 和图 6-17 可知,当碳税税率较低时,群体 1 和群体 2 中采取策略 S_1 的企业比例不断降低,最后都将采取策略 S_2,从而博弈系统收敛于点 $O(0,0)$,当碳税税率较高时,群体 1 和群体 2 中企业由于超高的超排成本而基于自身利益最大化的基本原则将选择策略 S_1,博弈系统最终将收敛于点 $D(1,1)$,从模拟仿真的结果来看,碳税制度对于群体 1 和群体 2 中的企业采用决策都有直接的影响,能够引导其采纳 LCEFT。首先,本书根据企业排放量的大小,将群体分为两类,一类纳入混合碳减排体系,另一类只纳入碳税体系,这样就让混合碳减排机制覆盖了更多的企业,从而达到更好的减排效益。其次,

有助于实现社会的公平性。另外,碳税征收是在碳交易市场控制总量的前提下开展,企业超额排放就要为此承担高额的碳税。这样既能实现控制碳排放总量的目标,又能发挥其引导企业转型升级的作用,促进整个社会经济质量效益的提升。

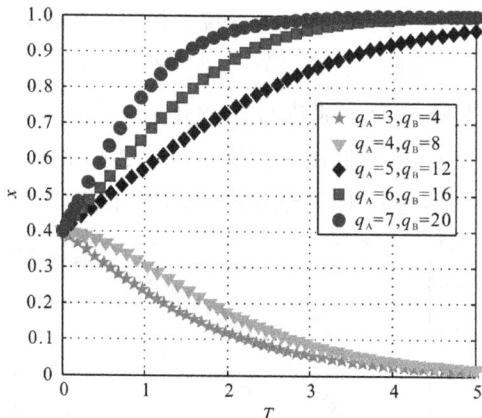

图 6-16　税率 q_A 对企业 A 采纳决策的影响

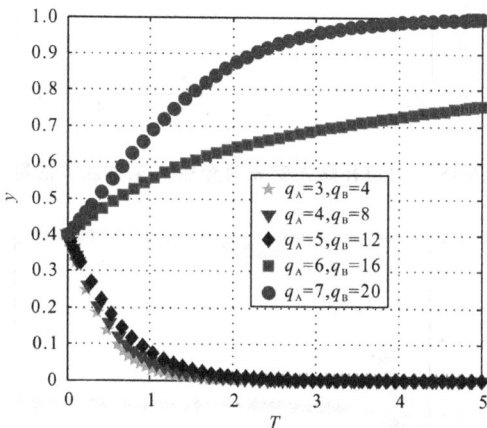

图 6-17　税率 q_B 对企业 B 采纳决策的影响

（二）博弈主体对政府补贴强度 σ 的敏感性分析

由图 6-18 和图 6-19 可知,发展中国家政府补贴激励对于企业的 LCEFT 创新采用决策有影响。当补贴强度过低时,企业可能因为采纳成本过高、收益不确定从而不采用 LCEFT 创新,政府部门的补贴激励机制此时已经失效,从而博弈系统在一定条件下就会收敛于点 $O(0,0)$,不利于 LCEFT 创新扩散。当政府部门的补贴强度足够大时,群体 1 和群体 2 中的企业都会积极采纳策略 S_1,从而系统将收敛于点 $D(1,1)$。为此,如何确定补贴强度成为政府部门制定激励机制的关键问题。新能源汽车市场在补贴机制下持续"高温",到补贴机制取消后的"冰冷",揭示了单独依赖政府部门进行补贴的"先天不足",过高的补贴成本政府无法承担。本书认为,碳税制度的实施能够较好地解决政府补贴激励的投入问题。碳税的纳税主体比较广泛,而且碳税具有税收收入中性的特征,政府将税收收入以鼓励减排投资、减排补贴等形式重新返还给纳税主体,不仅能够限制企业进行超额排放,还能够激励引导企业采用LCEFT 创新。综合来看,碳税制度和激励制度能够形成良好的协同和互补效应,引导大、小企业均参与 LCEFT 创新扩散,应用 LCEFT 减缓气候变化。

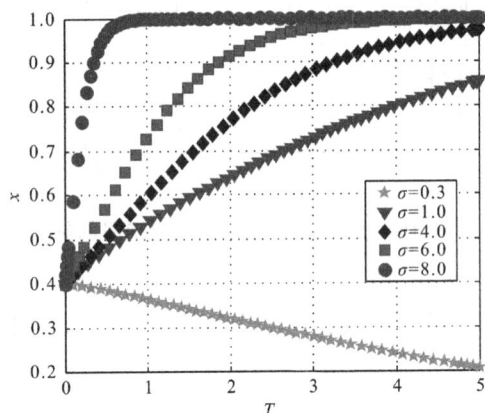

图 6-18　政府补贴强度 σ 对企业 A 采纳决策的影响

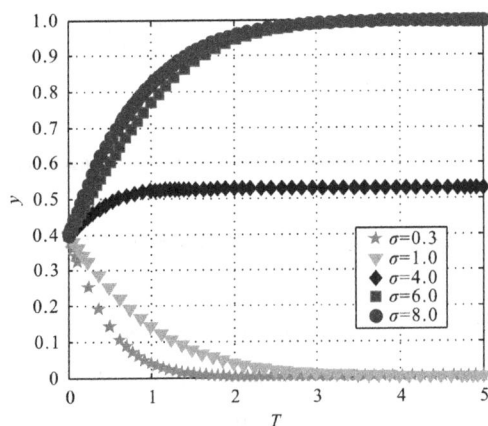

图 6-19　政府补贴强度 σ 对企业 B 采纳决策的影响

（三）博弈主体对超额排放量 ΔE_L 和 E_B 的敏感性分析

根据图 6-20 和图 6-21 可知,企业 A、企业 B 超额排放量的大小直接影响其 LCEFT 创新采用决策,当超额排放量较低时,群体 1 和群体 2 中的企业都将不会采纳 LCEFT。显然,如果企业本身技术水平较高,具备应对和适应气候变化的能力,则不需要采纳 LCEFT 创新,但现实中,发展中国家企业本身技术能力水平低,发展方式粗犷,排放水平高,因此才需要通过国际转移引进 LCEFT。根据研究假设,超额排放量的大小主要受三个因素的影响:初始碳权、碳交易市场的碳配额、企业实际排放量。相较于发达国家,发展中国家企业排放水平较高,大部分企业在国外碳交易体系下都需要缴纳高昂的碳税,照搬照抄国家制度显然不利于发展中国家企业发展和经济建设。发展中国家应该根据国家经济发展水平、环境规制的公平性、企业创新能力、碳排放水平、减排潜力和消费者消费偏好等多重因素制定发展中国家的混合碳减排机制。

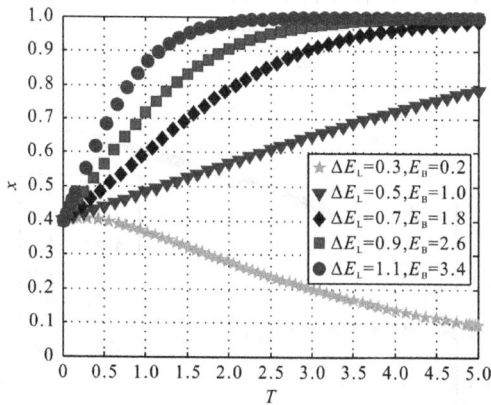

图 6-20　超额排放量 ΔE_L 对企业 A 采纳决策的影响

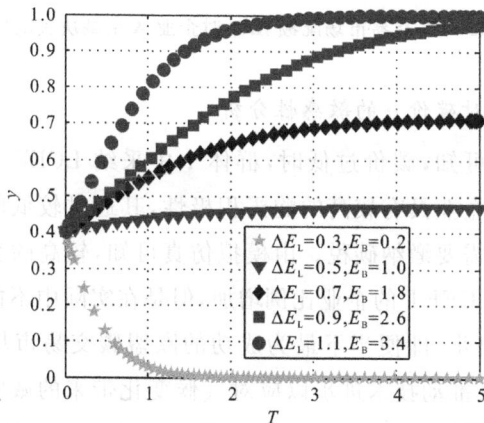

图 6-21　超额排放量 E_B 对企业 B 采纳决策的影响

（四）企业 A 对于碳交易市场配额 ΔE_A 的敏感性分析

根据图 6-22 可知,碳交易市场配额 ΔE_A 同超额排放量 ΔE_L 一样均能够直接影响企业 A 的 LCEFT 采纳决策。当碳交易市场配额过高时,企业通过碳交易市场就能够获得足够的碳权进行生产。当碳交易成本在不影响企业竞争力的前提下,企业不会采纳 LCEFT,因此,政府部门控制碳排放总量的目标虽然能够实现,但是企业技术能力水平并不会得到提高,这违背了政府部门制定碳交易机制的主要初衷。当碳交易市场配额较小时,企业无法通过碳交易市场获取足够的碳权进行生产,需要缴纳碳税,而根据假设,碳税的税率较高,企业需要提升技术水平来降低排放,群体 1 中采纳 LCEFT 的比例就会增大,从而收敛于稳定点 $D(1,1)$。因此,也能说明碳税的作用能制约减排主体肆意排放,相对降低总体排放量。

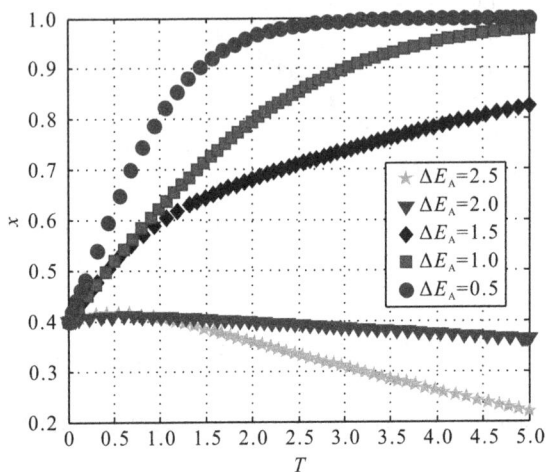

图 6-22　碳交易市场配额 ΔE_A 对企业 A 采纳决策的影响

（五）企业 A 对碳价 q 的敏感性分析

根据图 6-23 可知,碳价过低时,群体 1 中采纳 LCEFT 的比例就会下降,这主要是由于企业具有较高的购买积极性,其通过较低的成本可能就能进行生产,并且不需要缴纳碳税。由模拟仿真可知,较高的交易价格能够促进群体 1 中采纳 LCEFT 的企业比例增加,但是在实际中不能完全通过碳价来推动企业技术进步,即便当下最为成功的欧盟碳交易市场也不能做到通过调高配额价格来推动技术进步以应对气候变化带来的威胁。这主要是由于在实际中,就碳排放交易而言,由于排放交易价格由市场决定,同时又受到政府发放配额数量的影响,从而具有很大的波动性或不稳定性,导致企业对减排成本或者减排投资的收益没有稳定的预期,不利于企业进行长期减排投资,特别是 LCEFT 技术应用投资、创新投资等。碳交易市场价格常常涉及一些重要的国民经济行业,价格的剧烈波动会对经济造成较大的冲击。综合来看,在碳交易的基础之上制定配套政策推动将来设定更严格的减排总量目标就显得极为必要。

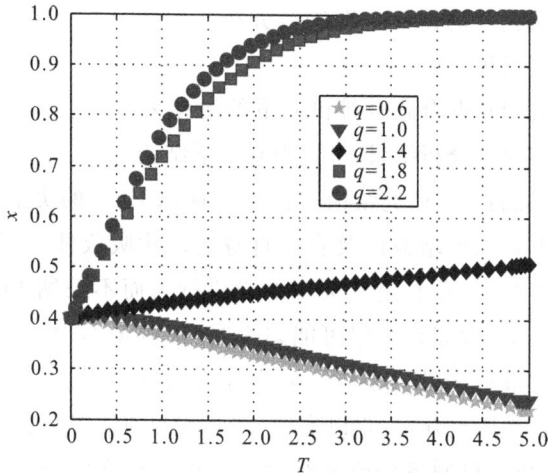

图 6-23　碳价 q 对企业 A 采纳决策的影响

综合上述模拟仿真的结果来看,初始碳权和碳配额越小越好,但是在实际中需要考虑企业碳交易市场的边际成本、企业的减排成本及其对企业发展的影响等因素。政府分配初始碳权无论采取何种方法和模式,如果分配过大显然不利于企业采用 LCEFT 创新。因此,为了引导企业采用 LCEFT 创新,增强企业竞争力,减缓气候变化,政府部门应该在初始碳权分配和碳交易市场机制设计上遵循的原则是:在不影响企业竞争力的基本原则下,尽可能降低初始碳权分配量,并控制市场碳配额,从而更好地发挥碳税制度在引导企业转型发展、控制碳排放等方面的作用。

第四节　个案分析与对策探讨

关于发展中国家企业 LCEFT 创新扩散的个案分析,按照研究设计本需要设计两个案例进行对比分析,但是由于目前中国仅处于碳交易试点阶段,碳税还未实行,虽然挪威等国家推行了碳税和碳交易制度,但是其不符合发展中国家微观博弈这一研究范围限定。从挪威推行的效果来看,虽然也给企业带来了巨大压力,但是企业技术创新水平得到了大幅度提升,整体效果较好。挪威的碳税和碳交易制度不能直接进行分析的一个重要原因是,除了数据无法获得,挪威企业的技术水平本身远高于很多发展中国家的企业,虽采用相同的机制,发展中国家的企业也无法生产。所以综合上述原因,本书不对潜在采纳企业的博弈个案进行分析。但从挪威的政策实施来看,验证了本书博弈模拟仿真所得结论。

综合市场机制和混合碳减排机制下的潜在采纳企业采用 LCEFT 创新博弈分析和数值模拟分析结果,可以得到如下结论。

(1)在市场机制下的研究结论。企业采纳 LCEFT 的决策主要取决于采纳成本、LCEFT 带来的增益以及企业自身的消化吸收能力,但是由于实际中技术溢出不可避免,总有企业会采取投机行为而不采纳 LCEFT,在没有政府规制的引导下,博弈系统很可能陷入"囚徒困境",LCEFT 创新将面临采纳企业不愿意进行采纳的情况。完全凭市场机制促进企业采纳 LCEFT 在现实中不确定性因素众多,难以实现,需要政府的辅助与引导。

(2)混合碳减排机制下的研究结论。对比分析在混合碳减排规制下企业 LCEFT 协同创新决策相较于纯市场机制的变化情况,发现碳减排政策能够有效促进企业采纳 LCEFT 创新,会增加企业的生产成本,企业出于追求利润的目的存在降低碳排放成本的动机,这就为企业增加对 LCEFT 协同创新的投入提供了激励。混合碳减排政策前后的发展中国家企业 LCEFT 创新采用决策发生了比较显著的变化,说明混合碳减排机制能够有效地引导采纳企业采用 LCEFT 创新。综合来看,碳税制度和激励制度能够形成良好的协同和互补效应,更好地引导发展中国家采用 LCEFT 创新。混合减排体系有助于实现社会的公平性,碳税的增收是在碳交易市场控制总量的前提下开展,企业超排需要承担高额的碳税。这样既能控制实现碳排放总量的目标,又能发挥其在引导企业转型升级、提质增效的效用,有利于整个社会共同承担减缓气候变化责任,实现经济社会的可持续发展。

具体到发挥混合碳减排机制促进潜在采纳企业采用 LCEFT,本书认为政府部门需要在以下几个方面完善机制设计。

(1)初始碳排放配额应该较小。应该将排放大企业纳入碳税体系和碳交易机制,根据实际排放情况确定其初始碳排放配额,并且将其限定在比较小的范围,初始碳权配额确定基本原则是:不危及其正常经营的条件下,让企业始终面临高额碳税的压力。同时,在碳交易市场碳配额的额度不能过大,对排放大的企业实施灵活的碳税和碳交易机制,保证降低碳排放总量的短期目标与促进技术进步的长期战略目标达成一致。

(2)碳交易价格也能够直接影响企业的碳交易成本。气候变化是影响碳交易价格的主要环境因素。减缓气候变化需要人类长期共同努力,并非一日之功。对于发展中国家企业来讲,越早积极参与碳交易对于企业发展的战略价值就越大、成本越低,反之越高。因此,发展中国家要积极制定环境规制策略和碳排放激励机制,促进企业积极参与碳排放机制,从长远来看,不仅有利于企业发展,还有利于降低应对和适应气候变化的总体成本。

(3)碳税税率的高低直接影响企业采纳 LCEFT 创新。对排放高的企业在一定时间内征收固定的碳税,碳税税率始终高于碳交易价格,一方面能够限制大企业肆意排放,另一方面能够促进企业积极采纳 LCEFT 创新。对于排放小的企业实行累进制碳税制度、差异性的碳税税率能够引导小企业采纳 LCEFT 创新,积极进行技术改造和优化升级。

(4)政府补贴政策有必要继续强化执行。企业出于自身利益和规避风险的考虑,在没有相应政府补贴激励时,主动碳减排动力不足。政府财政补贴在企业采纳 LCEFT 创新投入初期具有很强的引导性,能够有效激励企业采纳创新技术,提高企业碳减排水平,发展中国家大部分企业处于 LCEFT 创新投入初期,补贴政策有必要继续推行。在采取补贴调节机制时需要“因行业制宜”,应该投入较大力度补贴技术严重落后的重污染行业,例如钢铁行业、水泥行业和火力发电行业等。

(5)在碳交易成本不影响企业竞争力的前提下,企业不会采纳 LCEFT。因此,政府部门控制碳排放总量的目标虽然能够实现,但是企业技术能力水平并不会得到提高,这违背了政府部门制定碳交易机制的主要初衷;同时,说明碳税的作用也能制约减排主体肆意排放,相对降低总体排放量。碳交易价格过低时,群体 1 中采纳 LCEFT 的比例就会下降,这主要是由于企业具有较高的购买积极性,其通过较低的成本可能就能进行生产,并且不需要缴纳碳税。由模拟仿真可知,较高的交易价格能够促进群体 1 中采纳 LCEFT 的企业比例增加,但是在实际中不能完全通过碳交易价格来推动企业技术进步,在碳交易的基础之上制定配套政策推动将来设定更严格的减排总量目标就显得极为必要。

(6)投机概率对企业 A 和企业 B 采纳 LCEFT 的决策有直接影响。技术转移过程不可避免的总有技术溢出,这激发了企业采取投机行为的动机,知识产权对于降低企业投机行为具有重要意义。从长远来看,发展中国家应该坚持强化和优化 LCEFT 知识产权保护策略。为促进 LCEFT 转移，LCEFT 的知识产权制度改革和立法改进的方向是基于保护而重在公益。

第五节　本章小结

　　本章在第五章的基础上，深入分析 LCEFT 创新扩散中潜在采纳企业间采用决策问题，引入了投机行为、消化能力系数、碳税、碳价以及碳配额等因素，构建了市场机制下和政府规制下的采纳企业演化博弈模型，并借助 Matlab 软件分析了各参数对潜在采纳企业采用决策的影响，得到了消化能力系数、碳税、碳价以及碳配额等因素对企业采用 LCEFT 创新决策的影响，解释了混合碳减排机制引导采纳企业采用 LCEFT 创新的作用机理。

第七章 促进低碳环境友好技术国际转移的对策与建议

本章围绕发展中国家企业在 LCEFT 技术引进、协同创新和创新扩散过程中面临的困境,以及利益相关主体的策略选择及其条件,结合宏观和微观环境的相互影响及作用,在促进技术引进方面,提出了优化技术引进清单、增强讨价还价能力与技巧、主动参与气候变化治理等方面的对策建议;在优化协同创新方面,主要是从支持机制、政府绿色信贷支持和利益分配三个方面提出了对策建议;在增强创新扩散方面,主要围绕企业采纳和扩散两方面提出了对策建议。

第一节 促进低碳环境友好技术引进的对策与建议

一、优化技术引进清单

气候变化治理必须建立在全球合作的基础之上,这也是《公约》下技术转移的重要基础。在技术引进谈判初期,很多发展中国家对于先进技术过于追求,没有考虑本国产业基础实际,即使引进了先进技术也只能在局部甚至个别企业应用,很难在全国扩散。同时,先进技术很难得到发达国家的转移支持,转移谈判周期长、成本高,与气候变化应对的紧迫性不相符,也与发展中国家加速技术进步的目标不符。

发展中国家应该在《公约》和 CDM 机制的基础上,重新开展技术引进清单的评估。在技术引进清单的评估过程中,应该充分兼顾先进性和适应性,技术适应性主要表现在和发展中国家经济、产业以及资源特色相匹配。以富氧熔池熔炼为例,从先进性来看,发展中国家需要综合评估技术的能源利用率、污染物排放水平、投入成本和技术特性。能源利用率反映了不同富氧熔池熔炼技术的先进程度,能源利用率越高,技术就越先进。节能降耗是发展中国家在应对气候变化过程中不断改进的主要目标和追求,该指标越小越好;污染物排放,基于污染物产生的主要工序是熔炼、吹炼和火法精炼,而产污重点是熔炼工序,由于目前的吹炼和火法精炼工艺设备差别不大,产污差别主要体现在熔炼工艺的技术水平,这也是污染控制及管理的重点。熔炼工艺环节排放的污染物主要在烟气中,有 As、Pb 等重金属元素。中国制定的铜冶炼业清洁生产标准(HJ 558—2010)对于企业清洁生产水平要求越来越高,因此污染物排放是衡量熔池熔炼技术先进性的重要指标,该指标越小越好。上述两项指标主要反映技术的先进性,从适应性来看,不同的国家和地区铜矿品位、社会环境和技术等不同,技术需求存在较大差异,不同的投入水平会影响该技术的推广前景和适用性,是影响铜富氧熔池熔炼技术适用性的重要指标。每吨铜总投资成本、静态投资回收期和生产成本是影响政府和企业技术引进的重要因素。每吨铜投入成本越小,表明该技术适用性越好。熔池熔炼技术种类繁多,由于技术发展受科学技术、宏观政策等影响,不同种类技术的成熟度、可靠性、普及程度都有所不同,而这些因素都将影响该技术的先进适用性。技术特性指标越大,表明该技术的应用前景越好,越容易被政府和企业所接受,容易得到推广。因此,在技术引进过程中,在充分开展技术需求评估后,政府部门应该加强与世界银行组织的协商与合作,增强引进技术的适应性,一方面能够降低技术引进难度,另一方面能够缩短技术消化时间和周期,加快技术扩散的进程,更好地落实节能减排计划与行动,并更好地帮助国内企业积累技术知识,逐步实现自主创新。

在技术引进清单方面,应该在宏观层面建立统一的引进政策支持体系。从企业层面来看,企业决策的依据是自身利益最大化,而不会关注国家产业长期发展、国家国际分工未来需求,因此,企业引进需求可能忽略了企业自身技术的自主创新,从而导致发展中国家永远处于引进—落后—引进的依赖路径锁定。发展中国家在制定技术引进清单时,应对国际经济发展形势有准确的判断,立足于全球价值链的长期竞争,从政策上将技术引进的大方向把握好,不仅要支持企业引进 LCEFT,更为重要的是引导企业通过消化吸收技术后再创新,从而提高我国的科技水平,增强发展中国家整体的气候变化应对能力。在技术引进清单以外的技术,政府部门可以考虑通过引进外资的方式间接实现技术引进,但这些外资带来的技术必须是具有先进性和适应性的技术,且可以提高先进性要求,从而逐步推进我国产业结构的优化。

二、增强讨价还价能力与技巧

根据博弈的结果来看,在 LCEFT 转移讨价还价博弈中,由于信息的非对称性,博弈双方均有机会获得更好的收益。因此,在政府给定政策下,LCEFT 国际转移的过程主要取决于发达国家企业和发展中国家企业在谈判中的能力和水平。因此,发展中国家企业的谈判能力和水平是决定转移价格的关键。

提升发展中国家企业谈判能力可以通过改变谈判地位来实现,发展中国家应该加强合作,例如南南合作国家共同组建技术转让联盟,首先综合相似产业技术需求、各国家资源特色以及经济现状,发布技术需求清单,并以超大的联盟形式共同引进 LCEFT;在技术引进谈判过程中,为降低不对称信息的影响,一方面,可以通过引入专业谈判机构或者组织,进行委托代理的谈判;另一方面,发展中国家企业可以加强信息交流和信息共享机制的建设,同时通过培训、收集信息等方式来提升自身谈判的能力,从而在谈判中掌握更大的主动权。例如,发展中国家 A 和 B,都需要引进某产业中的节能技术,发展中国家 A 经济发展状况较好,而国家 B 经济发展相对落后,在引进技术过程中,如果发展中国家 A 和 B 分别与发达国家进行谈判,在《公约》框架下分别需要支付的价格为 α 和 β,此时,发展中国家 B 难以支持企业进行引进。如果发展中国家 A 和 B 形成联盟,谈判的能力得到提升(发达国家企业需要更加关注国际市场规模及其后期服务的价值),引进的价格必将低于 α 和 β,且发展中国家 A 和 B 可以开展其他合作,例如投资建设绿色电站、高铁等,进而引进国际风投机构支持发展中国家引进技术。因此,组建技术引进联盟一方面可以提升讨价还价能力,降低引进成本,还可以丰富技术引进模式,既不用单独依赖市场换技术,又不用牺牲国际利益,可以依靠国际共同信用和担保借助国际金融市场、投资机构强化合作,从而实现技术在更大范围和地区的扩散以及应用,解决当前资金机制存在的不足。另外,在讨价还价技巧上,发展中国家要形成共识,共同以合适商业价格实现技术转移,为此,发展中国家技术专利联盟要学会利用信息条件和发达国家企业的心理特征,调整和控制好自身的讨价还价心理,不要"贪得无厌",要学会"见好就收"。只有这样,LCEFT 转让引进的谈判才不会破裂,才有助于LCEFT 转移引进朝着共赢的局面发展。

三、主动参与气候变化国际治理

在新型冠状肺炎疫情的多次冲击下,气候变化国际治理的全球共识达到了一个新的高度,但与此同时,气候变化国际合作充满不确定性,一方面,全球气候变化威胁明显加大;另一方面,发展中国家和发达国家政府的经济复苏压力较大,为了确保社会稳定和经济增长,劳动密集型和能源密集型产业呈现快速增长的势头,全球减排压力增大。然而,危与机并存,欧盟、日本和韩国等很多国家推出了经济绿色复苏计划,未来绿色技术贸易壁垒可能会带来更多的挑战,因此,气候变化国际治理合作可能会加快进程,发展中国家先加入,有助于增大发展中国家和企业在气候变化国际治理方面的影响力,在未来获得更高的谈判地位,发展中国家应该把握当前机遇,尽早参与并支持 LCEFT 国际转移。

发展中国家企业首先要利用现有的 LCEFT 国际转移机制和政策,以更加积极的姿态参与 LCEFT 国际转移,发展中国家应该按照《公约》,尽快制定节能减排技术规制和采取行动,加强国际合作,确保发展中国家减排计划的同步性和统一性,这样既可以更好地承担"共同但有区别的责任",还可以得到更多发达国家和其他发展中国家的支持,减少技术引进和扩散的障碍,从而助推国家产业技术的进步。

第二节　优化低碳环境友好技术协同创新的
对策与建议

一、充分发挥市场决定性作用

LCEFT 创新具有复杂度高、投入成本高、资源整合要求高等特性,对于创新关键主体——企业来讲,采取协同创新策略不仅能够发挥学研方、其他企业、金融机构等多方资源优势,还能够分担研发成本,降低创新风险。企业与企业、学研方在资源和能力上的互补性正是 LCEFT 协同创新联盟形成的关键动力,也是企业获取额外收益的关键来源。在协同创新过程中的关键还是各方资源发挥优势,共同提升技术创新的市场价值,但 LCEFT 市场价值受到政府环境规制政策和市场环境的影响,我国政府需要进一步强化环境规制,同时需要优化低碳、绿色产品的市场环境,引导消费者对低碳、绿色产品的认同。为了更好促进多主体参与 LCEFT 协同创新,本书认为应充分发挥市场决定性作用,集合资源禀赋异质多元主体各自优势,组建 LCEFT 协同创新联盟。

碳市场是利用市场的手段实现碳减排的一种政策工具,属于强制性的市场;该市场中碳价和初始碳权分配是最为关键的两个因素。根据数值模拟仿真可知,在控制整个社会碳排放总量的前提下,应该充分利用碳价在创新资源整合和分配方面的调节作用,尽可能提高碳价;但并非碳价越高越好,应避免碳交易市场泡沫及其带来的创新边际成本过高问题,防止过高的碳交易成本限制中小企业的发展。为此,本书认为应该建立完全碳定价机制,让市场在控制温室气体排放的行动当中发挥决定性的作用,促进产业共性技术的制度创新,推动社会经济发展方式的转变。同时,从实际经验和文献研究来看,政府补贴在创新激励方面具有两面性,过低的政府补贴无法起到促进各方合作的作用,过高的补贴对于政府财政来说负担较大,且容易导致供给低效率、强制"搭便车"及寻租行为等。因此,政府补贴制度作为一种正向激励机制,并不是在任何条件下都能发挥效用,本书认为应该将补贴强度与 LCEFT 创新减排绩效直接挂钩,同时,还应该逐步建立中央和地方两级监管体系和补贴体系,将国家减排目标与地方减排目标统一,并且确定减排的下限,激励和引导企业进行技术创新。此外,政府部门应该制定补贴政策鼓励消费者购买低碳、绿色产品,强化绿色理念宣传,大幅度提升 LCEFT 协同创新的市场价值,降低创新市场收益的不确定性,激发包括社会资本在内的多主体参与 LCEFT 协同创新。此外,政府部门应强化环境保护法治建设,加大对企业违法行为的惩戒力度,提高企业违法成本,并完善补贴激励机制,引导发展中国家企业进行 LCEFT 创新。

二、建立健全协同创新利益分配机制

在产业互联网快速发展的当下,LCEFT 协同创新需要融合互联网技术,搭建技术创新大规模协同创新平台,以提升全产业链上所有创新资源交互的质量和速度,从而实现 LCEFT 大规模协同创新。根据博弈的结果来看,搭建协同创新中心、平台,支持中介市场发展以及进行创新补贴等政策都将积极地促进 LCEFT 协同创新,但同时通过演化博弈分析发现,协同创新过程中利益分配机制的建立至关重要。本书认为要从以下几个方面建立健全协同创新利益分配机制。

（一）提高协同创新价值

对协同伙伴的选择要基于企业双方知识的互补性，即多元主体之间的知识、资源和技能互补性，从而达到"1+1＞2"的协同效应。在 LCEFT 协同创新中应该制定激励机制促进双方在合作过程中进行知识创新和人才培养，并且让知识创新和人才培养所能带来的潜在收益成为企业知识共享的重要动力。

（二）采取合理的利益分配方式

企业都是有限理性，是基于"创新利益大于创新成本"的原则进行协同创新策略选择。同时，有研究显示，利益分配会影响协同创新主体的知识、技能和资源等共享程度。因此，在协同创新中，需要明确协同主体的责任和义务，帮助多元主体开展深入合作，引导企业、学研方积极进行知识资源共享，合理分配知识共享创造的利益，不断营造有利于协同创新健康发展的环境。

（三）采取契约和信任相结合的控制方式

由于某一协同企业或双方在协同创新中存在"搭便车"和投机行为，造成彼此的信任损失，从而影响了双方的 LCEFT 协同创新。目前知识联盟的控制方式主要有基于市场契约的正式控制和基于信任的社会控制。综合两种控制方式是保证 LCEFT 协同创新中企业进行知识共享的有效方式：（1）对于选择投机行为的企业，应当在契约、协议或合同中明确协同创新各方的责任和权利，以及惩处方式，增加投机行为成本以约束投机行为；（2）通过建立企业信誉机制、征信体系等各种策略增进协同企业各方的信任，促进双方企业最大限度共享 LCEFT 创新显性和隐性知识，并进行协同创新。

三、完善绿色信贷支持体系

根据演化博弈可知，金融机构的参与的确能够促进企业进行协同创新。金融机构支持协同创新的基本动力是金融机构在政府的激励和惩罚机制下支持 LCEFT 创新能够获得的收益比进行其他投资更大。金融机构支持 LCEFT 创新的动机不仅仅受到政府政策的影响，还受到绿色信贷项目营利性和风险性的影响。达到整体最优策略的关键是有效地发挥政府部门的引导作用和金融机构的杠杆作用：一方面，需要政府部门完善立法体系，提高环境污染和排放企业违法成本，为企业创造良好的 LCEFT 创新环境；另一方面,需要金融机构进行积极的金融创新,支持企业通过碳权质押等方式获取绿色信贷支持,为企业创造良好的信贷生态环境,从而引导系统向着政府部门主动加强监管、优化创新环境,企业与企业、学研方积极协同创新,金融机构积极主动实施绿色信贷政策支持 LCEFT 创新,最终实现通过技术创新应对和适应气候环境,并提升国家核心竞争力的方向发展。综合来看,政府部门不仅需要统计完善激励和惩罚机制加强对绿色金融的监管力度,同时需要完善绿色信贷评估体系,创新引入第三方评估机构帮助金融机构降低信贷风险,还需要建立有效的碳权质押评估和管理制度,并且要建设碳信用体系,从而发挥绿色信贷的信用催化作用,促进 LCEFT 协同创新。

（一）政府需要完善绿色信贷制度,优化绿色金融市场发展环境

从政府的角度来看,政府部门需要加大非环保行为和企业违法成本处罚力度,例如采用押金制度与罚金制度,由企业支付金额适度的押金（可获得市场利率的利息补偿）存放于银行,对于不符合环境保护政策和标准的企业,押金将不予退还,并且还需要支付罚金进行生态补偿;同时,加大力度完善绿色信贷制度,实行绿色金融激励机制,增大绿色生产的财税支持力度。另外,强化绿色理念宣传。企业进行绿色生产的最大动力在于利润,而并非环境道义和社会道德。政府部门应该加强绿色理念宣传,提升消费者绿色理念,自觉加入绿色产品消费。消费者绿色理念的提高不仅仅有助于促进绿色经济的发展,还能增强民众环境保护意识,自觉加入环境保护行列,还能够促进商业银行、企业和环保部门积极透明开展工作,公开绿色信贷、绿色经验等多方面的信息,从而改善和优化绿色信贷的外部环境。

（二）创新 LCEFT 信贷产品和信贷模式

由于 LCEFT 创新及其扩散过程中的环境外部性以及复杂性特征,优惠信贷模式难以满足日益多样化的投资项目需求。为了响应国家号召,满足巨大的市场需求,商业银行应该积极创新信贷模式,在原有的业务层面上进行拓展与创新,增加银行"绿色收益"。例如把碳排放权、减排额、技术收益等作为抵押物的抵押模式。同时,在绿色证券方面,商业银行运用证券市场工具帮助低碳、绿色和环保项目融资,并为企业提供与环境相关的避险工具,如绿色资产抵押支持证券、气候衍生品等。总之,商业银行应创新金融产品,为 LCEFT 创新产业融资,从而提高绿色企业的信用支持力度。

第三节　增强低碳环境友好技术创新扩散的对策与建议

一、促进企业采纳的对策建议

综合来看,碳交易机制、碳税制度和政府补贴机制之间具有良好的协同和互补效应,共同组成的混合减排机制具有公平性,能够有效地引导企业采纳 LCEFT,对于中国政府实现碳减排目标、适应气候变化带来的挑战、实现国家经济高质量发展具有重要的价值和意义。在混合减排机制实施过程中,本书认为政府部门需要在以下几个方面完善机制设计。

（一）碳配额机制设计

一是初始碳权设计。初始碳排放配额应该较小,应该将大企业纳入碳税体系和碳交易机制,根据实际排放情况确定其初始碳排放配额,并且将其限定在比较小的范围。初始碳权配额确定的基本原则是:在不危及企业正常经营的条件下,确保碳税机制具有足够的威慑力。二是碳交易市场总配额设计。碳交易市场碳配额总额度不能过大,不仅要与碳税机制相互配合,还要组合使用灵活的碳税和碳交易机制,保证碳减排的短期目标与促进企业技术进步的长期战略目标达成一致。

（二）设置并制定固定税率和累进制制度相结合的税制

政府部门应该对"三高"企业在一定时间内征收固定的碳税,碳税税率始终远高于碳交易价格,这样一方面能够限制大企业肆意排放,实现碳减排的总目标;另一方面能够引导企业积极采纳应用 LCEFT,主动探索转型升级和创新发展路径,提升发展中国家产业核心竞争力。政府部门对排放量小的中小企业应实行累进制碳税制度,在碳税制度实行前期将中小企业纳入减排体系,限制中小企业肆意排放,但又不影响中小企业发展;同时,累进制税率在中后期将会引导中小企业主动采纳应用 LCEFT,积极进行技术改造和优化升级,从而逐步走向绿色发展之路。

（三）政府补贴水平与碳减排直接挂钩

企业出于自身利益最大化和规避风险的考虑,在没有相应政府补贴激励时,鉴于 LCEFT 采纳的成本和风险不确定性,主动减排动力不足。政府财政补贴在企业采纳 LCEFT 投入初期具有很强的引导性,能够降低企业采纳成本和风险,将会有效激励企业采纳 LCEFT。综合对比国内外低碳产品创新市场,发展中国家大部分企业目前处于 LCEFT 投入初期,补贴政策有必要继续推行,且有必要和碳交易市场机制、碳税制度等政策工具配合使用。

二、促进企业扩散的对策建议

在《公约》以及其他气候协议框架下,LCEFT 国际转移是必然选择;同时,在国际竞争中,具有同类 LCEFT 转移企业存在明显的竞争关系。虽然受本国政策的影响 LCEFT 转移企业在短期内以合作为主导,但从长期来看,基于自身利益的考虑,竞争才是 LCEFT 转移企业的永恒主题。企业在转移 LCEFT 的过程中,还会受到国内外环境政策的影响,例如 LCEFT 转移补贴、碳权交易市场机制、碳税政策等。企业技术的国际转移不仅需要发展中国家和发达国家在国际上开展合作,在国内还需要制定引导企业采用和创新 LCEFT 的政策环境,激励企业积极采用和扩散 LCEFT,从而从国际和国内两个层面同时促进 LCEFT 的转移。本研究鉴于中介机构在 LCEFT 创新扩散中的桥梁作用,提出的对策建议如下。

(一)加强中介机构及平台建设与创新

根据博弈结果来看,技术互补比例参数对 LCEFT 扩散有正向作用;技术间互补性越强,企业之间进行创新扩散的动力越大,互补性信息掌握在企业自身,其他企业难以获得全部的关键信息,因此,关于技术互补性的评估需要专业的机构进行,以便为扩散企业和采纳企业提供专业的建议。目前发展中国家大多数没有建立完善的中介体系,中介市场需求大,但市场管理制度处于失灵状态,中介机构或平台发挥的作用十分有限,为此,发展中国家需要加强中介机构及平台建设与创新,围绕着 LCEFT 创新扩散主体、过程、渠道等创新中介平台建设。在建设过程中不仅要加强公共技术转移服务平台建设,还要强化民间服务平台建设,逐步建立起多操作主体、多服务层次的技术转移中介服务体系。政府部门对中介机构的管理一方面需要加强"门槛管理",强化市场准入和退出机制;另一方面需要在企业诚信、企业品牌方面加大管理,实行黑名单制度,引导企业诚信经营,保障服务质量。与此同时,政府部门需要加强对中介机构的评估,让其发挥在 LCEFT 创新扩散市场中的积极作用,将消极的一面关在政策的牢笼中。

（二）建立行业内部约束机制，形成信誉联盟

发展中国家企业和中介机构应该共同打击 LCEFT 扩散中"搭便车"和机会主义行为，建立国际和国内行业内部约束机制，完善企业信誉和诚信机制的建设。

（三）政府部门要改善激励和惩罚措施

目前发展中国家企业 LCEFT 创新扩散主要是采取税收减免、创新补贴或者政府的激励政策，这有利于企业进行扩散策略的选择，但是激励的力度不能过低，否则不仅无法起到激励作用，反而使企业选择不扩散策略。在政府激励制度的建设中，应该实行多部门联动，联合对 LCEFT 创新扩散企业进行激励，一方面能够降低政府部门的财政压力；另一方面可以使奖励的额度增大，引起企业的重视，中介机构也更容易介入 LCEFT 创新市场。同时，政府部门不仅需要采取激励措施引导企业进行扩散，还需要制定惩罚措施和奖励机制规范中介市场，引导中介机构提供优质的 LCEFT 创新扩散服务，从而达到各方共赢的最佳局面。

第八章　低碳环境友好技术国际转移研究总结与展望

第一节　研究结论

当前,气候变化问题的紧迫性越发凸显,联合国框架下的全球气候变化治理却迟滞不前、行动迟缓,人类需要反思当前的治理模式及治理绩效,进一步优化合作方式。全球性问题必然要求全球性合作,发展中国家和发达国家需要共同应对气候变化及其带来的影响,本书围绕气候变化应对合作中 LCEFT 转移问题,基于发展中国家视角,从企业层面研究 LCEFT 引进、协同创新及创新扩散的问题。首先,研究了发展中国家企业在 LCEFT 转移链中不同环节的策略选择问题,引入了贴现系数、心理压力系数等参数构建了非对称信息的 LCEFT 转让讨价还价博弈模型,并进行了案例验证性分析;其次,研究了当发展中国家企业获得 LCEFT 技术、水平能力得到提升后,在再创新阶段协同创新策略选择问题,引入了碳权质押金融创新,讨论了金融机构参与下的政产学研金协同创新问题;再次,引入了技术互补、协同扩散效益、激励收益等参数,分析了扩散企业的 LCEFT 创新扩散策略,并讨论了中介机构介入情况下的 LCEFT 创新扩散问题,研究了中介机构对 LCEFT 创新扩散的影响及价值;最后,构建了混合碳减排机制下的 LCEFT 企业采纳决策演化博弈模型,分析了企业的采纳成本、投机行为、技术效益、碳价、碳税和碳配额等因素对企业采纳决策的影响。归纳所有研究结论如下。

(1)发展中国家企业应该减少投机或者"搭便车"的心理,积极面对现有国际政策,加快 LCEFT 转移谈判进程,积极引进 LCEFT。发展中国家企业在与发达国家企业进行引进价格谈判时,基本的还价策略是"对半砍价"。

(2)减少发展中国家企业 LCEFT 创新风险和收益的不确定性,有利于企业利润和人才的积累,为今后的 LCEFT 再创新提升企业核心竞争力奠定更坚实的资金基础。

(3)对于政府部门来讲,构建产学研平台、科技企业孵化器并制定有效的激励机制,降低双方合作创新成本对 LCEFT 创新非常重要,政府 R&D 补贴资金是促进产学研合作,降低产学研合作成本的重要途径。

(4)政产学研金联盟在合作中互补优势资源,能够形成"1+1>2"的功能放大作用,产生"协同剩余"效应,为合作各方提供更好的收益;合作企业对 LCEFT 协同剩余的预期越高,在协同过程中的积极性将越强。

(5)金融机构的参与的确能够促进企业进行协同创新,金融机构积极主动实施绿色信贷政策支持 LCEFT 创新,支持企业通过碳权质押等方式获取绿色信贷支持,为企业打造良好的信贷生态环境,有利于促进协同创新联盟的形成。

(6)搭建协同创新中心和平台,支持中介市场发展以及实行创新补贴等政策都能积极地促进 LCEFT 协同创新,但是并非理想的均衡策略,还需要发挥政府部门的关键引导作用以及金融机构的杠杆作用。

(7)技术互补比例参数对 LCEFT 扩散有正向扩散作用;技术间互补性越强,企业之间进行创新扩散的动力就越大。

(8)政府部门的激励制度难以促进企业间进行技术扩散,LCEFT 的扩散需要整个行业共同制定严格的约束机制,形成信誉联盟,共同打击 LCEFT 扩散中"搭便车"和机会主义行为。

(9)政府的激励政策有利于企业进行扩散策略的选择,但是激励的力度不能过低,否则不仅无法起到激励作用,反而使企业选择不扩散策略。政府部门的激励机制需要改进,单一的激励机制难以实现促进企业扩散 LCEFT 的目的。联合激励使得奖励的额度增大,更能引起企业的重视,引导企业进行 LCEFT 创新扩散,中介机构也更容易介入 LCEFT 创新。

(10)政府部门不仅需要采取激励措施引导企业进行扩散,还需要制定惩罚措施和奖励机制规范中介市场,引导中介机构提供优质的 LCEFT 创新扩散服务,从而达到各方共赢的最佳局面。

(11)中介机构参与时,由于中介机构的专业性和信息优势等,其对于 LCEFT 的价值和作用能够进行有效评估,不仅能够降低采纳企业的采纳风险,也能够降低扩散企业的扩散风险,还能够更好地帮助企业发挥 LCEFT 的功能和价值,从而实现"1+1>2"的协同效益。

(12)碳税制度和激励制度能够形成良好的协同和互补效应,混合减排体系有助于实现社会的公平性,碳税的征收是在碳交易市场控制总量的前提下开展,企业排放超过了排放的碳基就要为此承担高额的碳税。这样既能实现碳排放总量控制的目标,又能发挥其在引导企业转型升级方面的效用,有利于实现可持续发展。

第二节　研究展望

本书从系统的角度研究了发展中国家企业在 LCEFT 引进讨价还价、协同创新和创新扩散等环节中的策略选择问题,并分析了影响企业策略选择的各种因素及各种均衡形成的机理,但由于研究的系统结构复杂、影响因素众多、个人精力有限,在构建模型、分析模型结论中也存在很多不足。首先,本书在 LCEFT 转移链中关于讨价还价、协同创新以及创新扩散研究的结论的适用范围受到了特定模型的限制,这难免有管中窥豹之嫌。同时,本书中案例验证仅为个案分析,无法描述企业群体演化博弈的特征。为此,在后续研究中需要继续就演化博弈模型的扩展和应用进行深入的分析,例如关于协同创新中没有考虑跨国企业的合作问题,在技术创新扩散中没有考虑外来竞争企业的影响,同时采用演化博弈模型仿真求解都是基于群体接触的概率相同的假设,但实际中个人接触的范围十分有限,在后续研究中可以采用社会网络和复杂网络进行研究。对于在研究过程中存在的未尽完善的问题,笔者十分遗憾,希望在后续的研究中能够得到团队和学术界更多同仁的指导,笔者必将倾尽全力继续就 LCEFT 讨价还价、协同创新和创新扩散等问题进行更加深入的研究。

参考文献

（一）中文文献

埃弗雷特·罗杰斯.创新的扩散[M].辛欣,等译.北京:中央编译出版社,2002:305-307.

蔡海静,汪祥耀,谭超.绿色信贷政策、企业新增银行借款与环保效应[J].会计研究,2019(3):88-95.

蔡林海.低碳经济绿色革命与全球创新竞争大格局[M].北京:经济科学出版社,2009:90.

曹柬,吴晓波,周根贵,等.制造企业绿色产品创新与扩散过程中的博弈分析[J].系统工程学报,2012(5):617-625.

曹细玉,吴晓志.碳税政策下的双渠道供应链碳减排技术创新协作策略[J].华中师范大学学报(自然科学版),2020(5):898-909.

曹霞,杨笑君,张路蓬.技术距离的门槛效应:自主研发与协同创新[J].科学学研究,2020(3):536-544.

曹宗平.科技型中小企业技术创新的资金支持——基于生命周期视角的研究[J].科学管理研究,2009(4):112-116.

曾德明,张丹丹,张磊生.高技术产业技术创新战略联盟利益分配研究[J].经济与管理研究,2015(7):119-126.

曾小平.我国政府环境规制在低碳经济发展中作用的实证分析[J].工业技术经济,2016(6):140-146.

常悦,鞠晓峰.创新供给者、中介与潜在采纳者之间的博弈研究[J].中国软科学,2013(3):152-157.

常悦,鞠晓峰.技术转让模式下技术创新扩散的博弈分析[J].东北农业大学学报,2013(8):143-147.

陈涵.碳交易环境下供应链低碳技术采纳决策研究综述[J].中国资源综合利用,2020(2):89-91.

陈立铭,郭丽华,张伟伟.我国绿色信贷政策的运行机制及实施路径[J].当代经济研究,2016(1):91-96.

陈亮,胡文涛.金融发展、技术进步与碳排放的协同效应研究——基于2005—2017年中国30个省域碳排放的VAR分析[J].学习与探索,2020(6):117-124.

陈敏鹏.《联合国气候变化框架公约》适应谈判历程回顾与展望[J].气候变化研究进展,2020(1):105-116.

陈伟光,胡当.绿色信贷对产业升级的作用机理与效应分析[J].江西财经大学学报,2011(4):12-20.

陈雁,张海丰.专利保护强度与发展中国家的技术创新:理论、历史与逻辑[J].管理学刊,2018(4):10-16.

程娜,纪明.中国低碳技术引进的演化博弈分析[J].学习与探索,2012(5):102-104.

崔和瑞,王欢歌.产学研低碳技术协同创新演化博弈研究[J].科技管理研究,2019(2):224-232.

丁志刚,陈涵,徐琪.碳交易与碳税双重风险下供应链低碳技术采纳时机决策研究[J].软科学,2020(7):101-107.

董亮,张海滨.2030年可持续发展议程对全球及中国环境治理的影响[J].中国人口·资源与环境,2016(1):8-15.

杜洪旭,莫小波,鲁若愚.中介机构在技术创新扩散中的作用研究[J].软科学,2003(1):47-49.

段哲哲,周义程.创新扩散时间形态的S形曲线研究——要义、由来、成因与未来研究方向[J].科技进步与对策,2018(8):155-160.

范如国,邢亚敏.考虑合谋和声誉的高能耗企业碳减排主体间博弈分析[J].技术经济,2016(3):81-87,101.

方莹莹,刘戒骄,曹若楠.开放式协同创新系统中企业融通创新的演化机理——基于知识共享的多个进化博弈模型分析[J].经济问题探索,2020(9):171-180.

顾高翔,王铮.《巴黎协定》背景下国际低碳技术转移的碳减排研究[J].中国软科学,2018(12):8-16.

顾振华,沈瑶.知识产权保护、技术创新与技术转移——基于发展中国家的视角[J].产业经济研究,2015(3):64-73.

郭曼,朱常海,邵翔,等.中国技术转移机构的发展策略研究——基于能力升级的视角[J].中国科技论坛,2018(1):16-23.

韩丰霞,肖汉杰,彭定洪,等.经济新常态下绿色金融发展动力问题探究——基于政府、银行和企业三方博弈关系[J].经济与管理评论,2017(5):88-94.

何建坤.中国的能源发展与应对气候变化[J].中国人口·资源与环境,2011(10):40-48.

和金生,姜秀莲,汪晓华.技术中介机构运行模式探讨[J].天津大学学报(社会科学版),2001(4):350-355.

和金生,司云波.促进我国技术转移中介机构发展的途径研究——美日法技术转移实践的启示[J].中国科技论坛,2010(1):157-160.

胡峰,袭讯,黄登峰,等.协同创新知识溢出风险管理框架:表征与认知[J].科学学研究,2020(6):1048-1056.

胡文玉,王文举,刘用.技术创新扩散动力机制及测度研究——基于5类城市(288个地级以上城市)ICT实证分析[J].技术经济,2020(9):89-100.

胡颖梅,江玉国,范莉莉.论政府低碳规制体系构建[J].企业经济,2016(4):41-46.

黄栋.低碳技术创新与政策支持[J].中国科技论坛,2010(2):37-40.

黄静波.民营企业的生存方式与技术创新[J].华南理工大学学报(社会科学版),2005(1):28-33.

黄欣,袁志杰.基于微分博弈理论下的碳税减排策略分析[J].合肥工业大学学报(自然科学版),2019(2):278-283.

纪玉山,刘洋,赵洪亮.发展中国家在国际气候谈判中的地位与策略研究——基于新制度经济学与公共选择理论的视角[J].工业技术经济,2012(8):15-21.

姜晓群,王力,周泽宇,等.关于温室气体控制与大气污染物减排协同效应研究的建议[J].环境保护,2019(19):31-35.

蒋佳妮,王灿.气候有益技术Know-how转让之知识产权立法障碍及应对[J].兰州大学学报(社会科学版),2015(1):147-156.

孔令夷,车阿大.支付让渡权、可信威胁与技术转让竞合格局[J].管理科学,2014(4):75-85.

雷永,徐飞.基于不完全信息博弈的产学研联盟形成机理研究[J].科技进步与对策,2009(8):28-31.

李国杰.关于技术转移的战略思考[J].中国高校科技与产业化,2007

(5):65-68.

李洪言,赵朔,林傲丹,等.2019年全球能源供需分析——基于《BP世界能源统计年鉴(2020)》[J].天然气与石油,2020,38(6):122-130.

李建华,张国琪.国际技术转让价格的讨价还价模型研究[J].北京工业大学学报(社会科学版),2008(1):28-32.

李昆,彭纪生,袁艺.跨国技术转移的次优合约设计:基于信息租补偿机制[J].科学学研究,2010(1):104-109.

李力.低碳技术创新的国际比较和趋势分析[J].生态经济,2020(3):13-17.

李梅,王英.科技型中小企业技术创新资金支持体系研究[J].科技管理研究,2008(7):105-107.

李梦雅,严太华.风险投资、技术创新与企业绩效:影响机制及其实证检验[J].科研管理,2020(7):70-78.

李平.组织技术的扩散和服务业的技术创新[J].理论与现代化,1999(5):43-44.

林宗虎.低碳技术及其应用[J].自然杂志,2011(2):74-80.

刘海英,王殿武,尚晶.绿色信贷是否有助于促进经济可持续增长——基于绿色低碳技术进步视角[J].吉林大学社会科学学报,2020(3):96-105.

刘立,陆小成,李兴川.科学发展观视野下的低碳技术创新及其社会建构[J].中国科技论坛,2009(7):48-52.

刘晓东,毕克新,叶惠.全球价值链下低碳技术突破性创新风险管理研究——以中国制造业为例[J].中国软科学,2016(11):152-166.

刘贞,蒲刚清,施於人,等.钢铁行业碳减排情景仿真分析及评价研究[J].中国人口·资源与环境,2012(3):77-81.

柳福东,朱雪忠.低碳国际公约与专利国际公约的冲突与协调研究[J].中国人口·资源与环境,2013(2):115-121.

吕希琛,徐莹莹,徐晓微.环境规制下制造业企业低碳技术扩散的动力机制——基于小世界网络的仿真研究[J].中国科技论坛,2019(7):145-156.

吕一博,聂婧斐,刘泉山,等.产业技术群体分化对创新扩散的影响研究[J].科研管理,2020,41(5):78-88.

马丁,陈文颖.中国钢铁行业技术减排的协同效益分析[J].中国环境科学,2015(1):298-303.

马文.后巴黎时代环境友好技术转让研究[J].中国海洋大学学报(社会

科学版),2017(4):107-114.

孟凡生,韩冰.政府环境规制对企业低碳技术创新行为的影响机制研究[J].预测,2017(1):74-80.

欧训民,张希良,王若水.低碳环境友好技术国际转移博弈论研究[J].中国人口·资源与环境,2009(3):8-11.

欧训民,张希良,王若水.低碳技术国际转移双层多主体博弈模型[J].清华大学学报(自然科学版),2012(2):234-237,242.

彭纪生,李昆,王秀江,等.跨国技术转移的策略交互行为研究[J].科研管理,2010(4):1-8.

钱树静.气候变化背景下发展中国家的低碳经济发展[J].生态经济,2011(10):54-58,72.

乔翠霞.国际技术转移的新变化及对中国的启示[J].理论学刊,2015(6):48-54.

施骞,赖小东.低碳建筑技术创新参与主体博弈及激励机制研究[J].上海管理科学,2011(6):7-13.

石晨霞.全球气候变化治理的新形势与联合国的新使命[J].湖北社会科学,2020(5):48-57.

史烽,高阳,陈石斌,等.技术距离、地理距离对大学—企业协同创新的影响研究[J].管理学报,2016(11):1665-1673.

司林波.装备制造业技术协同创新运行机制构建[J].科技进步与对策,2017(2):72-79.

苏冬蔚,连莉莉.绿色信贷是否影响重污染企业的投融资行为?[J].金融研究,2018(12):123-137.

苏先娜,谢富纪.企业技术创新合作策略选择的演化博弈研究[J].研究与发展管理,2016(1):132-140.

唐文广,袁晓晖,郝娜.基于政企博弈的最优碳税比例选择[J].软科学,2020(7):94-100.

陶丹,朱德全.产学研协同创新的研发成本协调与政府补贴策略研究[J].科技管理研究,2016(14):101-106.

汪明月,刘宇,史文强,等.碳交易政策下低碳技术异地协同共享策略及减排收益研究[J].系统工程理论与实践,2019(6):1419-1434.

王爱虎,黄凌波,贺裕雁,等.碳税与减排补贴下混合双寡头企业竞合博弈研究[J].工业工程,2020(2):9-18.

王金涛,曲世友,冯严超.基于演化博弈的高新技术企业创新风险防控研究[J].科技管理研究,2019(23):19-24.

王刊良,王嵩.非对称信息下讨价还价的动态博弈:以三阶段讨价还价为例[J].系统工程理论与实践,2010(9):1635-1642.

王倩,高翠云.碳交易体系助力中国避免碳陷阱、促进碳脱钩的效应研究[J].中国人口·资源与环境,2018(9):16-23.

王薇,邢智仓.内蒙古清洁发展机制项目协同减排效应研究[J].前沿,2020(4):96-102,124.

王文举,姚益家.碳税规制下地方政府与企业减排行为分析[J].财经问题研究,2019(11):39-46.

王志国,李磊,杨善林,等.动态博弈下引导企业低碳技术创新的政府低碳规制研究[J].中国管理科学,2016(12):139-147.

魏庆坡.碳交易与碳税兼容性分析——兼论中国减排路径选择[J].中国人口·资源与环境,2015(5):35-43.

魏晓雨.环境友好技术国际转移的国际法保障[J].长江论坛,2019(2):77-82.

吴晟,武良鹏,吕辉.绿色信贷对企业生态创新的影响机理研究[J].软科学,2019(4):53-56.

奚旺,莫菲菲."十四五"应对气候变化南南合作形势分析与对策建议[J].环境保护,2020(16):65-67.

肖汉杰,彭定洪,桑秀丽.企业协同创新中知识共享的三角模糊矩阵博弈分析[J].科技管理研究,2015(24):132-136.

肖汉杰,彭定洪,王华.非对称心理压力下的低碳环境友好技术国际转移博弈研究[J].运筹与管理,2020(3):36-43.

肖汉杰,唐洪雷,彭定洪,等.非对称压力下低碳环境友好技术企业采纳的条件与策略研究[J].生态经济,2020(2):34-41.

肖汉杰,王华,王仕博.中国有色行业节能减排技术先进适用性的可变模糊测度与评价[J].科技管理研究,2016(15):57-62.

肖汉杰,王华.低碳环境友好技术创新扩散非对称演化博弈研究[J].中国科技论坛,2017(8):20-27.

肖兰兰.后巴黎时代全球气候治理结构的变化与中国的应对策略——基于美国退出《巴黎协定》的分析[J].理论月刊,2020(3):45-55.

肖洋.中国的"高碳困锁"与国际低碳科技转移的非对称博弈[J].社会科

学,2016,(6):63-70.

辛秉清,刘云,陈雄,等.发展中国家气候变化技术需求及技术转移障碍[J].中国人口·资源与环境,2016(3):18-26.

徐刚,杨超.基于演化博弈分析的产学研协同创新引导模式优化与选择[J].研究与发展管理,2020(1):123-133.

徐国军,刘澄.多维距离视角的技术创新扩散特征分析[J].科技管理研究,2019(23):1-7.

徐建中,徐莹莹.基于演化博弈的制造企业低碳技术采纳决策机制研究[J].运筹与管理,2014(5):264-272.

徐建中,徐莹莹.基于演化博弈理论的低碳技术创新链式扩散机制研究[J].科技管理研究,2015(6):17-25.

徐莹莹,綦良群,徐晓微.低碳经济背景下技术创新链式扩散机制研究——基于 Rubinstein 讨价还价博弈理论[J].科技管理研究,2017(16):209-214.

徐莹莹,綦良群.基于复杂网络演化博弈的企业集群低碳技术创新扩散研究[J].中国人口·资源与环境,2016,26(8):16-24.

许士春,张文文.不同返还情景下碳税对中国经济影响及减排效果——基于动态 CGE 的模拟分析[J].中国人口·资源与环境,2016(12):46-54.

颜廷峰,徐旭初,任森春.绿色信贷与银行财务绩效——基于制度、技术和机构的视角[J].江西社会科学,2019(7):63-72.

杨朝飞.环境污染损害鉴定与评估是根治"违法成本低和守法成本高"顽疾的重要举措[J].环境保护,2012(5):17-24.

杨丽雪,单德朋,苏永杰.生态环境、碳排放与贫困减缓——基于西部地区省级面板数据的实证研究[J].西南民族大学学报(人文社科版),2014(6):150-154.

杨伟娜,刘西林.政府推动下企业新技术采纳博弈分析[J].管理学报,2011(4):621-627.

杨志江,刘志铭,邹文.技术引进、环境规制与低碳经济增长——基于中国省际面板数据的经验研究[J].广东社会科学,2019(5):36-43.

原毅军,任焕焕,吕萃婕,等.中外企业技术联盟的技术转移模式选择——基于产学研联盟介入的视角[J].研究与发展管理,2012(1):18-25.

张博,刘庆,潘浩然,等.混合碳减排制度设计研究[J].中国人口·资源与环境,2016(12):39-45.

张发树,何建坤,刘滨.低碳技术国际转移的双重博弈研究[J].中国人口·资源与环境,2010(4):12-16.

张发树,刘贞,何建坤,等.非完全信息下低碳技术国际转移博弈研究[J].气候变化研究进展,2011(1):41-47.

张建辉,郝艳芳.技术创新、技术创新扩散、技术扩散和技术转移的关系分析[J].山西高等学校社会科学学报,2010(6):20-22.

张杰,陈志远,吴书凤,等.对外技术引进与中国本土企业自主创新[J].经济研究,2020(7):92-105.

张林刚,严广乐.考虑知识传播的技术转让契约设计[J].科学学研究,2007(2):292-295.

张琳,刘雅静,施建军,等.企业创新技术转让价格的信号博弈分析[J].广西师范大学学报(哲学社会科学版),2010(3):49-52.

张倩,曲世友.环境规制对企业绿色技术创新的影响研究及政策启示[J].中国科技论坛,2013(7):11-17.

张维迎.博弈与信息经济学[M].上海:上海三联书店,1996:22-27.

张宪尚.扩散时间对经典模型扩散系数影响研究[J].中国安全科学学报,2020(2):60-65.

张一晨,孙英隽.绿色信贷政策有效性分析——基于政府和银行的博弈视角[J].生产力研究,2017(10):40-43.

张颖,段维平.技术创新扩散环境的 BP 神经网络评价模型研究[J].科技进步与对策,2007(11):72-75.

张玉臣,郭丽.技术转移中的定价模型与交易条件分析[J].同济大学学报(自然科学版),2008(10):1448-1451,1456.

张玉明,段升森.区域低碳技术创新能力评价模型研究[J].统计与信息论坛,2012(9):32-38.

张宗益,李忠云,龙勇,等.竞争性技能联盟中企业讨价还价能力实证研究[J].系统工程学报,2007(2):148-155.

赵黎明,殷建立.碳交易和碳税情景下碳减排二层规划决策模型研究[J].管理科学,2016(1):137-146.

赵佩华,张卫国.赢利能力不同的跨国公司技术转让策略的演化博弈分析[J].工业工程,2010(1):5-9,14.

郑晖智.环境规制下的企业绿色技术创新与扩散动力研究[J].科学管理研究,2016(5):77-80,88.

郑季良,王希希.高耗能企业节能减排协同效应演变及预测研究[J].科技管理研究,2018(4):254-259.

周蓉,柳剑平.低碳科技国际合作机制与路径研究[J].科学管理研究,2017(1):112-115.

(二)英文文献

Albino V, Ardito L, Dangelico R M, et al. Understanding the development trends of low-carbon energy technologies: a patent analysis[J]. Applied Energy,2014,135(C):836-854.

Baldwin C, Von Hippel E. Modeling a paradigm shift: from producer innovation to user and open collaborative innovation[J]. Organization Science,2011(6):1399-1417.

Barkemeyer R, Holt D, Preuss L, et al. What happened to the "development" in sustainable development? Business guidelines two decades after Brundtland[J]. Sustainable Development,2014(1):15-32.

Barton J H. New trends in technology transfer: implications for national and international policy[M]. International Centre for Trade and Sustainable Development (ICTSD),2007:18-19.

Biagini B, Kuhl L, Gallagher K S, et al. Technology transfer for adaptation[J]. Nature Climate Change,2014(9):828-834.

Binz C, Truffer B, Coenen L. Why space matters in technological innovation systems-mappingglobal knowledge dynamics of membrane bioreactor technology[J]. Research Policy,2014(1):138-155.

Bjerregaard T. Industry and academia in convergence: micro-institutional dimensions of R&D collaboration[J]. Technovation,2010(2):100-108.

Blaut J M. Diffusionism: a uniformitarian critique[J]. Annals of the Association of American Geographers,1987(1):30-47.

Boateng H, Agyemang F G. The role of agreeableness trait and communal organisational culture in knowledge sharing[J]. International Journal of Knowledge Management Studies,2016 (2):154-165.

Bunduchi R. Trust, partner selection and innovation outcome in collaborative new product development[J]. Production Planning & Control,

2013(2-3):145-157.

Cantore N, Velde D W T, Peskett L. How can low-income countries gain from a framework agreement on climate change? An analysis with integrated assessment modelling[J]. Development Policy Review, 2014(3): 313-326.

Caparrós A. Bargaining and international environmental agreements [J]. Environmental and Resource Economics, 2016(1):5-31.

Carfì D, Schilirò D. A coopetitive model for the green economy[J]. Economic Modelling, 2012(4):1215-1219.

Chalise S. Combating climate change[J]. Nature Nanotechnology, 2016 (6):105.

Chen J, Yang Y. Theoretical basis and content for collaborative innovation[J]. Studies in Science of Science, 2012(2):161-164.

Coe D T, Helpman E. International R&D spillovers[J]. European Rconomic Review, 1995 (5):859-887.

Cong R, Lo A Y. Emission trading and carbon market performance in Shenzhen, China[J]. Applied Energy, 2017(193):414- 425.

Davis J P, Eisenhardt K M. Rotating leadership and collaborative innovation: recombination processes in symbiotic relationships[J]. Administrative Science Quarterly, 2011(2):159-201.

De Coninck H, Haake F, Van Der Linden N. Technology transfer in the clean development mechanism[J]. Climate Policy, 2007(5):444-456.

Dima M, Farisato G. From 3D view to 3D print[J]. Proceeding of the SPIE, 2014(3):10.

Energy World Group. Climate change threatens irreversible and dangerous impacts' - IPCC[J]. Energy World, 2014(432):3.

Etzkowitz H. Innovation in innovation: the triple helix of university-industry-government relations[J]. Social Science Information, 2003(3):293-337.

Foley A, Smyth B M, Pukšec T, et al. A review of developments in technologies and research that have had a direct measurable impact on sustainability considering the Paris agreement on climate change[J]. Renewable and Sustainable Energy Reviews, 2016(68):835-839.

Friedman J, Silberman J. University technology transfer: do incentives, management, and location matter? [J]. The Journal of Technology Transfer,2003(1):17-30.

Fudenberg D, Levine D K. The theory of learning in games[M]. Cambridge: MIT Press,1998:15-16.

Geddes A, Schmidt T S, Steffen B. The multiple roles of state investment banks in low-carbon energy finance: an analysis of Australia, the UK and Germany[J]. Energy Policy,2018(115):158-170.

Glass A J, Saggi K. International technology transfer and the technology gap[J]. Journal of Development Economics,1998(2):369-398.

Glass A J, Saggi K. Multinational firms and technology transfer[J]. The Scandinavian Journal of Economics,2002(4):495-513.

Guan Q, Zhou J, Liu Y. Study on evolutionary game of enterprise-oriented university industry cooperation knowledge flow[C]//Logistics, Informatics and Service Sciences (LISS),2016 International Conference on IEEE,2016:1-4.

Haken H. Synergetics an introduction[M]. Berlin: Spring-Verlag, 1983:15-16.

Haselip, J, et al. Governance, enabling frameworks and policies for the transfer and diffusion of low carbon and climate adaptation technologies in developing countries[J]. Climatic Change,2015(3):363-370.

Henrik H, Asa L. Explaining adoption of end of pipe solutions and clean technologies-determinants of firm's investments for reducing emissions to air in foursectors in Sweden[J]. Energy Policy,2010(7):3644-3651.

Hepburn C, Stern N. A new global deal on climate change[J]. Oxford Review of Economic Policy,2008(2):259-279.

Hill H. Reaching a global agreement on climate change: what are the obstacles? [J]. Asian Economic Policy Review,2010(1):39-58.

Hoffmann A A, Sgrò C M. Climate change and evolutionary adaptation[J]. Nature,2011(7335):479-485.

Holden E, Linnerud K, Banister D. The imperatives of sustainable development[J]. Sustainable Development,2017(3):213-226.

Intergovernmental Panel on Climate Change. Climate change 2014——impacts, adaptation and vulnerability: regional aspects[M]. Cambridge: Cambridge University Press,2014:48-50.

Ipcc C W T. Climate change 2007: mitigation. contribution of working group Ⅲ to the fourth assessment report of the intergovernmental panel on climate change[J]. Computational Geometry,2007(2):95-123.

Iyer G C, Clarke L E, Edmonds J A, et al. Do national-level policies to promote low-carbon technology deployment pay off for the investor countries? [J]. Energy Policy,2016(98):400-411.

Iyer G, Hultman N, Eom J, et al. Diffusion of low-carbon technologies and the feasibility of long-term climate targets[J]. Technological Forecasting and Social Change,2015(90):103-118.

Jong J P J D, Freel M. Absorptive capacity and the reach of collaboration in high technology small firms[J]. Research Policy,2010(1):47-54.

Karakosta C, Doukas H, Psarras J. Technology transfer through climate change: setting a sustainable energy pattern[J]. Renewable and Sustainable Energy Reviews,2010(6):1545-1557.

Khosla R, Sagar A, Mathur A. Deploying low-carbon technologies in developing countries: a view from India's buildings sector[J]. Environmental Policy and Governance,2017(2):149-162.

Kim H, Huang M, Jin F, et al. Triple helix in the agricultural sector of Northeast Asian countries: a comparative study between Korea and China[J]. Scientometrics,2012(1):101-120.

Kim L. Immitation to innovation: the dynamics of Korea's technological learning[M]. Harvard: Harvard Business School Press,1997:23-24.

Lee Y S. Tehnology transfer and the research university: a search for the boundaries of university-industry collaboration[J]. Research Policy, 1996(6):843-863.

Lippi G, Plebani M. The novel coronavirus (2019-nCoV) outbreak: think the unthinkable and be prepared to face the challenge[J]. Diagnosis, 2020(2):79-81.

Liu L, Chen C, Zhao Y, et al. China's carbon-emissions trading: overview, challenges and future[J]. Renewable & Sustainable Energy Reviews,2015(49):254-266.

Lyapunov A M. The general problem of the stability of motion[J]. International Journal of Control,1992(3):531-534.

Mansfield E, Romeo A. Technology transfer to overseas subsidiaries by U. S.-based firms[J]. Quarterly Journal of Economics, 1980(4): 737-750.

Mansfield E. Technical change and the rate of imitation[J]. Econometrica,1961,29(4):741-766.

Mateut S. Subsidies, financial constraints and firm innovative activities in emerging economies[J]. Small Business Economics,2018(1):131-162.

Mattoo A, Olarreaga M, Saggi K. Mode of foreign entry, technology transfer, and FDI policy[J]. Journal of Development Economics,2004(1):95-111.

Moore M O. Carbon safeguard? Managing the friction between trade rules and climate policy[J]. Journal of World Trade,2017 (1):43-66.

Morrill R L. The shape of diffusion in space and time[J]. Economic Geography,1970(1):259-268.

Morrow J D. Game theory for political scientists[M]. Princeton: Princeton University Press,1994.

Motohashi K. University-industry collaborations in Japan: the role of new technology-based firms in transforming the National Innovation System[J]. Research Policy,2005(5):583-594.

Nan N, Zmud R, Yetgin E. A complex adaptive systems perspective of innovation diffusion: an integrated theory and validated virtual laboratory[J]. Computational and Mathematical Organization Theory,2014(1):52-88.

Navarro N, Veszteg R F. Demonstration of power: experimental results on bilateral bargaining[J]. Journal of Economic Psychology,2011(5):762-772.

Nelson A, Earle A, Howard-Grenville J, et al. Do innovation measures actually measure innovation? Obliteration, symbolic adoption, and other finicky challenges in tracking innovation diffusion[J]. Research Policy,2014(6):927-940.

Nieto M J, Santamaría L. The importance of diverse collaborative networks for the novelty of product innovation[J]. Technovation,2007(6): 367-377.

Ockwell D G, Haum R, Mallett A, et al. Intellectual property rights and low carbon technology transfer: conflicting discourses of diffusion and development[J]. Global Environmental Change,2010(4):729-738.

Ockwell D G, Watson J, MacKerron G, et al. Key policy considerations for facilitating low carbon technology transfer to developing countries [J]. Energy Policy,2008(11):4104-4115.

Peters H J. Axiomatic bargaining game theory[M]. New York: Springer Science & Business Media,2013.

Radomes A A, Arango S. Renewable energy technology diffusion: an analysis of photovoltaic-system support schemes in Medellín, Colombia[J]. Journal of Cleaner Production,2015(92):152-161.

Rai V, Funkhouser E. Emerging insights on the dynamic drivers of international low-carbon technology transfer[J]. Renewable and Sustainable Energy Reviews,2015(49):350-364.

Rodrik D. Green industrial policy[J]. Oxford Review of Economic Policy,2014(3):469-491.

Rubinstein A. Perfect equilibrium in a bargaining model[J]. Econometrica,1982(50):97-109.

Schaffhauser D. Print your own 3D learning objects[J]. Campus Technology Magazine,2013(3):30.

Schumpeter J A. History of economic analysis[M]. London: Psychology Press,1954.

Selten R. A note on evolutionarily stable strategies in asymmetric animal conflicts[J]. Journal of Theoretical Biology,1980(1):93-101.

Shen L Y, Bao H J, Wu Y Z, et al. Using bargaining-game theory for negotiating concession period for BOT-type contract[J]. Journal of Construction Engineering and Management,2007(5):385-392.

Shevitz D, Paden B. Lyapunov stability theory of nonsmooth systems [J]. IEEE Transactions on Automatic Control,1994(9):1910-1914.

Smith J M. The theory of games and the evolution of animal conflicts [J]. Journal of Theoretical Biology,1974(1):209-221.

Spulber D F. The quality of innovation and the extent of the market [J]. Journal of International Economics,2010(2):260-270.

Swink M. Building collaborative innovation capability[J]. Research-technology Management,2006(2):37-47.

Tangney P. Understanding climate change as risk: a review of IPCC guidance for decision-making[J]. Journal of Risk Research,2019(2):1-16.

Teece D J. Firm organization, industrial structure, and technological innovation[J]. Journal of Economic Behavior & Organization,1996(2):193-224.

Teece D J. Technology transfer by multinational firms: the resource cost of transferring technological know-how[J]. The Economic Journal, 1977(346):242-261.

Tuyls K, Nowé A. Evolutionary game theory and multi-agent reinforcement learning[J]. The Knowledge Engineering Review,2005(1):63-90.

Tylor P D, Jonker L B. Evolutionary stable strategies and game dynamics[J]. Mathematical Biosciences,1978(1-2):145-156.

Van der Boor P, Oliveira P, Veloso F. Users as innovators in developing countries: the global sources of innovation and diffusion in mobile banking services[J]. Research Policy,2014(9):1594-1607.

Venturini K, Verbano C. A systematic review of the space technology transfer literature: research synthesis and emerging gaps[J]. Space Policy, 2014(2):98-114.

Vick T E, Nagano M S, Popadiuk S. Information culture and its influences in knowledge creation: evidence from university teams engaged in collaborative innovation projects[J]. International Journal of Information Management,2015(3):292-298.

Wang J Y, Blomström M. Foreign investment and technology transfer: a simple model[J]. European Economic Review,1992(1):137-155.

Xiao H J, Tang H L, Zhou J H. On the lceft multi-player collaborative innovation evolutionary game with the support of green finance[J].

Ekoloji,2019(107):1349-1364.

Yu H, Wei Y M, Tang B J, et al. Assessment on the research trend of low-carbon energy technology investment: a bibliometric analysis[J]. Applied Energy,2016,184(C):960-970.

Zhang X, Guo Z, Zheng Y, et al. A CGE analysis of the impacts of a carbon tax on provincial economy in China[J]. Emerging Markets Finance and Trade,2016(6):1372-1384.

Zhao J, Yang J. Double auction on international transfer of low-carbon technology's price[J]. Energy Procedia,2011(5):95-99.

Zhao P. Strategies analysis of MNCs' technology transfer based on the asymmetric evolutionary game[J]. Journal of Management Policy and Practice,2013(2):98.

附录 A　低热值煤气 CCPP 技术引进个案

一、博弈主体简介

(一)中国 H 钢铁集团简介

H 钢铁集团是一家钢铁企业,具备钢铁产能 3860 万吨。H 钢铁集团能够生产多种类型的钢材,包含 16 个大类,不同规格的钢材产品有 42000 个,钢牌号有 600 个。H 钢铁集团生产的产品广泛应用于国民经济各领域。H 钢铁集团在生产过程中产生的可燃气体有高炉、焦炉、转炉煤气,这些可燃气体的能值很高,大约占到钢铁企业总能值的 34%,能否充分利用这些可燃气体是钢铁企业节能减排水平高低的重要标志,特别是高炉煤气能值高、占比大,是 H 钢铁集团节能减排的重点对象。随着连铸工艺不断改进,H 钢铁集团对于富余煤气的使用量不断减少,将这些富余煤气用来发电不仅能够解决生产用电和厂区生活用电,还能大幅降低能耗,从而实现经济的良性循环。H 钢铁集团在充分考察的基础上,决定从日本引入低热值煤气 CCPP 技术。

(二)日本 S 公司

日本 S 公司位于东京都港区。发展至今,其在全球员工数接近 9 万人,作为一家世界 500 强企业,公司内部有完善的研发、制造、销售体系,与其他兄弟企业亦形成了良好的分工协作关系。该公司的产品被广泛应用于航空航天、钢铁冶炼、环境装置和船舶行业等领域。S 公司旗下公司研发了低热值煤气 CCPP 技术,该技术各项参数与欧洲先进技术基本一致,位于世界先进技术行列,其在节能减排方面优势明显,热工转换效率比同等级规模锅炉燃烧方式的蒸汽单循环发电技术高出约 15%,且几乎无烟尘,CO、NO_x 污染物排放少,环保性能好。S 公司在全球范围推销其 CCPP 技术,中国市场是 S 公司最为关注的市场之一。

二、讨价还价策略分析及启示

2005年3月左右,H钢铁集团与S公司进行了多次接触,并通过其他渠道,对该公司的技术做到了基本了解和掌握。同年4月初,S公司派一个洽谈小组到中国与H钢铁集团就CCPP技术转让进行了初步的洽谈。在技术谈判的基础上,双方也对技术价格进行了初步的协商,日方将价格定在4580万美元左右,作为双方技术合作的依据和参考。但中方认为,该技术价格应该在3400万美元以内,所以报价3350万美元,以便有谈判的余地。S公司与H钢铁集团都认为,双方的报价虽有很大的差距和分歧,但双方对CCPP技术转移有合作的意愿,存在达成协议的可能,有继续谈判的必要。S公司在完成初步协商后,在回国前邀请H钢铁集团代表于5月去德国参观和考察,并继续进行谈判工作。

2005年5月中旬,H钢铁集团在厂长、总工程师的带领下,到S公司进行为期7天的技术项目考察和谈判工作,S公司派一位技术总监和销售总监专程陪同中方谈判代表团,并参观和考察了S公司在日本的主要生产厂和产品用户。在对S公司产品用户企业考察的过程中,H钢铁集团充分抓住考察时间,对S公司的技术应用水平、CCPP技术节能减排效益等进行了充分了解,掌握了更多的技术信息,虽然对隐性知识难于发掘,但是H钢铁集团在考察中更多地掌握了S公司产品和技术的性能、特点、质量以及制造使用和维护等技术细节,包括CCPP技术在应用中常出现的问题等。在交谈中,H钢铁集团技术总监既夸赞了S公司CCPP技术的先进性,也将其技术参数同德国和美国的技术进行比较,并详细地说明了这些国家CCPP技术的优势以及价格情况,也挑明了H钢铁集团与其他公司谈判的计划和进程,这番言论给了技术总监很大的心理压力,他将H钢铁集团的态度间接反馈给了S公司。

中方在技术考察的过程中,重点了解和掌握了S公司CCPP技术存在的问题和不足,例如CCPP技术在日本某钢厂应用时,在燃机停机时存在锅炉尾部煤气量增大而导致爆炸事故的发生,热风管道漏风容易对周围设备造成损害,CCPP技术容易受到空气温度和湿度的影响。可见,该公司的CCPP技术和产品水平虽然能够和德国、美国技术相媲美,但是也存在很多不足,需要维护和改进。在考察中对这些信息的掌握,进一步消除了双方的信息不对称,为H钢铁集团在技术转让讨价还价中增加了谈判筹码。在考察结束后,按照行程计划又开展了5天的CCPP技术转让引进谈判。

第一天进行的是技术谈判,双方都在汽轮机行业经营多年,对行业的情况十分了解,同时,由于双方都在谈判前进行过详细的技术供需信息交流,用一天的时间就对技术的详细信息达成了一致意见,没有分歧。

第二天,双方进入实质性的商务谈判阶段。谈判开始后,S公司先报价,他们首先强调了第一次报价4580万美元的理由。归纳起来,主要有以下内容。

(1)S公司在CCPP技术研发时,花费了大量的人力、物力和财力,长期的研发投入使得技术开发成本较高,CCPP技术的研发成本已经超过了4000万美元,应该得到部分补偿。

(2)S公司的CCPP技术是世界一流的,技术水平处于成熟阶段,经济效益和节能减排效益显著。按现值计算,在使用期内预计可以给H钢铁集团带来6000多万美元的利润,按照国际惯例,S公司理应分得CCPP技术带来的经济效益。

(3)合作成本。S公司和H钢铁集团进行首次合作,在技术引进过程中S公司需要承担技术工人培训、技术服务、差旅、关税和联络等费用,H钢铁集团应该支付技术服务及相关费用为200万美元。

(4)中国和日本毗邻,且中国对于CCPP技术需求强烈,在中国的应用具有巨大的潜力,能够帮助H钢铁集团赢得市场竞争,并且成为S公司的竞争对手,S公司在中国市场将失去优势竞争力,也就失去了巨大的潜在市场,其损失的机会成本很高。

(5)S公司与韩国、澳大利亚等国家企业合作时,相同的技术和设备报价也都在5600万美元以上。因此,S公司认为,自身很有诚意和H钢铁集团合作,4580万美元的报价已经是很低的价格。

H钢铁集团前期做了详细的调研和准备,对于S公司提出的报价和对应的理由,中方事先已经充分估计到。H钢铁集团还价为3380万美元,这个报价显然低于S公司可以接受的水平,也在H钢铁集团的最低保留价以下。H钢铁集团这样还价的目的是谈判的需要,在后续报价中能够在预定成交价区间进行成交,也让S公司无法识别中方的最低保留价。还价完成后,中方公司给出了相应的理由。

(1)作为同行,S公司CCPP技术的研发成本确实达到了4000万美元左右,H钢铁集团对于此项研发成本给予承认。但是S公司已经将CCPP技术转让给其他国家的企业,并且在日本成熟应用多年,研发成本虽然很高,但是不应该都由H钢铁集团进行承担,最多只能进行研发成本的分担,H钢铁集团认为需要分担研发成本,但最多只能承担 30％左右。因此,目前日本公司的报价让中方认为缺乏诚意。

(2)S 公司的 CCPP 技术的确属于世界一流水平,也在产业化应用中取得了很好的效果,但是 S 公司的 CCPP 技术存在安全风险较高、使用环境较为苛刻等缺陷。CCPP 技术确实能够给 H 钢铁集团带来收益,但是收益具有不确定性,受到 S 公司技术转移战略、技术本身的先进适用性以及中国低碳产品市场、行业竞争者战略和中国政府宏观调控政策的影响,CCPP 技术带来的技术收益难以达到 S 公司的估计,所以关于收益的估计需要修正,根据 H 钢铁集团和国内行业专家联合测算,给出了修正系数为 0.8,也就是 CCPP 技术引进给 H 钢铁集团带来的预计收益在 $6000 \times 0.8 = 4800$ 万美元,即采用该技术 H 钢铁集团最多能够获益 4800 万美元。同时,H 钢铁集团引进该技术虽然有中国政府的支持,但是也需要为技术引进支付成本,例如培训成本、场地建设成本和技术改造等投资,这些至少也 500 万美元,需要从预期收益中扣除,所以 H 钢铁集团引进该技术的预期收益没有日本公司预计的那么高。

(3)关于 S 公司提出的合作成本问题,首先中日在地理位置上距离较近,同时交通、联系等系统都十分完善,成本相较于其他国家较低。另外,H 钢铁集团经过多年的发展,在人才储备、后勤服务保障等方面都已经做好了充分的准备,S 公司的 CCPP 技术调试、安装等工作在与 H 钢铁集团合作中会有较好的保障,合作成本会大幅度降低,S 公司不用担心售后服务成本过高。

(4)关于影响 S 公司竞争力的问题,恰恰相反,H 钢铁集团有助于 S 公司开拓中国市场。H 钢铁集团与 S 公司签订的是非排他的许可合同,也就是 S 公司的 CCPP 技术还能够继续在中国进行销售,同时 H 钢铁集团作为中国市场的领军企业之一,采用 S 公司 CCPP 技术将会对 S 公司品牌形成宣传效应。同时,S 公司可以继续向中国市场销售其公司生产的产品,而且在较长时间内,H 钢铁集团的产品质量难以对 S 公司形成威胁,H 钢铁集团引入 CCPP 技术形成竞争力还需要很长的时间,所以在市场上对 S 公司的利润影响并不是很大,S 公司完全可以不用过于担心。

(5)S 公司与其他国家合作的最终价格都在 5600 万美元以上,中方予以认可,但正是由于 H 钢铁集团后引进、应用这些技术,在市场竞争中已经失去了先进性,先前引进该技术的企业已经获得了市场竞争地位,H 钢铁集团引进后需要 2～3 年甚至更长时间才能形成竞争力,且有可能市场上出现新技术,H 钢铁集团有将处于落后的风险。H 钢铁集团引进的目的是降低生产中的污染物和温室气体排放,对邻国日本的生态环境也有好处。在国内外市场上,H钢铁集团将面临更多的外来竞争,预期收益估计会更低,分摊的成本也应该更低,获得报价比其他公司低是理所当然的。

对于中方提出的理由,S公司在预期收益方面基本上予以认可,日本公司虚报预期收益的目的就是提高其最高保留价,但是作为同行业的企业,H钢铁集团能够预计到S公司的最高保留价,S公司也深知这一点,因此,S公司在谈判中没有就预期收益进行争辩。对于成本分摊问题,作为大型公司对该部分都有共识,也在一定程度上予以承认。但S公司认为其技术属于世界一流水平,无可挑剔,H钢铁集团的报价是无法接受的,为了表达诚意,S公司决定报价4580万美元不能减少很多。针对S公司谈判代表的说法,H钢铁集团的技术总工程师就CCPP技术存在的具体问题进行详细反驳。S公司并没有预料到H钢铁集团已经掌握到如此多的信息,S公司的技术总监没有做出辩驳,默认了存在的技术问题,但表示对上述问题S公司能够给予解决的方案和帮助。S公司代表沉默了一段时间以后,又提出了4520万美元的报价,而中方又回报了3370万美元……就这样,双方就价格问题争执了半天时间,还是未能达成一致。

至此,按照H钢铁集团预先研究的谈判方案,已经达到了使S公司动摇其初始报价的目的。在无法达成价格一致的情况下,双方决定休息,并且确定了下一次谈判的时间。由于S公司指派了专门的人员为H钢铁集团进行基本的服务,H钢铁集团谈判负责人多次"给予"机会让S公司员工掌握其谈判意图,积极与欧洲国家进行联络,并且推迟了原先预定的谈判时间。与此同时,H钢铁集团购买了回国的机票。

S公司在掌握H钢铁集团释放的"欺骗"信号后,在第四天下午就主动来到中方住处,希望进行谈判,H钢铁集团同意了S公司的要求。在谈判开始前,S公司谈判代表明确了其希望和中方合作的意愿,同时希望双方都做出让步,达成CCPP技术转让协议。这次由H钢铁集团先报价,H钢铁集团的报价为3370万美元。对于这个报价,S公司并没有理会,直接报价3500万美元,并且说这是S公司的最低报价,毕竟日方已经让价很多。从谈判的气氛来看,H钢铁集团认为这个最新的报价接近S公司的最低保留价,不能再进行大幅度还价,否则谈判又将陷入僵局,H钢铁集团的"欺骗"信号有被识别的风险。H钢铁集团主动停止了谈判,表明谈判小组需要进行汇报和商讨,过了半小时,H钢铁集团认为自身对这次谈判具有很强的合作意愿,3500万美元的价格无法接受,H钢铁集团只能接受不高于3400万美元的报价,这是 H 钢铁集团能够接受的最高报价,而且需要增加 CCPP 技术设备易损部件的备用件数量,否则谈判就没有必要进行了。

H 钢铁集团的态度让 S 公司进一步认为其已经接近了 H 钢铁集团的最低保留价,并且对 H 钢铁集团拒绝进一步谈判意向感到不安。经过短暂的沉默之后,S 公司给出的报价是 3345 万美元,并且说这个价格是最终价格,双方都不要再争了。这个价格是 S 公司目前技术转移的最低价格,已经低于中方的最低预留价格,超过了谈判的预期,H 钢铁集团并没有继续“贪得无厌”,经过短暂协商后,决定接受这个价格。H 钢铁集团在预定的谈判方案中预留价格是 3350 万到 3500 万美元,而 3345 万美元比最低预留价格还要低 5 万美元。H 钢铁集团对此次谈判取得的价格十分满意。在价格敲定后,剩余的细节问题就是进行签约、核定付款信息等。

三、技术引进减排成效分析及启示

H 钢铁集团引进 CCPP 技术后,在 S 公司的指导下完成了安装、调试和员工培训等工作,最终投入生产。CCPP 技术投入生产后,不仅经济效益明显,环境效益也十分突出。

H 钢铁集团的温室气体排放大幅减少,排放的烟气中 CO_2 排放比应用 CCPP 技术前减少 50%,且 SO_2、NOx 等温室气体的含量也十分低,其中 SO_2 的排放量基本为零,NOx 的含量为 $6\sim10mg/kg$。CCPP 技术的引进帮助 H 钢铁集团回收了大量的可燃气体资源,减少了钢铁企业燃煤的使用量,而燃煤的使用正是钢铁企业碳排放的主要来源。

在该案例中,技术引进价格较高,双方谈判时间较长,并且在讨价还价过程中有部分符合前文讨价还价研究的整体思路,能够反映很多 LCEFT 转移相似的过程和实质。上述案例是通过网络资料、H 钢铁集团发布的信息收集得到。虽然本书不能得到所有信息,但是能够得到关键的讨价还价数据,有些参数信息还需要根据研究经验进行假设。因此,所得博弈模型结论与现实成交价必然存在差别,这是各种不可避免的因素造成的,本书认为是可以接受的。从讨价还价的过程来看,S 公司在 CCPP 技术上具有优势,在谈判中处于优势地位,H 钢铁集团很容易吃亏,但是 H 钢铁集团在此次博弈中,充分利用信息“欺诈”,使得博弈双方的地位优势得到很好地转换,保障了谈判结果朝着有利于中国企业的方向发展。另外,H 钢铁集团在谈判取得优势的时候,并没有“贪得无厌”,而是达到预期价格就马上成交。在整个讨价还价的过程中,H 钢铁集团在还价策略上也接近“对半砍价”。

附录 B LCEFT 协同创新个案研究

一、博弈主体

铜在弃渣中的损失是造成火法炼铜中铜损失的主要原因。现代造锍熔炼主要是强化熔炼法,当前中国主要采用富氧熔池熔炼技术进行生产。熔炼在强氧势下进行,铜锍品位高,不利于铜与渣的平衡反应,即不利于造锍反应 $[Cu_2O+FeS \rightarrow FeO+Cu_2S]$;同时,在强氧势下,渣含 FeO 低,而含 Fe_3O_4 高,造成渣中含铜高,如果不进行回收,损失的铜量相当大。富氧熔池熔炼技术的应用大幅降低了硫氧化物的排放,但是企业也面临从废渣中回收铜的难题。从废渣中回收铜是降低企业生产单位成本和能耗的重要工序,是所有火法炼铜企业必须掌握的技术。

A 集团和 B 集团都是采用富氧熔池熔炼顶吹技术,硫化物排放水平比较低,也都面临着弃渣中铜含量较高的问题,单位产品能耗和生产成本与国外先进企业相比仍然存在较大差距,需要进行技术创新解决上述问题。

(一)集团 A

集团 A 是中国西南地区一家大型集铜矿开采、生产加工于一体的现代化大型企业,企业员工数量在 3000 人以上,具有本科及以上学历的占比高,利税每年超过 1 亿元。该集团十分重视与地方高校的产学研合作,合作历史悠久。1996—2009 年,集团 A 共投入 10 亿元与高校、院所合作,开展了 58 项技术创新项目,产学研取得的成果也十分丰富,目前已有 25 项成功实现产业化应用,提高了企业核心竞争力,使企业年销售收入增加达 30 亿~35 亿元,新增利润 4 亿~5 亿元。以集团 A 为例分析协同创新具有很强的代表性。集团 A 分公司数量多,经营产业分散,与地方高校合作最为紧密,这里以与节能减排最相关的冶炼厂为例进行个案分析,将其简称为企业 A。企业 A 当前生产成本比国外先进企业高,主要原因是渣含铜过高。

(二)集团 B

集团 B 由香港某有限公司、金川某集团等四家公司共同出资组成,是一家民营企业。集团 B 总资产已经超过 18 亿元,利税接近 4 亿元。公司现有员工 761 人,本科及以上学历员工比例高,具有高级工程师职称的员工以中青年为主。作为新型的民营企业,集团 B 十分重视内部人才培育和对外合作工作,与本地高校、科研机构建立了长期的战略协议,以共同促进冶金技术进步为战略目标,重点围绕节能减排技术进行产学研合作和创新,目前已经累计投资 200 多万元用于协同创新合作。集团 B 涉及的业务领域广,分公司数量较多,这里以与高校科研合作最为紧密的冶炼厂为例,将其简称为企业 B。企业 B 生产成本比国外先进企业高,其主要原因是渣含铜过高,与企业 A 面临的生产问题类似。

企业 A 和企业 B 所占市场份额较大,整合双方市场总体份额,不考虑其他企业所占市场份额,企业 A 所占的市场份额为 0.6,企业 B 为 0.4。

(三)学研方

大学 C 属于云南地方高校,在有色冶金学科建设、新技术研发等方面取得了较大成就,大学 C 的冶金专业在全国高校中排名靠前,拥有国家重点实验室和省部共建国家重点实验室。大学 C 在富氧熔池熔炼、选矿、低碳生产技术等方面科研成果丰富。大学 C 为中国西南很多地方企业提供了技术服务和指导,提升了企业的竞争力,也扩大了大学 C 在西南地区的影响力。

研究院 D 是隶属于国务院国资委管理的中央企业。研究院 D 是中国有色行业研发设计方面的领军企业。该院以"技术创新促进矿产资源的可持续开发利用"为发展使命,致力于我国有色金属行业的技术创新,以与矿产资源开发利用相关的工程与技术服务为核心主业,多次作为国家重大科研项目承担单位,为我国先进材料技术与产品以及金属采选冶和循环利用做出了巨大贡献。研究院也和地方企业开展了多项合作,解决了地方企业生产中的各种复杂问题,特别是在富氧技术、炉型设计等方面人才储备丰富,研发能力强。

二、协同创新策略分析

企业 A 和企业 B 虽然分布在中国不同的省市,但是其都是铜冶炼行业,都面临弃渣中铜回收难的问题。企业 A 和企业 B 生产基本同质的铜产品,一旦弃渣中铜回收技术研发成功,按照技术参数和当前铜价进行估算,预计市场总收益能够提升 2700 多万元。技术研发成本预计在 1000 万元,企业 A 和企业 B 单独研发成功的概率仅为 0.6,且与学研方合作需要额外支付的合作成本为 100 万元,额外收益预计为 60 万元;如果企业 A 和企业 B 进行合作,由于资源的整合,预计成功的概率为 0.9。

企业 A 和企业 B 进行合作后再与学研方进行关于弃渣中铜回收创新项目合作,科研经费投入为 1000 万元,根据双方的市场规模和地位,企业 A 只需要投入 600 万元,企业 B 只需要投入 400 万元,双方的成本均明显降低,且研发成功的概率增高,降低了研发风险。

经过分析后,企业 A、企业 B 和大学 C 于 2012 年签订了"贫化电炉还原油枪技术优化"科技创新项目,具体协同创新合作方案如下。

企业 A 与企业 B 签署合作协议,就弃渣中铜回收项目进行技术开发,并最后委托给大学 C 进行研究,选择大学 C 的原因主要是以下两点。

(1)地理优势。大学 C 和企业 A 在同一个城市,虽然与企业 B 距离较远,但是大学 C 可以在企业 A 进行实验研究,待技术研发完成后,只需要在企业 B 进行技术参数的优化和改进即可,降低了合作各方的研发成本投入;对比来看,研究院 D 距离双方城市都十分远,其科研人员进行研究相应的协调费和管理费需要企业额外承担。

(2)智力优势。大学 C 具有国家重点实验室,在弃渣中铜回收研究领域获得了数十项国家和省部级课题,在完成课题过程中培养了年富力强的研究团队,且取得了重大的科研成果,有些成果在企业 A 已经得到应用,并产生了良好的经济效益和环境效益。企业 A 与大学 C 具有较好的合作基础,大学 C 能够集中智力资源为企业 A 进行服务。研究院 D 实行的是公司管理制度,虽然智力资源十分丰富,但是其承担的项目和课题更多,难以集中优势资源解决企业 A 和企业 B 的生产问题。

通过生产实验,大学 C 分别给出了企业 A 和企业 B 使用该技术的关键参数。通过开展还原柴油技术优化项目,企业 A 和企业 B 在柴油中创造性地添加氮气使柴油雾化,提高油枪对熔体的搅动效果,令油耗有所降低。

附录 C　LCEFT 创新扩散个案

关于东道国企业 LCEFT 创新扩散的个案分析,按照研究设计本需要设计两个案例进行对比,但是由于目前中国仅处于碳交易试点阶段,碳税还未实行,虽然挪威推行了碳税和碳交易制度,可其不符合东道国这一研究范围限定。但是从挪威推行的效果来看,挪威的企业技术创新水平得到了大幅度提升,虽然也给企业带来巨大压力,但是整体效果较好。挪威的碳税和碳交易制度不能直接进行分析的另一个重要原因是,挪威企业的技术水平远高于东道国企业,采用相同的机制,东道国企业无法生产,所以综合上述原因,本书不对潜在采纳企业的博弈个案进行分析。但从挪威的政策实施来看,验证了本书博弈模拟仿真所得结论。

一、博弈主体

(一)企业 A

企业 A 与案例 B 中企业 A 为同一家企业,是 A 集团的冶炼厂。在 2003 年,企业 A 引进了富氧熔池熔炼顶吹技术,并结合当地铜矿品位进行了技术改造和再创新,企业 A 的技术水平得到了大幅提升,特别是硫化物的排放大幅减少,一时成为我国技术引进消化再创新的典型企业,多次受到地方表扬。企业 A 在底吹中的再创新主要体现在对氧枪的设计与改进上(在氧枪布局设计和气流控制上都有创新),例如一种新型多头斜吹式旋流顶吹油枪和一种多头旋转射流新型顶吹油枪,这些创新都拥有自主知识产权,企业 A 能够决定其是否进行扩散。

企业 A 在原有引进技术的基础上进行再创新,并经过多年的实践和持续的改进,已经在节能降耗、改进产品质量上形成了拥有独立知识产权的技术。该项技术的优势体现在火法炼铜的吹炼环节,企业 A 通过改进氧枪设计(一种新型多头斜吹式旋流顶吹油枪和一种多头旋转射流新型顶吹油枪等专利技术)提高了富氧浓度(能够达到 87% 以上),使得炉内的化学反应进行得更充分。企业 A 为了进一步降低能耗,提升企业经济效益和环境效益,实施铜渣的再处理工艺,但其不具备此种能力,通过自主研发面临周期长、铜渣无法处理的难题,现有处理技术又无法满足企业实际生产需求,企业 A 需要进行技术引进。

(二)企业 B

江西 B 集团是我国铜精矿自给率最高的公司,是国内最大、最现代化的铜生产和加工基地之一,名列中国企业 500 强第 87 位。企业 B、北京某研究院和北京某矿冶研究院共同进行的"闪速浮选"于 1992 年实验成功后,我国的选矿技术实现了跨越式的发展。"闪速浮选"目前仍是世界上较为先进的选矿技术,该技术不仅能减少金属矿物在磨矿回路中过磨而造成的金属损失,还能降低能耗、减少污染物排放、增加企业的经济效益和环境效益。企业 B"闪速浮选"选矿技术应用十分成熟,在国内属于领先水平。

企业 B 采用的技术和企业 A 基本一致。企业 B 在发展过程中更加注重对铜矿的筛选,在铜矿的筛选方面进行了长达 10 年的研究,提出了一套浮选技术,该项技术经过多年的实践证明,能够有效地降低能耗,提升铜产品的质量,但是其在吹炼过程中,富氧含量一直无法提高,企业 A 的富氧含量能够达到 87% 以上,而企业 B 最高只能接近 80%。富氧浓度上不去,直接导致炉内的化学反应进行不充分,硫化矿的脱硫难以达到预期的目标。企业 B 一直在和某高校进行合作研发,虽然富氧技术有所提升,但是进展缓慢,没有达到国内先进水平,与世界同行业企业的技术水平相差仍然较大。

二、创新扩散策略分析

中介机构首先把双方的技术信息和优势相互传递,然后就双方合作意向进行沟通,企业 A 和企业 B 都有合作的意愿,中介机构组织双方进行参观和协商。在协商过程中,中介机构首先就双方的技术优势和价值进行了评估,评估结果如下。

(1)企业 A 的技术优势在于吹炼环节的氧枪技术。该技术创新应用后,根据 2016 年重庆市公布的碳价均价,A 公司温室气体排放减少带来的环境效益为 100 万元/年,经济效益提升为 235 万元/年,因此,中介机构认为 A 公司氧枪技术的市场价值预计为 335 万元。

(2)企业 B 的技术优势在于铜渣的选择技术。在该技术创新后,企业 B 的温室气体排放减少带来的环境效益为 62 万元,经济效益为 187 万元,因此，中介机构认为企业 B 选矿技术的市场价值预计为 249 万元。

（3）双方的技术优势都是对方的短板，双方技术存在很强的互补性；通过技术合作扩散，双方的技术短板能够得到很好的弥补。

（4）企业 A 和企业 B 都是通过技术引进再创新获得了较大的市场份额，在技术消化再吸收方面有着丰富的经验，能够处理合作中的技术消化吸收问题，为双方良好的合作提供了基础条件。

（5）企业 A 和企业 B 虽然属于同一行业存在竞争，但都面临巨大的环境治理成本问题，这是双方合作的基础。同时，正是因为同属同一行业，且双方都是采用同样的吹炼方法和类似的技术进行炼铜，产生的环境问题具有同源性，双方合作才能够产生技术"1＋1＞2"的协同效益，一方面能够降低污染水平，另一方面还能大幅度地降低能耗，这是双方合作的基本动力之一。

（6）双方都能够得到地方政府的支持，获得一定的奖励和补偿。

双方合作存在的风险如下。

（1）技术扩散后，双方的市场份额和市场地位可能受到技术进步的影响，存在风险损益，但是整体竞争力可能得到提升。

（2）技术扩散后，可能存在互补失败的风险，但是根据机构的专业评估来看，双方合作失败的风险都较低。

（3）双方可能都有诚信风险，在合作中不转移技术的核心知识。根据机构的诚信评估和双方的合作诚信记录评估来看，企业 A 和企业 B 都是诚信等级较高的企业，双方合作中的投机行为和"搭便车"行为概率较低。

当然双方可以直接进行合作，那么双方在合作中存在以下问题。

（1）由于信息不对称，双方合作中技术价值无法被正确地评估，双方在合作过程中的信任度就会降低，彼此之间采取投机行为的概率增大，技术溢出风险增大。

（2）技术的互补性无法正确判断，可能存在一定的偏差。

（3）由于双方合作的不确定性，导致合作过程中技术协同效益并不能完全得到发挥。

在分析创新扩散案例的过程中，有些参数信息无法直接从案例中提取，只能根据经验进行赋值，各参数赋值如下。

中介机构收集企业的技术信息后，组织专家对双方技术的互补性情况进行评估，预计技术互补性比例达到了 0.85。同时，中介机构对技术扩散后的协同效益十分乐观，其给出的企业 A 和企业 B 的预期协同效益系数分别为 1.2 和 1.5。通过中介机构,减少了信息不对称的影响,技术协同效益强化系数为 1.5,同时,假设由于中介机构的参与,企业 A 和企业 B 双方都能够有效地规避技术溢出带来的风险损失,风险规避系数为 0.2。

中介机构对双方的企业培训体系、人才结构、科研能力等进行评估后,认为企业 A 和企业 B 的技术消化能力分别为 0.95 和 0.90。企业 A、企业 B 采用创新扩散策略时的风险损益系数均为 0.5,企业 A、企业 B"搭便车"和投机行为受到行业内惩罚的损益较大,为 50 万元。企业 A 和企业 B 通过中介机构进行技术扩散时,作为采纳企业需要支付的成本系数分别为 1.5 和 1.2。政府的激励强度系数为 0.6。中介机构为企业 A 和企业 B 进行服务,前期的成本投入为 20 万元。

根据上述赋值,企业 A 和企业 B 很容易识别到上述博弈中的均衡策略:中介机构参与、企业 A 扩散、企业 B 扩散。2015 年,双方于昆明签订了技术转移合作协议。由于技术产品成熟,技术引入后经过适当改造就可以投入生产。

后 记

窗外的大雨一下攻破了整个夏天的沉闷,在这电闪雷鸣的夜晚,我的毕业论文默默诞生,看着这接近10万字的心血之作,回想开题、修改的所有过程,内心感慨也如电闪雷鸣。

2020年11月,我完成了论文的撰写工作。在王华导师深切的关怀和指导下,我坚信也能够完成本书的撰写工作。终于,历经两个月的时间完成了本书所有的内容,并且再次得到了王华导师的指导。王华老师总是要求我们向更高的高山攀爬,向着更深邃的天空探索,感谢王华老师七年不离不弃的指导与关怀,谢谢。这七年的青春永生难忘,是因为有您伟岸的身影在朦胧的灯光下带领我们前行,是因为有您略带沙哑的声音的鞭笞与关怀。虽然相见不多、话题有限,但滴滴烙心。谢谢王华老师?

本书的完成要特别感谢在工作中和学习中帮助我的老师和同学们。特别是我的硕士指导老师桑秀丽,即使现在,桑老师也仍然在生活和学习上时刻关心我、帮助我。在我人生最为重要的七年里,感谢您无私的帮助与指导,谢谢。周建华院长、唐洪雷副院长和杨振华副院长在我工作、学习、生活、评奖方面给予了很大支持和无私帮助;感谢本书写作过程中段宏波老师的指导和帮助;感谢蔡圆圆编辑在本书完成过程中细心的校对和修订,为本书的出版做出了重大贡献。唯有更加努力,方能心安,谢谢。最后,还要感谢前人在低碳环境友好技术引进、创新以及创新扩散方面所做的贡献,为本书的研究提供了关键的参考和指导,谢谢。

不仅要感谢帮助、关心和爱我的人,还要感谢那些指责我、训斥我和骂我的人,谢谢你们我才有了立体的生活和人生,我的生命才如此充实。另外,还要感谢每一个路人给我带来的与众不同的风景;感谢所有即将迎面走来或者已经擦肩而过的人,谢谢你们,因为有你有我,生活才快乐美好,不管明天是雨是晴,愿我们都满心快乐地走向远方。

肖汉杰

2022年6月